JN113947

文化と
まちづくり
叢書

学芸員が
ミュージアムを
変える！

公共文化施設の地域力

今村 信隆・佐々木 亨 =編

緒方 泉	卓 彦伶
吉田 公子	菊地 雅子
中込 潤	山田 のぞみ
田中 梨枝子	吉里 演子
大原 昌宏	沼田 絵美
佐久間 大輔	立石 絵梨子
北村 淳一	樋泉 綾子
関口 千代絵	小篠 隆生

水曜社

はじめに

　ミュージアムなどの公共文化施設について考えようとする際に、経済的な視点や観光資源としての側面を完全に無視することはできない。地域の魅力を発信し、域外から人を呼び込み、賑わいと活気をもたらす。そうした好循環を想い描きながらミュージアム等の施設を設置するケースは少なからずある。とりわけ今日のミュージアムには間違いなくそのような便益が期待されているし、また、それだけの力が多くのミュージアムにはある。

　ただ、他方でミュージアムには、「ひと」や「まち」に寄り添い、じっくりと時間をかけて人びとの生き方にかかわり、地域とともに育っていくという側面があることも見過ごされてはならない。本書で改めて考えてみたいのはこの、ミュージアムとひと、ミュージアムとまちとの長期的な関係のあり方についてである。一度の来館経験の成否を論じたり、経済的な波及効果を測ったりすることにも意味はあるけれども、それ以外にもミュージアムは、私たちが人間らしく生きていくうえで必要な何かを、長期間にわたってもたらしてくれる存在なのではないか。時間をかけて醸成される、いわば継続的でスローな関係性のうちに、ミュージアムの底力が隠れているのではないか。こうした観点が本書を貫く大きなテーマになっている。

　たとえば、ミュージアムの来館者を検討する際にはしばしば、幼児や高齢者などといった、主として年齢による区分を用いたり、家族づれ、友人同士といった同行者を分類項目として立てたりすることがある。展覧会の主要なターゲットを想定し、運営のよしあしを測定する場合に、こうした整理は有効だ。とはいえ当然のことながら、人間は、その生涯を通じて幼児であったり、高齢者であったりし続けるわけではない。年齢を重ね、仕事につき、ときには転職したり失業したり、家族が増えたり減ったり、罹病したり障がいを得たりしながら、我々は人生を過ごしていくのである。そのなかでは、博物館への要求が高まる時期もあれば、博物館を訪れる余裕など到底ない時期もあるだろう。こうした当たり前の事実を出発点としつつ、ひととミュージ

アム、まちとミュージアムとの長期的な関係を展望してみることが、この本の大きな目標である。

　本書は2部構成となっている。第Ⅰ部「ひととミュージアム」では、私たちのライフコースとミュージアムとの関係が論じられる。いうまでもなくミュージアムは、人生のさまざまな時期に、さまざまな目的で利用することができる機関である。とりわけ、人生百年時代を迎え、生涯学習社会の実現が標榜されている現代の日本においては、ミュージアムへの期待がますます多角的かつ長期的なものになっていると考えてよい。子どもの頃、学校行事の一環として訪れた博物館を、高齢になってから、地域を学び直すためにもう一度訪問する。あるいは、かつては心惹かれなかった美術作品に、成長してから美術館で再会し、魅了される。さらには、第3章でも論じられているように、健康や福祉といった観点から、ミュージアムがもつ新たな役割に関心を向けることもあるだろう。何度も訪れ直し、息の長い関係を築きうるということ自体が、ミュージアムの強みの1つではないのか。こうしたことを念頭に置きながら、第Ⅰ部では、人びとの生き方を支えうる場として、ミュージアムの可能性を探っていく。

　次いで第Ⅱ部「まちとミュージアム」では、具体的な実践を紹介しつつ、地域とともに育っていくミュージアムの姿を浮き彫りにすることをめざす。学芸員が地域に根を下ろし、継続的な取り組みで成果をあげていくケース。学芸員が地域コミュニティの人びとと協働し、ともにミュージアムを育てていくケース。さらに最後の第9章では、狭義のミュージアムという枠を超えた複合的な文化施設が、まちづくりの主軸を担っていくというケースが論じられる。論じられているのは、いずれも、短期的で測定しやすい成果だけを念頭に置いた実践ではない。継続的な関係性のなかで、時間をかけて、ミュージアムと地域とが織りなしていく豊かな変化がここでの主たる関心事である。第Ⅰ部で扱っているのが主に人びとのライフコースとミュージアムとの関係であるとすれば、第Ⅱ部では、誕生し成長していくミュージアムそのもののライフ／生が問われているのだといえるだろう。

ところで、第Ⅰ部と第Ⅱ部を通じて、本書全体の大きなポイントになっているのは、学芸員の存在である。確かに、1度の来館経験を論じるだけでよいのであれば、学芸員等のスタッフと、サービスの享受者である来館者とは、截然と分かれているように感じられるかもしれない。しかし、我々が生涯を通じて、長期間にわたってミュージアムとかかわっていくという事態を考えるならば、そのような固定的なロールを想定しているだけでは不十分だろう。学芸員らのスタッフも、自身のライフコースのなかで常に変化していく。また、学芸員も無論、地域社会の一員にほかならない。地域の事情と向き合いつつ、まちの課題に取り組んでいる。長期的な観点でミュージアムを考察する際には、だから、学芸員等のスタッフのキャリアや生き方が議論の俎上にのぼってくることは避け難い。

　私たちがこのことを強く意識しはじめた直接的なきっかけは、「北海道大学学芸員リカレント教育プログラム」（代表者・佐々木亨）の実践であった。このプログラムは、2018年度に文化庁「大学における文化芸術推進事業」として採択され、2020年度まで、3年間にわたって実施されたものである。現役学芸員や元学芸員、そしてさまざまな方法で地域文化に携わる方たちを対象に、学びの場を提供するというものだった。

　もとより学芸員は、ミュージアムの専門職員であり、地域の生涯学習を支援する立場にある。しかし、だからといって学芸員は、一方的に教育を授けるだけの存在ではない。学芸員も学ぶ。学芸員も変わっていく。このことが、利用者の多様なライフコースに寄り添っていけるような、新しい時代のミュージアムを育むのではないか。3年間にわたる実践の過程でみえてきたこの展望が、本書の出発点となっている。

　ミュージアムは成長する。同様に、ミュージアムを動かす人たち、学芸員等のスタッフも、変わっていくことができる。しなやかな変化が新しいミュージアムを創り、ひととまちの変化の一助となる可能性を、私たちは歓迎したい。

（今村 信隆）

第1章

生／ライフとミュージアム

18世紀のヨーロッパで産声をあげた近代的なミュージアムは、まずは学問や芸術の殿堂として成長し、やがて20世紀には教育や生涯学習の場として伸長してきた。ただ、人生百年時代を迎え、私たちのライフコースがますます多様化している今日、ミュージアムはさらに変貌しつつある。本章では、近年のミュージアムが「何かについて」の場所から「誰かのための」場所へと変わってきた経緯をたどりながら、ひとの生／ライフに寄り添い、まちを育む原動力となりうるような、これからの文化拠点としてのミュージアムのあり方を展望する。

1. 事例の1つひとつが示す 「生／ライフ」とミュージアムの関係

　この本に収められた論考の大部分は、人びとの「生／ライフ」とまちの文化拠点との関係、特にミュージアムとの関係について、具体的かつ実践的に論じたものである。論者の立場や見解はバラエティに富んではいるものの、それぞれの議論に、それぞれ独自のフィールドがあるということではおおむね共通している。印象としては、人びととミュージアムとのかかわりに関する、生きたフィールド・ノート集といったところだろうか。

　もとより、人の「生／ライフ」のあり方は、極めて多様であり、安易な一般化になじむものではない。変化が著しい現代社会においては、なおさら、そうだろう。今日の私たちは日々、「深刻な不確実性」[1]にさらされながら、典型や標準すら成り立ちにくい世の中を生きている。それゆえ、エリク・H・エリクソンらが唱えたようなライフサイクル論や、ロバート・J・ハヴィガーストが示した発達段階ごとの発達課題といったような図式は、完全に無効だとまでは言えないまでも、いまや、安心して依拠できる枠組みではないとみてよいだろう。人びとの年齢・発達段階を基準とするライフサイクル論よりもむしろ、特定の社会的・歴史的状況に枠づけられたライフコース論や、さらにそこからはみ出していくような個別の事例を追うケーススタディの方が説得力をもつ場面が増えてきている[2]。

　同様に、ミュージアムと人びととのかかわり方も、以前よりも多彩になり、多面的になり、したがってまた1つの理論へと簡単に収斂していく類のものではなくなってきている。アイリーン・フーパー＝グリーンヒルが批判的に振り返っているように、ミュージアムはかつて、マス・コミュニケーションを範としたモデルでとらえられることもあった。画一的な公衆に、いかにして効率的に情報を伝達するかということが、その場合の技術的課題であった[3]。しかし現代では必ずしもそうではない。年齢もジェンダーも、国籍も民族も、宗教的信念も政治的信条も、知識も興味も動機も異なる人びとがミュージアムを訪れる。のみならず、他方でミュージアムの側も、一枚岩ではなく、多

種多様でありうるということが、その魅力の一端となっている。

　だからこそ本書では、できる限り個別の事例に拠りながら、いわばケーススタディを草の根から積み重ねるかたちで、議論を進めていくことにした。本書の強みとオリジナリティが、まずもって、集められた事例の1つひとつにあることは間違いない。

　加えて、この本に寄せられた論考には、個別のフィールドをもっているということのほかに、もう1つ、ゆるやかな共通点がある。それは、ミュージアム（あるいは狭義の「ミュージアム」からははみ出していくような新しいかたちの文化拠点）と人びとの「生／ライフ」との関係を、可能な限り長期的な、そして包括的な視野をもってとらえようとしているという点である。ここでいう「生／ライフ」とは、単に日々の「生活」だけを指しているわけではない。「生活」はもちろん含むけれども、それ以外に、「生涯」や、さらにそれを支える「生命」といった意味を含む包括的な概念として、ここでは「生／ライフ」という語を用いている。1人ひとりの個人が生まれてから亡くなるまでの時間域を指す「生涯」。その生涯を、身体という物理的な存在をもって生きる「生命」。そして、生涯という限られた時間域の中での日々の活動経験である「生活」[4]。この三者のあり方を含む人間の存在と、ミュージアムとの関係を考えてみようというわけである。

　無論、人間の「生涯」や「生命」にかかわる長期的な時間軸の中では、ミュージアムを訪れる人びとも、ミュージアムを取り巻く社会も、そしてもちろんミュージアムそのものも、不変ではあり得ない。変容し、成長していくのが常である。また、ミュージアムの内側と外側という区分も、いつでも一定だというわけではないだろう。現在、館長や学芸員やエデュケーターとして第一線で活躍し、ミュージアムを具体的に動かしている側の人たちも、かつては1人の利用者として、ミュージアムにかかわっていた時期があったはずである。そしていつかは、退職したり、転職したりすることで、ミュージアムとのかかわり方を変える日を迎えるだろう。つまりは、ミュージアムを訪れる人びとも、ミュージアムで働く人びとも、各々の人生を生きる、変化していく人間にほかならない。こうした当たり前の事実を議論の前提に据えていることが、本書のもう1つの特色である。

とはいえ、各論へと入っていくのに先立って、本章と次章では、若干の概括的な考察を試みておきたい。本章の課題は、ミュージアムと人びとの「生／ライフ」との関係が、いま、改めて問われるべき課題として浮上してきたことの背景について、整理してみることである。各章の議論を束ねるような理論の提示は難しいかもしれないが、それでも、このような議論の方向性がひろく、ほとんど世界的な規模で登場してきた流れを提示することは充分に可能であり、また必要であると思われる。

2.「来館者」を超えて

ミュージアムを論じる際に私たちはしばしば、「入館者」や「入園者」、あるいは「利用者」や「来館者」といった言葉を用いることがある。これらの言葉は非常に便利であり、ミュージアムの実態を適切に記述していくためには明らかに必要なものだ。

しかし他方で、こうした言葉によって逆にみえにくくなってしまう事柄があることもまた、確かであると思われる。すなわちそれは、人が入館者や入園者、利用者や来館者であるのは、人生のなかのごく限られた時間のことにすぎない、という極めて単純な事実である。

言うまでもなくミュージアムを訪れる人びとは、「来館者」や「利用者」である前に、1人の人間にほかならない。そうした1人ひとりの人間が、人生のさまざまな時期に、さまざまな目的や動機を携えて、館園を訪れるのである。「来館者」や「利用者」というのは、だから本来は、あくまでも一時的な、ミュージアムという場によって仮構された役割にほかならない。少々回りくどい言い方になってしまうが、来館者がやって来るのではなく、やって来るから来館者になるのである。

また、とりわけ日本語の「来館者」や「来園者」という言い方には、独特の難しさも潜んでいる。というのも、「来館者」・「来園者」という言葉は、館園に赴く人ではなく、館園にやって来る人を想起させるという意味で、ミュージアムの側に立った物言いになっているからだ。英語で"visitor studies"（字義どおりには「訪れる人たちの研究」）などという場合にはあまり感じられない

ニュアンスだが、これを「来館者研究」、つまり「館にやって来る人たちの研究」と訳出するとき、待ち構えている側のミュージアムの立場がいっそう強くにじみ出てくることは否定しにくい。少々極端な言い方をするならば、「来館者」というのは、ミュージアムの側の都合にあわせて人間を切り取った、作業上の抽象的観念だとさえ言えるかもしれない（繰り返すが、だからといって「来館者」等の言い方が不要だと主張したいわけではない。本稿でも、本書全体でも、これらの言葉は頻出する。使い勝手のよい言葉にも限界がある、ということがここでの主張の眼目である）。

　加えて、人生という長いスパンではなく、ある1日だけに話を限ってみたとしても、ミュージアムを訪れるという経験は、その日の経験のうちの一部でしかないということもあるだろう。ミュージアムへの来訪は、普通は、ほかの経験と混ざり合っているのだ。だから、たとえばグラハム・ブラックが指摘しているように、来館者調査の大部分がミュージアムの専門家たちの手で、ミュージアムでの経験を最も重要な経験とみなしながら組み立てられてきたことには、ある種の難点があると言わざるをえない。無論、ミュージアムの調査である以上、来館・来園に焦点があてられることには仕方がない面もあるが、しかしこのような調査だけでは、人びとの行動全般という、より大きな文脈をとらえ損ねるのではないかとブラックは注意を促すのである[5]。

　確かにブラックも述べているように、私たちがミュージアムを訪れるときには、多くの場合、ミュージアムだけを訪れるのではない。1日のスケジュールのなかに来館も含まれているという方が、より現実に即した言い方であるだろう。旅先で、旅程のなかに来館の予定を組み込む人がいる。仕事帰りに、ぼんやりと過ごす時間を確保するために、ふらりとミュージアムを訪れる人もいる。展示自体をお目当てにするというよりは、デートや家族サービスのためにミュージアムを訪れる人たちも、少なくはない。さらに、引率されてやって来る児童・生徒や、ボランティア等のかたちで継続的に館園に携わる人たちも無視できない存在だ。要するに、多くの人が、それぞれの日常のなかで、ミュージアムを訪れる。もしくは、直接訪れることがなくても、SNSや刊行物等を通じて館園を楽しむ。ミュージアムでの経験は、職場や学校、家庭や地域、インターネット上の出来事と踵を接し、あるいはそれらの出来

事の網の目の中に埋め込まれているのである。

　かつてジーン・レイヴとエティエンヌ・ウェンガーは、「状況に埋め込まれた学習」という考え方を提起した。これは、学習を、個人による知識や技量の獲得としてではなく、実践共同体への参加の度合いを増加させていくプロセスとみなしながら、社会のなかでの実践として学びを理解しようとするものである。これにならって言えば、ミュージアムでの学びも、ミュージアムという「状況」、そしてその外側にひろがっている「状況」にしっかりと埋め込まれたものだと考えられよう[6]。それゆえ、「来館者」という言い方を用いるのだとしても、その背後にひろがっている社会やコミュニティ、そして生身の人間の生活や人生を忘れてはならない。人びととミュージアムとの関係を長期的なライフコースの視点から眺めるということは、まずはこのありふれた事実から出発するということにほかならない。

3. ミュージアムは"ひと"を変える

［1］日常生活の小さな一断片

　とはいえ確かに、人びとの生活や人生といった大きな問題の前では、一見するとミュージアムは、微小なものにすぎないように思われてしまうかもしれない。先述したとおり、人がミュージアムで過ごす時間は、人生という枠組み全体で考えるならば、ごく短い。しかも実際の来館は、偶発的であったり、散発的であったりすることが多いと思われる。その点で、ミュージアムでの経験は、学校等でのフォーマルで体系的な学びの経験とは大きく異なっている。つまるところ、ジョン・H・フォークが述べているように、「多くの人たちにとって、ミュージアムに行くということは、日常生活の小さな一断片 a small slice of daily life、種々の経験で満たされた人生のなかの多くの経験のたったひとつにすぎない」[7]。

　また、イギリスのアイリーン・フーパー＝グリーンヒルは、大多数の人びとの日常において、ミュージアムが周辺的marginalな存在にとどまるものだという点に改めて注意を促している。「ミュージアムを中心的な関心事としているのは、そこで働くひとたちだけだ」というフーパー＝グリーンヒルの辛

辣な指摘は、私たちの議論が独りよがりの理想論に陥らないためにも、重要だと考えられる[8]。

　さらに、ミュージアムが人びとに与える影響、ミュージアムという場で生じる人間の変容は、多くの場合、みえにくい。たとえば、ニューヨークのメトロポリタン美術館で長らく来館者研究に携わってきたジェフリー・K・スミスは、ミュージアム（この場合は特に美術館）を訪れた来館者のなかに、自らの経験を「素晴らしい」「信じられない」「人生を変えるようだった」などと言い表す人たちがいることを報告している。けれども、実際に来館者の様子をつぶさに観察してきたスミスは、次のようにも述べている。

　　　正直に言って、ほとんどの場合に私たちは、いままさに人生が変わっている最中にあるようにみえるひとたちを見ていたのではない。私たちが見ていたのは、自分の眼の前にあるものを、真剣に熟視しているようにみえるひとたちだ。彼らはしばしそこに立ち止まり、付属する情報を読み、作品に一瞥を投げかけて、次の作品へと移っていく。[9]

　外から観察しているだけでは、鑑賞者の人生が大きく変容するというような、劇的な場面が訪れているかどうかを測定することはできない。実際の鑑賞はむしろ淡々と進められていくと、スミスは述べているのである。

　あるいは、1999年の論文のなかでステファン・E・ウェイルは、以下のような所見を述べている。問題とされているのは、ここでも、ミュージアムの効果がほかと混ざり合い、みえにくいということだ。

　　　ときとしてミュージアムは、人を蘇らせるような、人生を変革してしまうような、「おお!」と思わず叫んでしまう経験を、逸話として与えてくれるかもしれない。けれども最も多くの場合、ミュージアムがそのコミュニティに──来館者と非来館者に──与えるインパクトは、ささやかで、非直接的で、しばしば時間をかけて積み上げられるものであり、さらにまた、学校、宗教団体、各種の社会的・友愛的なグループにおけるフォーマル、インフォーマルな教育経験と混ざり合っているものだ。[10]

［2］ミュージアムは生を変える

　しかし、だからといって、ミュージアムがもたらす経験が私たちの生活や生涯に小さな影響しか与えないというわけではない。少なくともここであげた論者たちの主張は、いずれも、まったく逆である。

　前項の最後であげたウェイルは、ミュージアムのインパクトはみえにくいことが多いと指摘しているものの、そのインパクト自体を過少に評価しているのではない。そうではなくて、だからこそミュージアムは、自分たちが人びとやコミュニティに与える影響を正しく把握し、社会に向けて説明していくべきだ、というのがここでのウェイルの論旨である。同じ論文の末尾でウェイルは、「個人の生の質を豊かにするために、そしてコミュニティの幸福を増大させるために」、ミュージアムが自らの能力を用いていくという可能性を示唆している[11]。

　その前に引いたスミスも、同様に、外部からはわかりにくいミュージアムでの経験の価値を説く。スミスはミュージアム、特に美術館での経験を、心理学者ミハイ・チクセントミハイがいう「フロー体験」のような、没入的な経験として描き出す。つまり、次から次へと作品に出合い、じっくり見る作品とそうではない作品とを選別し、展示の流れに身を委ねていくという、ミュージアムならではの経験の価値を強調するのである。そして最終的には、大胆にも、ミュージアムでの経験は私たちをよりよい人間にすると結論づけるにいたっている[12]。

　さらに、最初の2人、フォークとフーパー＝グリーンヒルは、それぞれ、ミュージアムでの学びの価値を最も声高に主張してきた代表的な論者であると言ってよい。フォークはアメリカを中心に現代的な来館者研究をリードしてきたし、フーパー＝グリーンヒルはイギリスを中心に博物館の機能を理論化してきた。この2人もまたミュージアムでの経験の力を力強く唱導する論者である。私たちは、本章の後の箇所でも、2人の議論を参照することになるだろう。

　あるいは、いっそうラディカルなかたちで、ミュージアムが個人と社会に及ぼすポジティブな作用を説くことも不可能ではない。ロンドンに拠点を置くミュージアムズ・アソシエーションは、1889年に設立された歴史ある博物

館の団体である。その博物館団体が 2013 年に発表した提言は、その名も
「ミュージアムは生を変える Museums Change Lives」と題されたものであっ
た[13]。コンパクトな提言書だが、ここで表題に掲げられている複数形の「Lives」
が、日本語で言うところの「生命」「生活」「生涯」の三者を含み込んだ包括的
な概念になっているという点は、注目してよいだろう。

　まず、最もわかりやすいのは、「生活」としての「生／ライフ」である。提
言では、多くの箇所で、人びとの暮らしとまちづくりにミュージアムが貢献
する可能性が示されている。つまり、「ミュージアムは生きる（生活する）に
値する場、そして訪れるに値する場をつくるもののひとつである」(p.8) とい
うわけだ。あるいは、こうも述べられる。「最良のミュージアムは、自らをコ
ミュニティの核心部分に位置づける。それらのミュージアムは、どうすれば
地域を、そしてそこに暮らす人びとの暮らしをよりよいものにできるのかを
理解している」(p.9)。

　次いで提言書は、ミュージアムと人びととの生涯にわたる関係にも踏み込
んでいる。ミュージアムは、「知識への情熱と、学ぶことへの生涯にわたる愛
情を喚起する」(p.10)。人が実際にミュージアムで過ごす時間はごくわずかか
もしれないが、その影響は束の間の、一過性のものであるとは限らず、「生涯
にわたる」ことがあり得るのである。だからこそ提言書では、ミュージアム
の側に、1 度きりの来館経験の提供にはとどまらない、「パートナーとの継続
的な関係、参加者との長期にわたるかかわり」を求めてもいる（p.15）。

　提言書はまた、ミュージアムが、「生命」としての「生／ライフ」に関与し
ていることを示唆してもいる。確かにこのことは、「生活」や「生涯」という
観点に比べると、少しみえにくいかもしれない。しかし提言のなかに、「ミュー
ジアムは福祉を向上させる」「ミュージアムは人びとの生活の質を増幅し、心
身の健康を改善する」ということが盛り込まれている点は、見過ごされては
ならない。生活の質や心身の健康は、「生活」や「生涯」とも密接に絡まりな
がら、「生命」、いのちの問題にも届く課題として提起されている。ちなみに、
このことを説明する報告書の文章は次のように続く。

　　　皆が、自分たちのニーズに合致する優れたミュージアム体験にあずかる資

格をもっている。最良のミュージアムは、すべての人にアクセスを保証することで、そして、個人的な背景やニーズがどのようなものであれ、皆を支援するような環境を提供することで、社会的正義の観念を具現化する。それらのミュージアムは、失業者やホームレス、孤立している高齢者、取り残された子どもたちの生活を改善することに役立つ。それらのミュージアムは、健康上の困難をかかえた人たち、たとえば認知症の人たちや病院や施設にいる人たちに奉仕するための、特別にあつらえた方法を見つけつつある。人口全体が高齢化するなかで、ミュージアムは、高齢者の生活の質の改善にますます貢献しうる。(p.6)

[3] 世界を修復するために

ミュージアムは、個人を、地域を、そしてもう少しひろい意味での社会を変えていくことができる。ミュージアムが単独で変えていくわけではないとしても、少なくとも、そのような変化の一端を担うだけの潜在的な可能性は秘めている。このような主張には、無論、賛否の両論があるだろう。しかしながら、こうした主張が大きな流れになってきているということは、まぎれもない事実である。いくつか例をあげてみよう。

たとえば、上述したミュージアムズ・アソシエーションの提言書にも登場していた社会的正義は、今日、ミュージアムをめぐる最も重要なトピックの1つとなっている。ミュージアムは、環境問題や社会的不平等のような大きな課題にも取り組みうるし、他方でより地域的な課題に取り組み、コミュニティの未来を生み出し、「望ましい未来のイメージを創り出すための一助となる」こともできる[14]。多くの論者がこれを論じているだけでなく、国際博物館会議（ICOM）でも、社会的正義が近年の重要なトピックになっている。

また、アメリカでは、博物館と図書館の団体であるIMLS（インスティテュート・オブ・ミュージアム・アンド・ライブラリー・サービス）が、21世紀にふさわしいスキルを学ぶ場の1つとしてミュージアムを位置づけ、人びとの生き方に積極的に参与していくミュージアム像を提起している。変化の激しい21世紀の社会で生きていくためには、価値の定まった知識を習得するだけでは充分ではなく、クリエイティブな課題解決能力が求められるようになっている。

そして、そうした能力を学ぶためには、フォーマルな学校型の教育だけでは足りず、博物館や図書館が人びとのキャリア形成や生活の向上のうえで大いに役に立つ。これがIMLSの説くところである[15]。

日本でも多くの力強い議論が提起されている。そのすべてをここで網羅的に紹介することはできないが、たとえば新藤浩伸は、人びとの生活や生命に積極的に参与していくミュージアムについて考察しつつ、「さまざまな命と、その命が育まれる地域の記憶をよびおこす場所としての博物館」という観点を示している[16]。あるいは、渡辺倫幸や川村千鶴子らは、コミュニティにおける「安心の居場所」の1つとして、ミュージアムを位置づける[17]。地域に暮らす外国人や移民・難民の問題を専門とする川村千鶴子は、日本ではこれまで、住民を日本人と外国人とに二分し、支援する側の日本人と支援される側の外国人という図式が固定化される傾向が強かったことを問題視する。そしてそのうえで、今後めざされていく多文化共創社会においては、図書館・博物館・公民館・日本語学校等が「安心の居場所」を創り出すことに意義があると提言している。ミュージアムを含むこれらの「安心の居場所」が、「人間の誕生から教育、就労、結婚、まちづくり、老後と弔いというライフサイクルを視野に収めた多文化共創の基盤」となる可能性があるというのである[18]。

加えて、国内外のたくさんのミュージアムが、いまやそれぞれのやり方で、人間の「生涯」や「生命」の問題に切り込んでいることも事実である。障がいのある人たちの表現活動に焦点をあてる美術館がある[19]。若年層の性教育に積極的に取り組む博物館がある[20]。植物がもつセラピー的効果に着目し、人びとの健康のためのプログラムを展開する植物園がある[21]。ミュージアムがまちづくりに積極的に参与し、コミュニティのなかで重要な役割を果たしている事例にも事欠かない[22]。たくさんの館園が、各々の地域課題を引き受け、人びとの「生活」のみならず、その「生涯」や「生命」の問題にも向き合っているのである。

ロイス・H・シルバーマンは、欧米にとどまらない世界各国の事例を豊富に参照しつつ、ミュージアムが人びとの健康の増進にも、能力の獲得にも、アイデンティティや関係性の構築にも寄与しうることを示している。敵対する住民同士が共同する場をつくりだしたり、病や貧困といった深刻な危機に

ある人びとに寄り添ったり、失われたルーツを学び直したりすることに、ミュージアムは貢献することができるというのだ。シルバーマンはだからこう記す。

　　人びとが資料にかかわり、お互いにかかわるとき、ミュージアムは、個人的な成長、関係の構築、社会の変化、そして癒しのための容れ物となり触媒となる。長らくミュージアムは世界の宝物をケアする機関だった。私が強く信じているのは、ミュージアムが行う最も重要で本質的な仕事は、人間同士の関係性に利するために、そして究極的には世界を修復するために、その独自の資源を用いていくということだ。[23]

[4] 来館者とは平均ではなく個人である

　他方、ミュージアムの側の多彩な実践と軌を一にするように、「来館者」に関する研究も、深化をみせている。顕著になっている大きな流れは、訪れる個々人の特殊な事情や人間関係、そして各人のアイデンティティにまで踏み込むという研究手法である。インタビューを中心とした定性的な研究を掘り下げることで、来館者を1人の人間としてとらえ直そうとするタイプの研究だと言ってよいだろう。

　代表的な仕事は、アメリカのジョン・H・フォークとリン・D・ディアーキングによる一連の研究である。フォークとディアーキングは、日本語にも翻訳され、ひろく読まれた『博物館体験』（原著は1992年、邦訳は1996年）のなかですでに、ミュージアムでの経験をつくるのは、展示空間がもたらす物理的コンテキストだけではありえない、ということを強調していた。つまり、物理的なコンテキストに加えて、訪れる個人の関心や事前の知識に根差す心理的コンテキスト、そして居合わせた他者との関係や社会的制度がもたらす社会的コンテキストという三者の関係が、来館経験を形成するというわけである[24]。この指摘は、それ自体、相応の影響力のあるものであった。

　ただ、フォークとディアーキングはその後、自分たちの主張をさらに洗練させている。近著『ミュージアムからの学び』において2人の論者は、ミュージアムでの経験をより正しくとらえるためには、個人的・物理的・社会文化

的コンテキストという3つの文脈に加えて、第4の次元を考慮に入れることが不可欠だと説く。フォークとディアーキングがここでいう第4の次元とは、すなわち、「時間」である。ミュージアム経験を一定の時間のなかで、「スナップショット」のように観察することは「おそろしいまでに不十分だ」としたうえで、2人の論者はこう続けている。

> 学びを理解するためには、それがどんな学びであれ、もっと長い目が要求される。それは、あたかも時間と空間のなかでカメラを後ろに引くようにする必要があるということだ。そうすることで、個人としての学び手を、その人の人生のより大きな幅のなかで横断的に見つめられるようになるし、さらにはミュージアムを、家族やコミュニティや社会といったより大きなコンテキストのなかで見つめられるようになるのだ。[25]

　来館者をその人の人生という大きな枠組みで理解するということは、館園に滞在している時間だけではなく、来館の前後をあわせて長期的に考えるということである。ミュージアム自体をより大きなコンテキストのなかで見つめるということは、ミュージアムを、学びの包括的な体系のなかで考えるということである[26]。実際に、フォークとディアーキングの著作には、具体的な個人の経験に的を絞った、魅力的な実例が豊富に採録されている。
　また、ジョン・H・フォークは、単著『アイデンティティと来館者経験』でも、館園を訪れる人びとのアイデンティティと動機に基づきながら、ミュージアムでの経験を論じる方法を示している。フォークがまず主張するのは、従来試みられてきた2つの主要なアプローチには、それぞれ大いに問題があるということだ。フォークが問題視する従来のアプローチの1つは、ミュージアムが提供するコンテンツ、展示、プログラムだけに的を絞って論じる方法である。この考え方は、フォークによれば、ミュージアムの世界にいきわたっている。だがしかし、コンテンツや展示は、来館者がそれに反応したり、来館者によって解釈されたり経験されたりするときにはじめてアクティブなものになるのだから、この方法では不十分だとフォークは述べている[27]。
　次いで、フォークが退けるもう1つのアプローチは、統計的な手法である。

計量化しやすい指標に拠りがちな統計的手法には、ある種の限界もあるのだというフォークの次のような指摘には、確かに傾聴に値する部分がある。

> ほとんどのミュージアムは、年齢、性別、人種・民族、収入、学歴、職業といった統計的カテゴリーに基づいて、来館者たちを数え、分類しようとしてきた。だが、これらのカテゴリーは、説明のための間違った感覚を生んできた。［中略］私たちは来館者を、グループとしては、平均以上に教育の程度が高く、年配で、裕福であり、白人で、女性だということを「知っている」と考えている。しかし、それが実際に何だというのか。平均としてはそうかもしれないが、しかし来館者とは平均ではなく個人である。[28]

　現実の来館者は統計的な「平均」ではなく「個人」である。このような認識に立ってフォークは、来館者のアイデンティティとそれに基づく来館の動機を丹念なインタヴューから明らかにし、そこに一定のパターンを見出していくという手法を採るのである。

　とはいうものの、もちろん、統計的な手法がまったく無意味であるとはフォークも考えていないし、私たちもそのように主張したいわけではない。フォークが進める定性的な研究と並んで、定量的にデータを集めて分析する統計の手法も、人びととミュージアムとの関係を考えるうえでは必要である。実際に個々の研究課題を遂行していく過程では、定量的なデータと定性的なデータを組み合わせて用いることの方が多いだろう。

　統計的な手法によって人びとの「生／ライフ」にも目を向ける研究を一例だけ引いておこう。スージー・ウィルケニングとジェイムズ・チュンは、2007年から2008年にかけて、アメリカで3万人以上の来館者を調査し、2009年、アメリカ博物館協会から『来館者のライフステージ』と題した報告書を刊行した。この調査は、報告書のタイトルが示すとおり被調査者のライフステージに着目したものであるが、わけても、年齢で被調査者を輪切りにするだけではなく、「世代」ごとに分析を試みた点に特色がある。つまり、おおむね1979年以降に生まれた「ジェネレーションY」、1965年から1978年の間に生まれた「ジェネレーションX」、1946年から1964年生まれの「ベビー・ブー

マー」、そしてそれ以前の世代というように被調査者を分けたうえで、それぞれの動向を記述したのである[29]。

　年齢で輪切りにするのではなく、歴史的・社会的状況の影響をこうむりながら変容していく世代（コーホート）を単位として考えることには、おそらく大きな意義がある。簡単に紹介しておくと、たとえば同書のなかでは、調査の時点において、「高齢の女性」がミュージアムにとって理想的な「夢の来館者」であったと述べられている。しかし同時に、次の世代が高齢になったときに同じようにふるまうとは限らない、ということも指摘されている。次に続くベビー・ブーマー世代の女性たちは、それ以前の女性たちとは別の活動を求めるかもしれない、というのである[30]。また、同書は、世代ごとの行動は、生涯を通じて固定されているわけではなく、発展していくものだという点にも、正しく注意を促している[31]。要するに、ライフステージごとの人びとの行動に一定の傾向があるのだとしても、それらの傾向は、年齢と行動が直接結びつくほどシンプルなものではないのである。

　もっとも、同書自体は、特定の集団を長期間にわたって追跡したいわゆるコーホート研究に拠るものではない。あくまでも、ある一時期に集中的に行われた研究の成果である。しかし、今後さらに、人口動態や社会状況による変化を織り込みながら、人びとの人生とミュージアムとの関係を長期的に考えていくタイプの統計的な調査が必要になってくるということを示唆した点で、この報告には大いに意義が認められよう。同書に寄せた序言のなかでエレン・M・ロゼンタールは記している。「『来館者のライフステージ』は、21世紀のアメリカ人たちのあいだでみられる、さまざまなライフステージの段階における来館について考察し、あらわれつつある動向について、そしてそれにどう応えるべきかという点についてアドバイスを与えてくれる、初めての書物である」[32]。

4. 権力と啓蒙

　ここで少しだけ、歴史を振り返ってみよう。めざすのは、ミュージアムをめぐる過去の言説にも目を向けながら、現代のミュージアムが直面する理論

や実践の背景をより鮮明に浮かび上がらせてみることである。

[1] 啓蒙と統治の装置としてのミュージアム

　前の節で私たちは、ミュージアムは人を変え、さらには社会を変えることができるという主張がありうることを確認した。このような主張は、確かにポジティブな響きをもっているし、とりわけ職業としてミュージアムに携わる人びとにとっては、すこぶる魅力的なものではある。私たちも、本書のいたるところで、この主張を裏づけるような各論を展開していくことになるだろう。

　ただし、次のことは、急いで言い添えておきたい。すなわち、ミュージアムが人を変え、また社会を変えるというスローガン自体が独り歩きをすることには、ある種の危うさもあるということだ。

　そもそも、ミュージアムが人を変え、社会を変えるという主張自体は、実のところ、特に目新しいものではない。前の節でも引用したロイス・H・シルバーマンは、ミュージアムの歴史を概観しながら、ミュージアムは常に社会に貢献する機関であり続けてきたし、個人の自己表現や変革を促すだけでなく、社会的な結びつきを維持・発展させることにも寄与してきたことを強調している[33]。しかしながら、他方でたとえばトニー・ベネットが批判的に検討しているように、このようなミュージアムの力が、当事者たちが意図するか否かにかかわらず、ある種の権力関係と結びつきうるという点も無視することはできないだろう。ベネットが論じているのは、19世紀ヨーロッパの社会改良論者たちにとって、ミュージアムは人びとを、とりわけ下層階級の人びとを矯正し善導するための手段の1つだったということである。たとえば、安酒場に入り浸るような悪弊を改めさせる。美的な趣味を向上させる。勤勉さを高め、さらには乱暴や暴動を抑制する。このような事柄が、19世紀のミュージアムには期待されていたのだ[34]。同様に、近代的なミュージアムの制度を急速に受け入れつつあった19世紀後半の日本でも、博物館とは何より、人びとを教え導く機関であった。佐野常民による博物館建設の意見書や、それを大いに参考にしたと思われる大久保利通の上申書「博物館ノ議」などに見受けられるのは、「眼視ノ力」によって民衆を啓蒙し、近代化を進めるとい

う思想である[35]。また、社会教育という言葉が一般化するより前に、「通俗教育」の名で行われていた第2次世界大戦以前の博物館による教育も、こうした啓蒙の系譜に位置づけられよう。

　もちろん、ミュージアムがもつとされたこれらの「効能」、ないしは啓蒙の力は、私たちがいま考えているような、現代的なミュージアムの課題とは異なってはいる。ベネットが指摘するように、このようなものとしてのミュージアムは、人びとの生き方に丁寧に寄り添う場ではなく、むしろ人びとを統治するための権力の装置だと言ったほうがよいだろう。その意味で、人びとの感性に直接はたらきかけるミュージアムの力は、一歩間違えれば人びとを思いのままに誘導するという、かなり危ういものにさえなりかねない。

[2] 学ぶ"ひと"の主体性

　ミュージアムが優れた学びの場であるということは間違いない。日本の法体系のなかでも博物館は社会教育のための施設であると長らく明記されてきたし、さらにここ数十年の間に、ミュージアムが生涯学習のための機関であるという認識もひろく行きわたってきた。教育や学習という機能をもつミュージアムが人を変える力をもっているというのは、それゆえ、当然のことのようにも思われる。ただ、教育や学習の場であるからといって、ミュージアムの側が一方的にはたらきかけ、自らが望むとおりに、恣意的に人びとに変容を迫っていくということが必ずしも正しいとは限らない。

　その点で、学習社会学を提唱する赤尾勝己の指摘は、示唆に富む。赤尾は、教育する側が用意する価値を相対化していくような、学習者の側の主体性に注意を促しつつ、次のように述べている。

　　教育は常に「善さ」（goodness）を志向するが、学習は善いことも悪いことも含めて学ぶことを志向する。人間が日常生活において学習する内容はまさに玉石混交である。その内容から自ら善いものを選び取っていくのは学習者である。学習者の主体形成とは、そうした善悪の混沌をくぐりぬけて自ら知識を選び取り構成していくことを意味する。教育する側から用意される「教育的価値」を相対化しながら学習を考察していく必要があろう。[36]

赤尾の指摘はミュージアムに的を絞ったものではないが、ミュージアムにも大いにあてはまると考えて差し支えないだろう。19世紀的な意味においてではなく、現代的な意味で「ミュージアムは人を変える」と主張する場合には、もはや、ミュージアムの側が一方的に何かを伝えるというシンプルな営みだけを考えるわけにはいかない。もちろん、ミュージアムの側が、学びを提供するという自らの社会的責務を手放す必要はない。しかし同時に、その学びを学習者／来館者自身が批判的に吟味し、取捨選択し、編集していく可能性、あるいはミュージアムと利用者との相互作用によって新たな意味が生み出されていく可能性も、否定するべきではないだろう。さもなければミュージアムは、人間同士の出会いと対話の場ではなく、あらかじめ定まった方向へと人を誘う扇動の機関になってしまう。あるいは高橋満が述べているように、「ある所定の目的を前提とした教育実践を効率よく遂行することに視野が限られるとすれば、それは、現在の支配や社会構造を維持し、正統化することにだけつながる」[37]ということにもなりかねない。

[3]「文化資本」の再生産装置としてのミュージアム

　また、さらに付言しておけば、私たちが本書において考えようとしているような、ミュージアムと人びととの長期的な関係も、同様に、それ自体としては新しい論点ではない。

　すぐに思い至るのは、たとえばピエール・ブルデューらによる一連の来館者研究だろうか。よく知られているように、1960年代の中盤にブルデューらは、美術館を訪れる人びとに関する広範な調査を行った。そして、美術館に足を運び、美術作品を鑑賞するという文化的な行動が、出身階層や学歴、さらには家庭環境を通じて得られる文化活動の蓄積によって大きく左右されていることを証明してみせた。確かに、現代の社会では、美術館の入館料がそれほど高額なわけではない。だから、美術館で展示されている作品を楽しむ「純粋な可能性」は、ひとまずすべての人に与えられているとも言えるだろう。だが、美術館で作品を楽しむ「真の可能性」をもっているのは、社会の現実からみれば、限られた層の人たちだけではないのか[38]。美術館は、「一方の人々にはそこに所属しているという感情を強め、他方にはそこから排除され

ているという感情を強める」仕組みではないのか[39]。ブルデューらの研究は、綿密な調査に基づきながら、こうした疑義を突きつけた。

　私たちにとって興味深いのは、ブルデューらの仕事が、あるやり方で、人びとの生活や生涯とミュージアムとの継続的な関係を浮き彫りにしたものにほかならないということである。その関係は、家庭での生活や学校での教育にまでさかのぼるという意味で間違いなく長期的な射程をもつものだ。のみならず、文化的な習慣が受け継がれていくという視点は、個人の人生を超えた、世代間のライフサイクルにまで踏み込むものになっている。ブルデューは後の仕事においても、さらに音楽や映画にまで議論の幅をひろげながら、「文化資本」が再生産され、継承されていくことを鋭く問題化してみせている。

　だが、このような因果関係が、現代の、21世紀のミュージアムの実情にもそのままあてはまるとは思われない。

5.「何かについて」のミュージアムから
　「誰かのため」のミュージアムへ

　ミュージアムは、ここ2、30年の間に、大きな変貌を遂げてきたと言われている。現在のミュージアムはもはや、19世紀の社会改良論者たちが思い描いていたような、一方的な矯正や陶冶の場ではない。あるいは、かつてブルデューらが示したように、ミュージアムにはおそらくいまも、ある種の「文化資本」を再生産する力が残っているとみてよいだろう。しかし、21世紀のミュージアムが依然としてある種の権力関係の場であるのだとしても、その権力関係は、社会階級や教育水準に基づく因果関係だけでは説明しつくすことができないような、より複雑なものになっている。少なくとも今日のミュージアムは、かつてのエリート主義的で排他的な姿勢を反省し、その思想と実践を急速に改める方向へと、大きく舵を切っていることは疑い得ない（これは、ブルデューらの研究が不十分だったということではなく、逆に、そのような鋭い研究成果がミュージアム関係者に反省を促したという面もあると思われる）。

［1］ 変貌するミュージアム

　美術館を中心に論じた2019年の著作でセフ・ロドニーは、近年のミュージアムの変革を、次のような問いかけのかたちで明示している。「現代の美術館でのあなたの経験が、あなたの両親がかつて味わっていた経験と極めて違っているように思われるのは、なぜだろうか」[40]。つまり、わずか1世代のうちに、美術館での経験は、それ以前とは相当に異なるものになったというのである。

　ちなみに、ロドニー自身は、ジャマイカからニューヨークにやって来た移民という出自をもつ。著書によれば、彼自身と彼の家族のうちに、アートやミュージアムの研究者になることを予見させるものはほとんど皆無だったという。しかし、にもかかわらず彼は、ニューヨークの近代美術館（MoMA）に心を動かされ、ミュージアムの研究者になっていくのである。社会階級や教育水準がミュージアムとの関係のあり方をあらかじめ規定したのではない。そうではなくて、優れたミュージアムとの運命的な出合いが、彼の人生を変えていくことになったのだ。その意味で、ロドニーの著作の成り立ちそのものが、ブルデュー流の研究手法に対するある種の反証であると言えるかもしれない。

　さて、そのロドニーは、近年のミュージアムの変化を次のように整理する。

　　美術館をかつて形づくっていた哲学的な傾向は、来館者を無知な生徒、キュレーターの知識と専門性を通じて教育されることが必要で、また自らそう望んでもいる生徒だとみなすようなものであった。しかしいまや、いくつかの大規模な美術館において、来館は、かつて知られていた来館とは顕著に異なる、個人的にカスタマイズされた経験だと認識されるようになっている。専門家であるキュレーターから訓練を受けていない来館者に向けて情報を伝達するという傾向は弱まり、むしろ、来館者の特定の要求や好みに合わせようとする傾向が高まっている。来館者はいま、意味のある経験をつくるという冒険における、対等なパートナーだと考えられているのだ。[41]

　ミュージアムによる一方向的な知識の伝達というスタイルから、来館者当

人にとって意味ある経験を共につくっていくというスタイルへと、ミュージアムが変貌を遂げつつある、というわけだ。ロドニーは、このことを、来館者の経験の価値を評価するキー・タームとして、「意味」が、「情報」に取って代わりつつあるのだとも表現している[42]。

　また、個人にとってのみならず、コミュニティや社会全体にとっても、ミュージアムが果たす役割は拡張してきている。たとえばレイモンド・A・シルバーマンは、2015年に刊行された論集の序文で、ここ20年間にわたるミュージアムの実践を次のように総括してみせる。すなわち、近年のミュージアムにみられる最も大きな潮流の1つは、「コミュニティのなかでの人びとの生／ライフをよりよいものにするうえで重要な役割を果たしうる機関」として、ミュージアムの潜在力が認められ、活用されはじめるようになったことだ、と。ますます多くの人びとが、ミュージアムが行うある種の「ソーシャル・ワーク」に気づきつつある、とシルバーマンは言うのである[43]。

　無論、このような大きな転換をもたらした要因は1つではないだろう。ロドニーがあげているのは、経済的な要請からはじまった新しいマネジメント手法や経営戦略、マーケティング技法の導入と並んで、イギリスの博物館界を中心に登場してきた「ニュー・ミュゼオロジー」と呼ばれる動向である。このニュー・ミュゼオロジーとは、はっきりと定義することは難しいものの、1980年代末から1990年代にかけて登場してきた、来館者を議論の中心に据えようとする新しい論調のことを指す。わけても、ピーター・ヴァーゴが編者となった著作『ニュー・ミュゼオロジー』（1989年）は、ミュージアムに関する議論の潮目を変えた重要な仕事の1つであると考えられる。

［2］ニュー・ミュゼオロジー

　もとより博物館学（ミュゼオロジー／ミュージアム・スタディーズ）は、来館する人びとの存在を前提としなくては成立し得ない、ということも言えるかもしれない。考古資料を扱うのであれば考古学だけで、美術作品を扱うのであれば美術史学だけで事足りる。これらの資料を誰かに提示しようとするとき、しかもミュージアムというフォーマットに落とし込んで、特定の目的をもって提示しようとするときに、はじめて博物館学が登場してくる。つまるとこ

ろ、博物館学は元来、資料だけではなく、資料とそれにアクセスする人びと
との関係を問うコミュニケーションの学問であるはずである。しかし、論集
『ニュー・ミュゼオロジー』に集められた論考のいくつかは、これまでのミュ
ゼオロジーにはそのような来館者への視点が不十分だったのではないか、と
鋭く反省を迫るものであった。私たちの目下の関心にとって特に重要と思わ
れる論考をいくつか列記しておこう。

　まず、編者のピーター・ヴァーゴは、自ら寄せた論考のなかで、「ほとんど
の展示制作者たちは、自分たちの展示のコンテンツとプレゼンテーションの
ことをあまりに多く気にかけ、自分たちが狙うオーディエンスのことはあま
りに少ししか考えていない」という点を指摘している。そしてそのうえで、
オーディエンスについて我々がもっとよく知るようにならなければ、より効
果的な展示をつくることは決してできないだろう、と断じている[44]。

　同じ論集のなかでフィリップ・ライトが指摘しているのは、「典型的な来館
者」などというものは存在しない、という点である。だから、「ミュージアム
は、異なる物事について、異なるスピードで知ろうとするますます断片化さ
れてゆく公衆に、配慮しなくてはならない」と、彼は記している[45]。

　さらに、来館者による読解の多様さに注意を促しているのは、チャールズ・
S・スミスである。スミスは、来館者はさまざまな態度や期待や経験をもっ
て展示を読み解くのであり、したがって、来館者による展示の理解は「個人
化されている」ということを強調した[46]。

　また、同書でニック・メリマンが展開しているブルデュー批判も、私たち
にとって意義深い。メリマンはまず、先ほど触れたブルデューらの研究が、
数あるミュージアムのなかでも美術館という館種に特化したものであること
に注意を促している。そして、他の種類のミュージアムをあわせて考えてみ
るならば、階級だけで来館行動を説明することはできないだろう、と指摘す
る。つまり、ミュージアムの世界をよりひろく眺めるならば、来館は、社会
的な階級よりもむしろ、「ライフサイクルのなかでの各人の段階」や、「個人の
人生や心理状態における偶然」によって、はるかに強く影響を受けているは
ずだと、メリマンは述べるのである[47]。

　『ニュー・ミュゼオロジー』に収められたこれらの論考は、現代の眼からみ

れば、いずれも至極当然の、穏当なもののようにみえてしまうかもしれない。だが、私たちがそのように感じるとすれば、それは、ここ数十年のあいだにミュージアムが断行してきた変化の賜物にほかならない。かつての権威主義的な態度を修正し、訪れる人びととの多様さに目を向け、来館者自身による意味の構築を促す。そうした変化が大きな潮流となり、従来のさまざまな教育的な試みを統合する理論が成立してきたのが、20世紀が最後の10年間を迎えようとしていたこの時期だったのである。

[3] 第3世代の博物館

　しかも、奇しくも、と言うべきか。ちょうど同じ頃、アメリカでも、そして日本でも、その後の議論の方向性に少なからぬ影響を与えることになった重要な著述があらわれている。アメリカではすでに、アメリカ博物館協会（AAM）がいくつかの報告書を通じて、ミュージアムの教育活動についても踏み込んだ発言を行っていた。しかし、1992年の報告書『卓越と均衡』は、ミュージアムの主要な役割としての教育の価値を改めて称揚する、インパクトの強いものであった。この文書によってアメリカ博物館協会は、「21世紀における生／ライフの現実を見つめ直し、それに備えながら」教育問題を再考し、新たなやり方で関係者を挑発しようとしたのである。

　他方、日本では、伊藤寿朗の遺作となった著作『市民のなかの博物館』が1993年に刊行されている。伊藤は、すでに1980年代中頃から、竹内順一の考えを発展させるかたちで、博物館の3世代論を展開してきた論者である。『市民のなかの博物館』は、その伊藤の考えをわかりやすく編纂した著作であり、博物館関係者にもひろく読まれて影響を与えることになったものだ。

　ここで伊藤がいう第1世代の博物館とは、国宝や天然記念物など、希少価値をもつ資料を中心として、その保存を運営の軸とする古典的博物館を指す。続く第2世代の博物館は、資料の公開を運営の軸とする、現在の多くの博物館である。ここでは、専門職としての学芸員が登場し、収集・保管、調査・研究、公開・教育といった機能に即した活動が展開される。そして、最後に来る第3世代の博物館とは、市民の参加・体験を運営の軸とする博物館のことだとされている。すなわち、「参加し体験するという継続的な活用をとおし

て、知的探究心を育んでいくこと」をめざす博物館である。ただしこれは、「将来型」の、未だ充分には実現されていないタイプだとも、伊藤は言い添えている[48]。

　私たちの議論にとって重要であると考えられるのは、第3世代の博物館を論じながら伊藤が、人びとの「生／ライフ」とミュージアムとの長期的な関係に踏み込んでいたという点であるだろう。すでに引用した、「参加し体験するという継続的な活用」という言い回しにもあらわれているように、伊藤は、人びととミュージアムとのあいだの一過性ではない、長期的な関係を展望していた。加えて、彼はさらに、この第3世代の博物館が「日常生活を対象化し、地域に、また社会に内包する価値を発見し、課題を提起していくということは、日々の生活への新たなメッセージを提起していくということ」になるだろうとも述べている。21世紀の現在では、すでに多くのミュージアムが、伊藤が「将来型」だとみなしていた第3世代の博物館を標榜し、実現していると言って差し支えないだろう。近年では、「第4世代」「第5世代」を見据えた、新しい世代論の提唱も見受けられるほどである。

　いずれにせよ、1990年前後から、ミュージアムの世界が大きく転換していったということは間違いない。モノからヒトへ。あるいはステファン・E・ウェイルの論文のタイトルを借りて一言でいえば、この時期を転機としてミュージアムは、「何かについてabout something」の場所から「誰かのためのfor someone」の場所へと、機能の力点を移していくことになるのである。21世紀のミュージアムは、前世紀の終わりから続くこのような変化の延長線上に、自らの新しい姿を想い描くことになるだろう。そしてもちろん、人びとの「生／ライフ」とミュージアムとの長期的なかかわりを考えようとする本書の各章での議論も、こうした動向を背景として成立することになるはずである。

6. ライフコースのなかでミュージアムを考える

　以上を踏まえたうえで、最後に本節では、人びとの「生／ライフ」とミュージアムとの長期的かつ包括的な関係を問うことの現代的な意義を考えたい。

これまで確認してきたように、ミュージアムはいま、以前の権威主義的な態度を改め、人びとや社会が抱える困難に可能な限り寄り添おうとしているように思われる。「何かについての場所」から「誰かのための場所」へ、あるいは少なくとも、「何かを誰かのために活かす場所」へと、ミュージアムはそのイメージを一新させつつある。そのような流れのなかで、人びとの「生／ライフ」を主軸に据えてミュージアムを語り直していくことには、どのような可能性があるだろうか。

[1] 学び愉しむ主体

　まず、ミュージアムで学び愉しむのは誰か、という問題である。

　言うまでもなく今日のミュージアムは、少なくとも原理的には、すべての人に開かれた場だとされている。これは、国際博物館会議（ICOM）によるミュージアムの定義に、ミュージアムは「公衆に開かれた open to the public」機関だと明記されているとおりである。また、だからこそ同じICOMの倫理規程では、ミュージアムにおいては「特殊なニーズを持った人々には特別の配慮がされなければならない」と記されているし、日本でも、文部科学省の告示「博物館の設置及び運営上の望ましい基準」（平成23年12月20日）において、「高齢者、障害者、乳幼児の保護者、外国人その他特に配慮を必要とする者」への特段の配慮が求められているのである。これらのことは、現代のミュージアムについて語るうえで、基本的な前提になっていると言ってよい。

　ただ、ライフコースという視点を織り込みながら、人とミュージアムとの関係を長期的に考えてみるときには、もう1つ、別の論点が浮かび上がってくることにも留意したい。つまり、ICOMの倫理規定で触れられている「特殊なニーズを持った人々」も、日本の文部科学省告示に登場する「高齢者、障害者、乳幼児の保護者、外国人」等も、それ以外の「私たち」と決定的に異なるような、特別な「他者」などでは断じてないということだ。私たちは生まれ、成長し、老いていく。その過程で、罹病したり、負傷したり、障がいを負うこともある。経済的に困窮したり、社会的に孤立したり、災害に見舞われたり、家族や友人や、場合によっては住居や国籍を失うことさえある。要するに、誰しもが、「特殊なニーズを持った人々」の列に加わる可能性を

もっている。そこに彼我の違いは認められない。長期的なライフコースを前提に考えるということは、したがって、「特殊なニーズを持った人々」という言い回しに登場する「特殊な」という語を括弧に入れてみるということでもある。

　ここで大いに参考になるのは、イギリスの哲学者・倫理学者アラスデア・マッキンタイアの所説である。マッキンタイアは、西洋の思想史、わけても道徳哲学において、成熟し自立した人間（マッキンタイアのいう「実践的推論者」）が最初から想定されているということに、疑問を呈している。というのも、実際の人間は、動物的で依存的な乳幼児期から出発するし、さらに人生の各時期においても、他者に依存する存在だからである。だからたとえば「障がい」は、特別な人びとだけが陥る特別な状態ではないと彼は考える。そうではなくて、私たちは皆、人生のさまざまな時点において、「障がい」の程度を測る「スケール」の多様な地点のどこかにいるのである[49]。

　加えてこのことは、マッキンタイアが描く社会のあり方にも反映されている。人間とはそもそも、他者からのケアを施されながら成長し、やがて折にふれて他者たちにケアを与える者になり、いつか再びケアを施される必要に迫られるようになる存在である[50]。社会はそうした循環があってはじめて成り立つものだ。それゆえ理想の社会とは、「障碍に見舞われ、他者に依存せざるをえない事態は、私たちの誰もがその人生の折々に体験する」という想定を織り込んでいるような社会である[51]。あるいは、別の箇所で彼は次のようにも主張している。すなわち、「幼児や高齢者や病気にかかった人々やけがをしている人々や、その他さまざまな仕方で障碍を負っている人々」が、ひとりの個人として可能性をひらき、いわば「開花」することは、「コミュニティ全体の開花を示す1つの重要な指標であろう」[52]と。ミュージアムについて考える私たちも、人びとの「生／ライフ」を正しく視野に収めようとするならば、「特殊なニーズを持った人々」を自身との連続性のなかでとらえる想像力を求められるだろう。

　また、先ほどみた文部科学省の告示「博物館の設置及び運営上の望ましい規準」では、「高齢者」「障害者」「乳幼児を連れた保護者」「外国人」が、特別な配慮を必要とする利用者の例として列挙されていた。けれども、これらの

利用者が一定の手助けを求めていることが事実であるとしても、その学びがほかの人びとの学びよりも劣った、二義的なものであるわけではない。これらの人たちもまた、自分たちの学びを創り出しうる。その学びは、ユニークなものではあっても、だからといって非本質的な、あるいは非正統的なものであるということにはならないはずである。

　たとえば駒見和夫らは、特別支援学校の生徒を対象としたミュージアムでの学びの可能性を模索している。その駒見が記している次の文章は、障がいのある人たちを受動的な、特殊な学習者とみなすことへの、ある種の異議申し立てと理解することができるだろう。

　　　生涯教育の提唱者であるポール・ラングランは、人間の存在に対する挑戦的課題の克服として教育の問題を受けとめ、生涯にわたる教育システムを構築する必要性を主張した。つまり、博物館が障害のある人たちの学習参加を拒むことがあれば、それは彼らの生きる権利の剥奪にほかならない。そして生涯学習施策では、変化の激しい現代社会を生きぬくために、それぞれの自発的意思にもとづいた生涯にわたる学習の機会を、各遂行機関において提供することが求められている。[53]

　ここで示唆されているのは、「それぞれの自発的意思にもとづいた」学習という議論の文脈から、障がいのある人たちを除いてはならないということだ。こうした考えに立って駒見らは、聴覚特別支援学校、知的障害特別支援学校の生徒たちに対するさまざまな教育実践を試みている。その成果を報告する著書『特別支援教育と博物館‐博学連携のアクティブラーニング』では、障がいのある子どもたちにとっても、ミュージアムは、「多様な人たちとともに学び楽しみながら、自立やキャリア発達を育む場となり得る」と指摘されている[54]。

　重要であるのは、ミュージアムの利用に何らかの不便を感じる人たち、いわゆる「特殊なニーズ」を抱えた人たちの学びも、疑いなく正当な学びだということである。この人たちも、それぞれのニーズや動機、知識や経験に基づきながら、ミュージアムという学びの場を能動的に利用する可能性をもっ

た学習者であり得る。

　また、さらに言えば特殊なニーズをもつ人は、ミュージアムに新たな負担を求めるだけの重荷などではない。援助や配慮を必要とする人びとは、新しい視点をミュージアムにもち込み、ミュージアムを変容させていく可能性をもった利用者でもある。広瀬浩二郎は、主に視覚障がい者について論じつつ、ミュージアムという本来は視覚が優位であったはずの場所に視覚障がい者が足を踏み入れることは、「脱近代型のミュージアムを創るための起爆剤」となる可能性があると説く[55]。あるいは平井康之は、視力の弱い人と視覚障がい者との区別が社会的なものであることを示しながら次のように述べる。

　　　現在の博物館は、視力が弱く、さらに初めての来館で予備知識がない人々を念頭に計画されているだろうか？　文字が読みにくいキャプションや専門用語に消化不良に陥っている来館者はいないだろうか？　視覚障がいをもつ人と視力の弱い人の境界線が曖昧であるように、このような博物館における課題は、一部の障がい者や高齢者だけの課題ではなく、私たちすべてに関わる、文字どおり、ユニバーサルで普遍的な課題である。[56]

　同じようなことは、視覚障がい者だけでなく、さまざまな障がいをもつ人たち、さまざまな年齢層の人たち、さまざまなバックグラウンドをもつ人たちについても、程度の差こそあれ、該当すると考えられるだろう。ミュージアムがさまざまな価値観との出合いの場であるならば、そこには、多様なモノばかりではなく、多様なヒトが居合わせてしかるべきである。のみならず、そこで行われる学びも、オーソドックスで伝統的なものである必要はない。さまざまな人が知見や経験をもち寄り、ユニークな学びの実践が集まることが、地域のなかでのミュージアムの可能性をさらに拓いていく。

［2］変容的な学び

　多様な学び方・多様な愉しみ方を許容し、あるいは推奨するミュージアムは、もちろん、19世紀的な啓蒙のミュージアムではない。今日のミュージアムは、そうではなくて、多様な問いが提起され、多様な解釈が生まれる場と

して、理解されるべきであるだろう。イヴァン・カープらがいうように、「解決ではなく、問題を展示する」ことが、今日のミュージアムの方向性である[57]。

　このような考え方に理論的な土台を与えてくれる論者の1人が、ジョージ・E・ハインである。ここでハインの議論のすべてを紹介することはできないが、差し当たり重要なポイントは、彼が、次の2つの考え方をミュージアムに最適なものだとはみなしていないという点だと思われる。ハインが退ける2つの考え方とは、すなわち、(1) 知識は学習者の外部で、学習者とは無関係に、すでに価値が定まったものとして成立していると想定するタイプの知識論と、(2) そのようなものとしての既定の知識を、あたかも空の容器に注ぎ込むかのように、学習者の頭に詰め込んでいこうとするタイプの学習論である。これに対し、ミュージアムでの学習にあたってハインが推すのは、学習者1人ひとりが、その都度能動的に構成していく意味を知識、つまり学びの内容だと認めるタイプの議論であり、これこそが構成主義の学習理論だと彼は説明している[58]。

　なお、ハインに限らず、20世紀後半以降の教育論・学習論の多くは、学習を既定の知識の習得に限定しないという傾向をもつ[59]。本章の冒頭でも名前をあげたロバート・J・ハヴィガーストは、『人間の発達課題と教育』(原著の初版は1953年) ですでに、「生活することは学ぶことであり、成長することも学ぶことである」[60]と述べ、学ぶことをひろく理解する道筋を示していた。あるいはハインも引用しているパウロ・フレイレは、既定の知識を学習者の頭に詰め込んでいくタイプの学びを「銀行型」の学びとして退けている。フレイレが主張したのは、そうではなくて、既存の社会環境を問題化していくような学び、そして変容に向けた行動を伴った学びであり、これがユネスコを通じて20世紀後半の教育実践にも影響を及ぼしたことはよく知られているだろう。さらにもう少し近年の論者では、ピーター・ジャーヴィスが、今日の学習社会において、「知はかなり急速に変化しているため、真理的命題を学んだり記憶したりするという意味において知を説明するのは、もはや困難」[61]なのだという認識を示している。このような社会においてより重要になってくる学習とは、ジャーヴィスによれば、人生における断絶と直面したときに、これと折り合いをつけようとするような学びである。また、「生／ライフ」との

関係で言えば、ジャック・メジローが説く「変容的学習」論も見過ごせない[62]。私たちは子どもの時期に、すでに確立されているとされるさまざまな事柄を受け容れながら、自己を形成する。しかし、急速で劇的な変化がある現代社会、信念や価値観や社会的慣習の多様化がさまざまな矛盾を生み出している現代社会においては、子どもの頃に身につけた慣習や期待、解釈の枠組みをそのまま保持していることはできない。そこで、変容的学習が求められるのだとメジローはいう。意味を知ることではなく、むしろ、意味を生成すること。そして、意味を解釈する自らの枠組みを、より包括的で総体的な枠組みへと変容させていくこと。これがメジローの説く変容的学習に欠かせないポイントとなる。

　学びを、単なる知識の習得ではなく、よりダイナミックな自己の変容とみなす考え方は、もちろん現代のミュージアム論にも広く行きわたっているとみてよいだろう。先ほどのハインもそうだが、加えて、すでに何度か引用しいているフーパー＝グリーンヒルもそのような論者の1人である。フーパー＝グリーンヒルは、ミュージアムに特に関連する近代の「神話」として、次の3つをあげてみせる。すなわち、(1) 普遍的な妥当性をもつ知識を通じて世界についての単一の説明を生み出そうとする企図、(2) 自己は固定的な安定した存在であるという考え、(3) 学びとは承認された知識を吸収し再生産することから成り立つものだという概念、の3つである[63]。これらの「神話」が重なるところで営まれる近代のミュージアムでは、普遍的な知識を、不変的な自己を保つ来館者に向けて、一方的に注入していくことになるに違いない。しかし、このような考え方は、現今のミュージアムにはなじまないとフーパー＝グリーンヒルは考える。今日のミュージアムにおいては、単一の正答を与えることではなく、コレクションと人びととの相互作用をもたらすことが重要だというのである。つまり、今日のミュージアムにおいて来館者は、「すでに存在している意味を読み解くだけではなく、自分自身にとっての意味を生み出す」のであり、さらに、「ミュージアムで学ぶということは、コレクションについて学ぶことだけでなく、自分についての見方を形成することでもある」というわけである[64]。

　フーパー＝グリーンヒルやハインの議論は、ミュージアムという限られた

場であっても、人生のさまざまな時点において、さまざまな学びが成立しうることを教えてくれる。たとえばハインは、構成主義の教育／学習論においては、学習者が至る結論の妥当性は、「結論が一般的に真実とされることと一致しているかどうかではなく、学習者が築いた現実の範囲内で彼らにとって『意味をなす』のかどうかで決まる」[65]という。こうした指摘は、厳密な科学的命題等にはあてはまりにくいかもしれないが、歴史上の出来事に対する解釈や、芸術作品や自然史標本がもたらす感性的な価値については、充分に説得力をもつ。

　私たちはたとえば、子どもの頃には味わうことができなかった芸術作品の美点を、長じてから、再発見するということがある。あるいは逆に、若かりし頃に愛好していた作品を、さらに経験を積んだあとで、「卒業」することもある。しかしいずれの場合であっても、その都度の鑑賞経験が妥当ではなかった、まったく無駄であったということにはならないだろう。鑑賞者にとって、そのときに「意味をなす」経験ができたのであれば、その経験自体の価値を外部から否定されるいわれはない。いや、というよりもむしろ、人生のそれぞれの時期に、各々のペースで知り、学び、経験し、そして自分自身の認識を少しずつ変えていけるという点こそが、ミュージアムの強みでもあるのだ。

［3］働く人びとの「生／ライフ」

　ところで、人びととミュージアムとの長期的なかかわりを視野に入れるとき、問題として浮上してくるのは、館園を訪れる人たちばかりではない。ミュージアムを動かす側の人びとの「生／ライフ」も、問われることになるだろう。

　日本では、大学において学芸員資格のための単位を一通り揃えることで、学芸員としての任用資格を得るというのが一般的である。そして、そのうえで、各自の専門分野に合致した館園に就職するのである。

　しかし、それ以外のキャリアパスがまったくないわけではない。私的な経験で恐縮ではあるが、かく言う本章の筆者自身も、民間企業に1度就職した後で、縁あって美術館で働きはじめ、文部科学省の資格認定制度を利用して後から学芸員資格を取得した口である。同様に、本書に参加してくださって

いる執筆者のなかにも、ミュージアム以外の職場（菓子メーカーや旅行会社など）からキャリアをスタートさせたという方や、出産等のライフイベントを機に退職したのちに、紆余曲折を経て再び学芸員として働きはじめたという方もいる。人びとの「生／ライフ」とミュージアムとの長期的な関係という論点は、当然このような、ミュージアムの側の人びとの人生の諸問題も包含しうる（カール・ポランニーがかつて指摘したように、はたらくということを人間生活の他の活動から切り離し、市場の諸法則だけに従わせようとするのは、もとよりいびつな想定なのだ[66]）。

　加えて、ミュージアムで働くためのキャリアパスが多様であるということは、前項でみた多様な学び方を保証するうえでも、必須の事柄であると考えられる。これもまた私的な経験に拠るものだが、筆者がかつて勤務していた京都造形芸術大学（現・京都芸術大学）では、通信教育による学芸員資格取得のコースが用意されていた。そしてそのコースには従来の、あるいは「通常」の学芸員像とはいささか異なる経歴のもち主が多数、参加していた。コース修了者のその後の経歴をみても、さまざまな経験をミュージアムで活かしている例が少なくない。医師を退職したあとで、自らの出身地に私設のミュージアムをつくった人がいる。行政職から市立博物館の館長に転任した人がいる。建築設計の仕事を辞めて学芸員になった人もいれば、トリエンナーレ等で経験を積んだあとで通信教育によって資格を取得し、学芸員になった人もいる。図書館や公文書館の職員として働きながら資格を取得し、現在、それらの施設がもつ展示機能を拡充するために尽力している人たちも1人2人ではない。その顔触れは実に多彩である。こうした人たちがミュージアムで働きうるということ自体が、多様な学び方を是認するミュージアムの潜在力を高めるとは言えないだろうか。

　ミュージアムは一枚岩ではない。ミュージアムが伝える知識も、権威づけられた、唯一絶対の正答である必要はない。そうであれば、そこで働く人びとが多彩なバックグラウンドをもっていたとしても、何らおかしなことではないはずである。だからたとえば、障がいのある人がミュージアムのスタッフにもっと加わってもよいし[67]、障がいこそがイノベーションと成長の機会をミュージアムにもたらすという発想があってもよい[68]。あるいは、日本では現

在までのところあまり目立っていない問題かもしれないが、ヨーロッパやアメリカで議論されているのは、人種的・民族的なマイノリティがミュージアムを動かすような、責任あるポジションに就職しにくいという問題である。けれども本来は、スタッフの側の多様性こそが、ミュージアムの原動力にもなりうると考えるべきだろう[69]。

[4] モノとヒト

　最後に、モノとヒトとの関係についても、一言しておきたい。

　モノからヒトへ。あるいは、「何かについて」のミュージアムから「誰かのための」ミュージアムへ。このような変化は、確かにここ2、30年の潮流ではある。ただ、このような流れのなかで「生／ライフ」とミュージアムとの関係を考え直してみるということは、各々の館園が扱うモノ＝コレクションをないがしろにするということではない。あるいは、モノ＝コレクションの専門家である学芸員やキュレーターが、その専門性を放棄してまで、来館者という名の顧客に奉仕する仕事に専心するということでもない。

　スティーヴン・コンは、『ミュージアムにはまだモノが必要か?』という挑発的なタイトルの著作で、20世紀を通じて起こってきたミュージアムとモノとの関係の変化を再考している[70]。ここでコンは、ステファン・E・ウェイルが論じていた「何かについて」のミュージアムから「誰かのための」ミュージアムへという変容を念頭におきつつ、しかし、実際には館の種類によって、モノとの関係性には温度差があるということを描き出している。たとえば美術館では、当然ながら、芸術作品というモノがやはり現在でも中心的な価値をもっているとコンは指摘する。それに対して、人類学の博物館は、人類学という学問そのものの重点が変わっていくなかで、次第にモノから離れていったのだという。歴史の博物館も、モノを減らし、ジオラマやデジタル・メディアを駆使してストーリーを伝えるようになっている。科学館や理工系の博物館も同様に、モノから離れてコンセプトを提示する方向へとシフトしている。これらを総括してコンは、モノやコレクションが中心にあることが当然だと考えていたかつてのミュージアムの通念は、現在のミュージアムにはあてはまらなくなっていると結論づける。しかし、それでもなお彼は、モノはなく

ならないとも最後に言い添える。モノをみるよろこびや驚き自体に独自の価値があることを、彼はもう1度、確認するのである。

　人びととミュージアムとの長期的かつ包括的なかかわりを考えようとする私たちも、だからと言ってモノ＝コレクションを貶めたいわけではまったくない。人とミュージアムとの長期的な関係が前提とするのは、モノかヒトかという二者択一ではなく、モノとヒトとの関係史の可能性である。たとえば福島県立博物館は、2011年3月の東日本大震災の後、震災にまつわる震災遺産を調査し、収集し、展示してきた。避難所で使われていた椅子やストーブ。当時の切迫した状況を伝える掲示物。子どもたちが描いた絵やメッセージ。震災のために配達されなかった新聞の山。それらのモノは、人びとの「生／ライフ」の切実な記録であり、「モノ」として語るにはまだあまりにも生々しい記憶の束にほかならない。これらの資料は、時を経て、何度も展示され、語られるなかで、地域のなかで新しい意味を獲得していくだろう。モノとヒトとの長期にわたる相互作用がここでは意味を生成していくのだ。

　あるいは、京都府の舞鶴引揚記念館は、第2次世界大戦の後、過酷を極めた抑留先から帰還した旧日本兵の事績を記録し、後世に伝えるミュージアムである。地域の学校教育でも積極的に活用され、小学生たちは、ここで資料と向き合った学習体験をもとにして、さらに創作劇を行うなどしながら、歴史を自分たちのものとして学んでいく。館内に張り出されている小学生たちのメッセージからは、抑留経験者の話を聞き、もち帰られた品々を目の当たりにすることで、地域と自分との関係が構築されていく様子をうかがい知ることができるだろう。

　いま試みに2例だけあげてみたが、ここからもわかるように、モノとヒトとは決して二者択一の課題ではない。モノだけではなく、ヒトだけでもなく、モノとヒトとの豊かな相互作用が継続的に繰り広げられるときにはじめて、人を変え、地域をつくっていくミュージアムの力が真に十全なかたちで発揮されるのである。あるいは、「何かについて」のミュージアムと「誰かのための」ミュージアムをかけあわせて考えていくことのポジティブな可能性を、「生／ライフのためのミュージアム」という言い方で提起することもできるだろう。

また、もう１つ、学芸員・キュレーターの専門性の問題がある。ミュージアムがヒトを重視するということは、必ずしも、モノ＝コレクションに関する専門性を切り捨てることではない。確かに、ジェニファー・バレットが論じているように、教育やサービスを重視するここ２、30年の動きのなかで、キュレーターという専門職が権威主義の象徴として槍玉にあげられるということがあった。そのようななかで、キュレーターに代えてエデュケーターの役割が比重を増したり、あるいはキュレーター自身がファシリテーターのような役割を求められたりすることもあった。しかし、このような事情を整理しながらもバレット自身は、キュレーターの専門性を否定するわけではないと、はっきりと述べている。キュレーターあるいは学芸員は、ファシリテーターのような役割を果たしたり、コミュニティの関心に応えたりすることが確かにあるだろう。しかしそのことは、依然としてキュレーターに、コレクションや、収集活動や、展示の実践に関する特別な知識を要求するのだとバレットはいうのである[71]。無論、学芸員やキュレーターは、専門家であっても、権威主義的である必要はない。エキスパートとしての学芸員やキュレーターは、自らの知見を、人びとの学びを限定し誘導するためにではなく、ひろげるために用いていくことが今後ますます求められていくと思われる。このような動向を、「来館者のために働くという枠組み」から、「人びとと一緒に働くという枠組み」への転換としてとらえてもよいかもしれない[72]。あるいは、ミュージアムとコミュニティが時間をかけて共同し、共創していくという近年の動向に沿って、専門家と地域住民との垣根を超えた、新しい「スロー・ミュゼオロジー」（レイモンド・A・シルバーマン）[73]を構想していくこともできるだろう。

　日本でも、ミュージアムに経済的な効果や、観光資源としての役割が求められる風潮のなかで、いま一度学芸員の専門性を再検討しようという動きが出てきている。岩城卓二と高木博志が編者となった『博物館と文化財の危機』（2020年）は、そうした議論の１つの成果であるだろう。同書のなかでたとえば國賀由美子は、サービスを偏重するあまり、資料の収集、保管、展示及び調査研究という学芸員の本来業務がおろそかになることに警鐘を鳴らしている[74]。ただし、言うまでもなくこのような指摘は、単純に旧来のミュージアム

像・学芸員像を墨守することを提案しているのではないはずである。同じ本の「まえがき」において編者の1人である岩城卓二は、「観光客を集めることができるものだけが文化財なのではない」と鋭く指摘しつつ、アルバムや日記等の個人的なモノも含む広範な文化財を念頭に置くことを提唱している。そのような地域の歴史と向き合うことこそが、「地域が人間が生きる場であり続けるために必要な営みである」という岩城の主張[75]は、モノとヒトとの関係史の可能性に目を向けようとする私たちの議論とも何ら矛盾するものではない。

　もちろん、経営や収益がほかを圧倒するほどに肥大しがちな今日の状況にはしっかりと警鐘を鳴らす必要がある。「文化や学問の商品化、観光化の方向性」[76]が過度に進み、収益の論理が地域の個性や人びとの親密圏を押しのけていくのならば、それに否と言うべきだろう。ただ、それとあわせて、もう1つ大切であるのと考えられるのは、経営や収益や観光か、それとも文化や教育や地域かという二分法を乗り越えていく議論の道筋を確保することである。

　言うまでもないことかもしれないが、もとより観光も文化の一様態である。消費文化も1つの文化である。観光を織り込んだ地域づくりというケースも多いだろう。わけてもミュージアムは、たとえば図書館や公民館がそうである以上に、地域の外から人を呼び込む力をもっている。

　「来館者」を待つ館園の側からではなく、それぞれの人生を歩む人びとの側からみてみよう。地域のミュージアムを愛好する人が、旅先で、旅行者として訪れた館園で重要な出合いを経験するかもしれない。観光客を念頭におきながら解説パネルを外国語に翻訳するという作業は、ミュージアムのスタッフに、自分たちの文化を再考する機会を与えるかもしれない。あるいはミュージアム・ショップで販売されている商品が、地域の産業を伝え、支える一助になるかもしれない。文化か経営か、地域か観光かという問いを乗り越えなくてはならない局面は日常的に訪れる。観光や消費という私的な価値と、地域や文化といった公的な価値が出合い、交わる場として、ミュージアムはある。

7. ミュージアムは“ひと”を変え、“まち”を変える

　ミュージアムは長期的に人びとの「生／ライフ」とかかわりうる。そして、そのような営みのなかで人を変え、地域を変えていくことができる。本章では、こうした主張が成立しうることの背景をみてきた。本書に寄せられた各論考の土台となる文脈を、いささか駆け足ではあったが、語ってみたつもりである。

　なお、本書を執筆している2020年は、新型コロナウィルス感染症が世界的に猛威を振るう年となってしまった。参加してくださった論者たちのなかにも、勤務館の休館や担当する展覧会の中止といった現実に直面し、現場で対応にあたった方々が少なからずいる。ミュージアムは人間らしい「生／ライフ」の構築に欠かすことができない大切な一要素だ、という本書全体の主張もまた、このような厳しい社会状況のなかで、今後、試されていくことになるだろう。

（今村 信隆）

〈注および参考文献〉

1　「流体的近代」というキーワードで現代の社会を語るジークムント・バウマンは、仕事や交友関係等においても、アイデンティティや価値の追求においても、現代人の生活のあらゆる断面に「深刻な不確実性」が浸透していることを指摘する。ジークムント・バウマン（2001）『リキッド・モダニティ―液状化する社会』森田典正訳、大月書店、特にp.176.

2　たとえばステファン・J・ハントは、年齢に重きを置くライフサイクルという考え方が、「20世紀の終わり頃には、ほとんど支持できないものだということが明らかになってきた」と総括している。Stephen J. Hunt（2017）*The Life Course : A Sociological Introduction, Second Edition*, Palgrave: 9-37. 引用はp.26.

3　ここでフーパー＝グリーンヒルは、発信者から受信者へと情報が伝達されていくといった線的で単純なコミュニケーションモデルが次第に複雑化していったプロセスを追い、最終的には、建物やスタッフの態度、そして施設全体の雰囲気等を含んだ、より全体論的（holistic）なコミュニケーションのアプローチを提案している。Eilean Hooper-Greenhill（1999）*The Educational Role of the Museum, Second Edition*, Routledge: 28-43. 及び、Eilean Hooper-Greenhill（1994）, *Museums and their Visitors*, Routledge, 1994: 35-53.

4　藤村正之編著（2011）『いのちとライフコースの社会学』弘文堂: 1-9。および、藤村正之（2008）『〈生〉の社会学』東京大学出版会、特にpp.264-273.

5　Graham Black（2005）*The Engaging Museum : Developing Museums for Visitor Involvement*, Routledge: 41-44. 来館者研究全般を視野に収めた優れたレビューとして、村田麻里子（2003）「来館者研究の系譜とその課題―日本における博物館コミュニケーションの展開のための一考察―」（『日本ミュージアム・マネージメント学会研究紀要』第7号: 95-104.

6　ジーン・レイヴ、エティエンヌ・ウェンガー（1993）『状況に埋め込まれた学習―正統的周辺参加

　　　　　　—』佐伯胖訳、産業図書

7　John H. Falk（2009）*Identity and the Museum visitor experience*, Routledge: 35.

8　Eilean Hooper-Greenhill（1999）*The Educational Role of the Museum, Second Edition*: 11.

9　Jeffrey K. Smith（2014）*The Museum Effect : How Museums, Libraries, and Cultural Institutions Educate and Civilize Society*, Rowman & Littlefield: 13.

10　Stephen E. Weil（1999）"From being about something to being for somebody : The Ongoing trans formation of the American Museum", *Daedalus*, vol.28, no.3: 229-258, 引用はpp.252-253.

11　Ibid.: 255.

12　Smith, op. cit.,: 97-101.

13　Museums Association（2013）*Museums Change Lives*, 以下、この提言書からの引用はページ数を本文中に記す。

14　Robert R. Janes and Richard Sandell（2019）"Posterity has arrived : The necessary emergence of Museum activism", in Janes and Sandell ed., *Museum Activism*, Routledge: 1-21. 引用はp.17.

15　IMLS（2009）*Museums, Libraries, and 21st Century slills*.（https://www.imls.gov/assets/1/Assetmanager/21stCenturySkills.pdf）

16　新藤浩伸（2015）「博物館構想の展開と地域学習」（佐藤一子編『地域学習の創造—地域再生への学びを拓く』、東京大学出版会: 199-224. 引用はp.220.

17　渡辺幸倫編著（2019）『多文化社会の社会教育—公民館・図書館・博物館がつくる「安心の居場所」』明石書店

18　川村千鶴子（2019）「協働・共創を支える『安心の居場所』—内発的社会統合政策を拓く」（渡辺幸倫編著、前掲書: 31-44. 引用はp.43.

19　はじまりの美術館（福島県猪苗代町）、みずのき美術館（京都府亀岡市）、藁工ミュージアム（高知県高知市）、ボーダレス・アートミュージアムNO-MA（滋賀県近江八幡市）、かたるべの森美術館（北海道当麻町）などを念頭に置いている。

20　Hoan Le Thi Thuy（2018）"Gender Education at the Vietnamese Women's Museum", in Caroline Lang and John Reeve ed., *New Museum Practice in Asia*, Lund Humphries: 153-157.

21　Molly Steinwald, Melissa A Harding, and Richard V. Piacentini（2014）"Multisensory Engagement with Real Nature Relevent to Real Life", in Nina Levent and Alvaro Pascual-Leone ed., *The Multisensory Museum : Cross-Disciplinary Perspectives on Touch, Sound, Smell, Memory, and Space*, Rowman & Littlefield: 45-60.

22　たとえば、玉村雅敏編著（2013）『地域を変えるミュージアム—未来を育む場のデザイン』英治出版。金山喜昭（2017）『博物館と地域再生—市民・自治体・企業・地域との連携』同成社などで紹介されている豊富な事例の数々を参照されたい。

23　Lois H. Silverman（2010）*The Social work of Museums*, Routledge: xi.

24　ジョン・H・フォーク、リン・D・ディアーキング（1996）『博物館体験：学芸員のための視点』高橋順一訳、雄山閣出版

25　John H. Falk and Lynn D. Dierking（2018）*Learning from Museums, Second Edition*, Rowman & Littlefield: 7.

26　Ibid., 特にpp.64-70.

27　John H. Falk（2009）*Identity and the Museum visitor experience*, Routledge: 23-27.

28　Ibid.: 30.

29　Sujie Wilkening and James Chung（2009）*Life Stages of the Museum Visitor : Building Engagement over a Lifetime*, The AAM Press.

30　Ibid.: 116-117.

31　Ibid.: 10.

32　Ibid.: 1.

33　Silverman, op.cit.: 5-14.

34　Tony Bennett（1995）*The Birth of the Museum : History, Theory, Politics*, Routledge.

35　たとえば北澤憲昭（2010）『眼の神殿—「美術」受容史ノート：定本』美術出版社（初版は1989。

ブリュッケ発行）

36 赤尾勝己編著（2017）『学習社会学の構想』晃洋書房：49.

37 高橋満編著（2017）『成人教育の社会学―バリー、アート・フイフコース』東信堂：13（高橋満執筆分）

38 ピエール・ブルデュー、アラン・ダルベル、ドミニク・シュナッペー（1988）『美術愛好―ヨーロッパの美術館と観衆』山下雅之訳、木鐸社：67.

39 Ibid.: 170.

40 Seph Rodney（2019）*The Personalization of the Museum Visit : Art Museums, Discourse, and Visitors*, Routledge: 1.

41 Ibid.: 9.

42 Ibid.: 25.

43 Raymond A. Silverman ed.（2015）*Museum as Process : Translating Local and Global Knowledges*, Routledge: 9.

44 Peter Vergo（1989）"The Reticient Object", in Peter Vergo ed., *The New Museology*, Reaktion Books: 41-59. 引用は p.52.

45 Philip Wright（1989）"The Quality of Visitor's Experiencese in Art Museums", in Vergo, op.cit.: 119-148. 引用は p.119.

46 Charles Saumarez Smith（1989）"Museums, Artefacts, and Meanings", in Vergo, op.cit.: 6-21.

47 Nick Merriman（1989）"Museum Visiting as a Cultural Phenomenon", in Vergo, op.cit.: 149-171. 引用は p.163.

48 伊藤寿朗（1993）『市民のなかの博物館』吉川弘文館：141-149.

49 アラスデア・マッキンタイア（2018）『依存的な理性的動物―ヒトにはなぜ徳が必要か』高島和哉訳、法政大学出版局、特に p.100.

50 Ibid.: 111.

51 Ibid.: 187.

52 Ibid.: 152.

53 駒見和夫・筑波大学附属聴覚特別支援学校中学部（2106）『特別支援教育と博物館―博学連携のアクティブラーニング』同成社：14.

54 Ibid.: 85.

55 広瀬浩二郎編著（2016）『ひとが優しい博物館 - ユニバーサル・ミュージアムの新展開』青弓社：13.

56 平井康之編著（2014）『知覚を刺激するミュージアム―見て、触って、感じる博物館のつくりかた』学芸出版社

57 Ivan Karp and Corinne A. Kratz（2015）"The Interrogative Museum", in Raymond A. Silverman ed., op.cit.: 279-298. 引用は p.281.

58 ジョージ・E・ハイン（2010）『博物館で学ぶ』鷹野光行監訳、同成社、特に第 2 章。

59 ユネスコの 21 世紀教育国際委員会による報告書『学習：秘められた宝』（1996 年）でも整理されているように、旧来の学校教育が重視してきた「知ることを学ぶ」「為すことを学ぶ」は学習の一部に過ぎない。これに加えて今日では、「共に生きることを学ぶ」「人間として生きることを学ぶ」ということが求められているのであり、本章の議論に即して言えば、ミュージアムはこれらの学習の 4 本柱のすべてに寄与するということになるだろう。同報告書の邦訳は、ユネスコ 21 世紀教育国際委員会（1997）『学習：秘められた宝―ユネスコ「21 世紀教育国際委員会」報告書』天城勲監訳、ぎょうせいに拠った。

60 ロバート・J・ハヴィガースト（1995）『人間の発達課題と教育』、荘司雅子監訳、玉川大学出版部：24.

61 ピーター・ジャーヴィス編著（2011）『生涯学習支援の理論と実践―「教えること」の現在』、渡邊洋子・吉田正純監訳、明石書房：43.

62 ジャック・メジロー（2012）『おとなの学びと変容―変容的学習とは何か』金澤睦・三輪建二監訳、鳳書房

63 Eilean Hooper-Greenhill（2007）"Education, Postmodernity and the Museum", in Simon J. Knell,

Suzanne MacLeod and Sheila Watson ed., *Museum Revolutions : How Museums change and are changed*, Routledge: 367-377. 特に p.368.

64 Ibid.: 374-375.

65 ハイン、前掲書: 54.

66 カール・ポラニー（2009）『［新訳］大転換—市場社会の形成と崩壊』野口建彦・栖原学訳、東洋経済新報社、特に pp.297-316.

67 Beth Bienvenu（2019）"Museums and ADA at 25 : Progress and Looking Ahead", in Johnnetta Betsch Cole and Laula L. Lott ed., *Diversity, Equity, Accessibility, and Inclusion in Museums*, Rowman & Littlefield: 57-60.

68 Haben Girma,（2019）"Disablity and Innovatiom : The Universal Benefits of Inclusive Design", in Johnnetta Betsch Cole and Laula L. Lott ed., op.cit.: 101-105.

69 Lonnie G. Bunch III（2019）"Flies in the Buttermilk : Museums, Diversity, and the Will to Change", in Johnnetta Betsch Cole and Laula L. Lott ed., op.cit.: 3-8.

70 Steven Conn（2010）*Do Museums Still Need Object ?*, University of Pennsylvania Press: 20-57

71 Jennifer Barrett（2012）*Museums and the Public Sphere*, Wiley-Blackwell: 143-163.

72 このフレーズは、Judith Koke and Keri Ryan（2017）"From Consulotation to Collaboration : Mechanisms for Integrating Community Voices into Exhibition Development", in Pat Villeneuve and Ann Rowson Love ed., *Visitor-Centered Exhibitions and Edu-Curation in Art Museums*, Rowman & Littlefield, pp.54-55 から採った。

73 Raymond A. Silverman, op.cit.: 12-14.

74 國賀由美子（2020）「学芸員の現在と未来」岩城卓司・高木博志編『博物館と文化財の危機』人文書院: 73-97.

75 岩城卓司・高木博志編（2020）『博物館と文化財の危機』人文書院: 3-12.（岩城卓司執筆分）

76 Ibid.,: 191.（高木博志執筆分）

第2章

ミュージアム体験を「ライフコース」と「ナラティブ」で編み直す

ミュージアムの来館者研究は、従来から博物館学の主要なテーマの1つであり、多くの優れた業績が蓄積されてきた。とはいえ、これまでの研究の多くが、1度の来館体験をいわば「微分的」に切り取り、その効果や意義を測るものだったことは否めない。それを反省してここでは、人びとの成長や変容を視野に収めたより継続的で「積分的」な来館者研究の意義や、非来館者を含む社会全体に対するミュージアムの広範な便益、そして来館者自身の語りの背後に個々人の固有の物語を探ろうとするアプローチの可能性を探っていく。

1. ミュージアムとの長期的なかかわりと「体験」

　ミュージアム体験は、ミュージアムからの一方的なサービスの提供であったり、たんなる自発的な学びであったりという範疇とはかなり異なり、もっと幅広く、奥深いものであることに、多くのミュージアム来館者は気がついているはずである。たとえば、ミュージアムにおける体験のさまざまな蓄積が人生の大きな転換点を演出したり、ミュージアムに足を運ばなくてもその地域社会において、そこが源となって発するさまざまな便益を体験したりすることがある。

　ここでは、"ひと"とミュージアムとの長期的なかかわり方を、ミュージアム体験という要素を介して、どのようにとらえてきたのか、また今後、ミュージアムではどのようにとらえようとしているのかを考えていく。

[1] ミュージアムにおける学習に関する理論

　並木（2012：54-57）は、ミュージアムにおける学習を理解するうえで役立つ理論として、つまりミュージアム体験のとらえ方としてどのような考え方があるのかを、ミュージアム「訪問前」「実際の利用時」「訪問あと」という3つの期間ごとに紹介している。そのなかで、「実際の利用時」に関する理論は、ミュージアムとの長期的なかかわりとミュージアム体験を考えるうえで、とても示唆に富んでいるので、以下に紹介したい。

　ミュージアムの「実際の利用時」に関して、4つの側面から理論を説明している。その1つは、ブルーナーによるものごとの理解の仕方に関する2つの様式である。つまり、普遍的な論理一貫性が追究される「論理・科学的様式」、本人にとっての真実味や迫真性が追究される「ナラティブ様式」の2つがある。2つめとして、展示などへの理解が進むプロセスとして、第1章でも紹介されたフォークとディアーキングの『博物館体験』[1]で論じられている「個人化」と「意味づくり」を取り上げている。単に経験したいことがそのまま学習なのではなく、メッセージをその人なりに解釈しつつ主体的にとりこむ過程が重視される「個人化」とともに、併せて、その主体性をより鮮明にする

のが「意味づくり」であるとしている。つまり、ミュージアムにおけるさまざまな体験から、何を選び出し、そこにどんな意義を見出しているか、という視点の重要性を説いている。3つめに、誰かの行動の真似をする「モデリング」の重要性も説明している。たとえば、ミュージアムにおけるハンズ・オン展示の操作をする場合、他の子どもが楽しくやっているのを見て、そのとおりにやってみることがそれにあたる。最後の4つめとして、「学習スタイルの違い」をマカーシーの4つのタイプ分けから説明している。つまり、「想像的」学習スタイル、「分析的」学習スタイル、「常識的」学習スタイル、そして「実験的」学習スタイルである。併せて、来館者の学習タイプを理解することは、学芸員や解説スタッフにおいて、利用者に対応する仕方を検討する際に役立つとしている。

　筆者は、並木が紹介した「ナラティブ様式」、「個人化」と「意味づくり」は、人とミュージアムとの長期的なかかわりとそこでの体験を考えるうえで、重要なキーワードになると考える。2節以降ではこれらを考察していきたい。

[2] ミュージアム体験のとらえ方の多様性

　人とミュージアムとの長期的なかかわりとそこでの体験をとらえる視点として、ここでは、次の3つを設定してみたい。ミュージアム体験を①「微分」的にとらえる視点、②「積分」的にとらえる視点、そして③非来館者を含む地域社会に向けた便益としてとらえる視点、である（図1）。

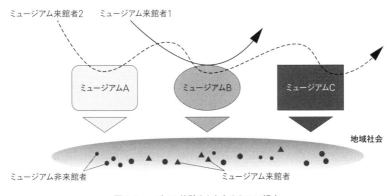

図1 ミュージアム体験をとらえる3つの視点

ミュージアム体験を「微分」的にとらえる視点とは、来館者一個人のミュージアム体験を1回だけのミュージアム訪問時の体験がどうだったのかでとらえ、分析する視点である。実は、博物館学における来館者研究のほとんどが、1回きりの体験をどう感じたか、満足したかを調査して、分析しているといえる。一方、ミュージアム体験を「積分」的にとらえる視点とは、1人の来館者において長年積み重なってきたミュージアム体験を継続して調査し、それぞれの体験のもつ意味づけの変化や相互作用を長いスパンでとらえようとするものである。しかし、その研究事例は極めて少ない。

　そして、3つめの非来館者を含む地域社会に向けた便益としてとらえる視点とは、経済学でいうところの「外部便益」、文化政策でいうところの「手段的価値」が、ミュージアムに直接来ない人びとに対して、どんな体験を提供しうるのかという視点である。

2. ミュージアム体験を博物館学研究では これまでどう表してきたか

　ここでは、先に設定したミュージアムでの体験をとらえるはじめの2つの視点に関して、具体的にいくつかの研究をみていく。

[1] ミュージアム体験を「微分」的にとらえる視点

　ミュージアム体験を「微分」的にとらえる視点とは、来館者一個人のミュージアム体験を1回だけのミュージアム訪問時の体験がどうだったのかでとらえ、分析する視点である。ミュージアムをフィールドとして、来館者の体験のあり様を直接対象として実施される調査は、「観察法」「質問紙法」「面接法」に大別されるが、このなかで最も原初的であり、調査者が確実に来館者の行動を確認できる調査法は「観察法」である。

　たとえば、筆者が2005年に国立民族学博物館（大阪府吹田市）の常設展示場で実施した、来館者の行動追跡調査がある。この調査の目的は、来館者がいったいどんな動線で展示をみているのか、またはみていないのかを確認して、今後の展示リニューアルに向けた基礎資料とすることであった。この展示場

はすべてのエリアを回ろうとすると観覧動線が数キロにもなり、通常1日がかりの見学となる。観覧中の行動を尾行しながら記録することに同意してくれた101組の来館者を対象に調査をはじめた。10mほど離れて尾行したが、目視で判明する行動の種類はかなり限られており、歩いている以外は①「立ち止まる」、②「写真撮影する」、③「資料に触れる」、④「休憩する」であった。なお、「立ち止まる」の際に、資料を観る、パネルを読む、同伴者と会話するなどの行為が行われているがそこまでは判別できなかった。その調査結果を1枚の平面図にまとめたのが図2である。黒く太い線の集合になっているのが、来館者1組1組の行動の軌跡であり、①～④の行動箇所とその所要時間も記録している。

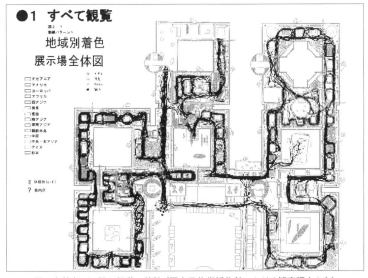

図2 来館者101組の行動の軌跡（国立民族学博物館における観察調査から）

採取したのはこの4つの行動であったが、それぞれの行動で各来館者がなにを感じ、なにを考えたのかを考察するために、事前に手渡していたデジタルカメラで撮影された写真を1枚1枚、調査対象者とみながら、観覧時の気持ちや感動、驚きなどを聞いた。

また、次のような研究も体験を「微分」的にとらえたものである。静岡県

立美術館における、2002、2003、2005年度に開催した14回の特別展で実施した来館者へのアンケート調査で、「あなたの生活において＜美術館＞はどのような存在または位置づけですか」という自由記入方式の設問を用意した。3079件の有効回答に対して、回答のテキストの主要語とその語を支持している年代・性別との関係を図に表すと図3のようになった（伊藤2011）。

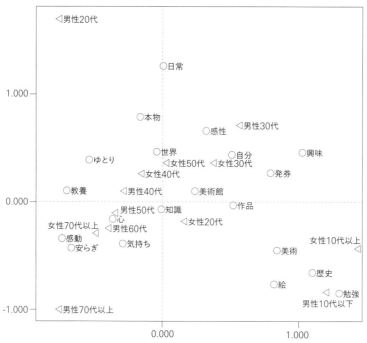

図3 テキストマイニングによる分析結果（コレスポンデンス分析を併用）（伊藤2011：106）

　これによると、10代では男女とも、美術館の存在や位置づけを「勉強」や「歴史」「美術」という語で表現し、60代以上では男女とも「安らぎ」「心」「感動」という語で表現していることがわかる。また、その途中の年代では、「感性」「自分」「世界」などの語がみられた。つまり、4年間の来館者約3000人における美術館に対する「想い」をマスとしてとらえ、そのときの年代と性別で輪切りにして、グラフ化した。これは、同一年代・同一性における「想い」の傾向（傾き＝微分）を分析している研究といえる。

この研究結果は、たとえば、今後の特別展のテーマ・作品や空間づくりと訴求したい年代と性別との関係を確認する際に、美術館にとって役に立つかもしれない。しかし一方で、個々の来館者が、美術館に来館する前に何をして、来館したあとにどんな行動をしたのか、考え方や行動に変化があったのか。美術館を含めたほかのミュージアム体験はどうなのか。さらにいうと、こういうことを踏まえたうえで、あなたの人生において美術館はどのような存在または位置づけなのかは、把握できていない。つまり、来館者1人ひとりが織りなす人生行路とミュージアムとのかかわりは、把握できていない。

　ミュージアムは学校教育よりも長く、生涯にわたって人びととかかわる存在である。そこには、生涯学習や学びという要素だけでなく、地域住民や地域社会との交流やつながり、ミュージアム事業への積極的な参画、個人としての心の拠り所としての価値や地域社会における絆としての価値なども存在するはずである。まさに、本書でめざしていることの1つである「人とミュージアムとの長期的なかかわり方」を考察するには、この部分を把握することが必要である。

［2］　ミュージアム体験を「積分」的にとらえる視点

　湯浅らは、「博物館体験の長期記憶に関する研究」として、人びとのミュージアム体験の記憶を問い、人びとがミュージアム体験からどのような影響を受けたのか、時間を経てしか明らかにならないインパクトを追跡調査することで、ミュージアムの存在意義を示すという研究を続けている。これに関する一連の研究では、ミュージアムから受けるインパクトを認知面での学習に限定せず、感情や意志に関する面も含めて包括的にとらえている（湯浅2006）。

　たとえば、清水・湯浅（2012）では、フォークとディアーキングによる「学習文脈モデル」に基づいて、自然史や理工系の資料を扱う科学館の来館経験をめぐる個人の長期記憶がどのような特性をもち、現在の年齢や立場の異なる人たちにおいてそうした特性にどのような共通点や相違点が見られるのかを、認知心理学と博物館学の立場から明らかにした。この論文では、現職の科学館職員293名、一般大学生421名、一般高齢者98名の計812名を調査対象とした。研究方法は、小学校の頃の科学館の来館経験に限定して「その体

験と好意度」「科学館体験に関する出来事の記憶の概観」「科学館での出来事の長期記憶」などを問う記憶特性質問紙（MCQ）にある38の質問項目に、科学館職員に対しては現在の職業選択への、一般大学生に対しては職業選択や志望への、一般高齢者に対しては現在の自分自身への直接的影響に関する1項目を追加した設問群を用いた。

　収集したデータを因子分析した結果、以下のような有効な5つの因子解が採用された。

・第1因子（F1）「鮮明」：科学館での出来事がどの程度鮮明であるか。

・第2因子（F2）「意味」：出来事を事後にどれほど思い出し、それを他者に話し、自己にとってどのような意味や影響をもつか。

・第3因子（F3）「感覚」：科学館での出来事に関連した嗅覚や味覚、触覚に関連していたか。

・第4因子（F4）「時間」：科学館での出来事が発生した年月日や季節などの時間的な情報に関連していたか。

・第5因子（F5）「感情」：出来事を経験したときの自己の感情や印象に関連していたか。

さまざまな研究結果が記述されているが、ミュージアム体験を「積分」的にとらえる視点に関連した、5つの因子ごとの3つの調査対象における相違をみると以下の4点であった（図4）。

・小学生の頃の科学館体験の記憶における「鮮明」や「意味」、「感情」に関連した側面において、科学館職員は、大学生や高齢者よりも評定値が高い。一方、「感覚」と「時間」では、3つの調査対象群において差異がなかった。

・「意味」においては、科学館職員と大学生の評定値の差が大きかった。これに対する解釈として、人は過去の出来事の想起を通して過去の自己と現在の自己を対比させたり、あるいは過去から現在まで変わらぬ一貫した自己像を確認したりする「自伝的推論」と呼ばれる思考過程があるとし、科学館職員は大学生よりも活発に自伝的推論を行って現在の科学館職員としての自己の現状と過去の体験を密接に結びつけていると考えられる。

・高齢者と大学生を比較したとき、「鮮明」と「感情」では両者の差はなかっ

たが、「意味」では高齢者の方が大学生よりも評定値が高かった。職業生活や家庭生活の経験を十分に積んだ人たちの方が、そうでない人たちに比べて、科学館体験の影響や主観的な意味づけが顕著に現れることがわかる。

・先行研究では、特定の出来事の時間情報については、記憶の保持期間の長さや出来事の性質に関係せず、出来事を体験したときの年齢時期と関係していることが見出されている。しかし、この研究では、科学館体験を小学生の頃に限定していたため、3つの調査対象群において差異がなかったと考えられる。

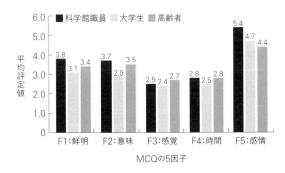

図4 MCQの5因子における調査参加者群別の平均評定値（清水・湯浅2012：26）

3. ミュージアム体験のとらえ方見直しの必要性

ここまで、ミュージアム体験を「微分」的、および「積分」的にとらえた研究を紹介してきた。しかし、これらの研究成果は、来館者・利用者とミュージアムとの関係の実態を偏りなく表しているといえるであろうか。さらにいうと、人とミュージアムとの多様な関係のあり方、長期的なかかわり方を的確にとらえきれているだろうか。

以下では、試論として、ミュージアム体験の新たな2つのとらえ方を考えてみたい。

[1] ライフコースとコーホート分析

先に紹介した科学館のおける長期記憶に関する研究では、小学生の頃の科

学館体験を対象にして、その後、その人の人生において、仕事や就職においてどのような影響を及ぼしたのかを、現在の年齢や立場の異なる人たちで比較して検討した。しかし、小学生のときから現在まで、複数のミュージアム体験が積み重なった1人ひとりにおいて、その体験がどういう意味をもったのかということを明らかにする調査の立てつけにはなっていなかった。ここでは、「ライフコース」という概念を用いて、ミュージアム体験を「積分」的にとらえることができないか、その可能性を考えてみる。

「ライフコース」とは、個人が年齢別の役割や出来事を経つつたどる人生行路と定義され、社会学でよく用いられる概念である。青木ほか（2008）は、人は一生の間に、学校にいく、就職する、結婚する、親になるといったライフイベントを経験し、そこでの選択に伴ってさまざまな役割を取得していく。そのライフイベント選択の系列、役割取得のパターンに着目し、個人の多様な生き方を分析する。ある時期がくれば、自動的に次の段階へ移行する一次元的な「ライフサイクル」とは異なるとしている（青木ほか 2008: 1-2）。

マクロな社会変動と結びつける視点をもっている点が特徴であり、3つの時間軸を設定する（青木ほか 2008: 48-49）。

・加齢効果としての個人的時間（ライフサイクル）
・時代効果としての歴史的時間（出来事や時代区分）
・世代（コーホート＝同じ世代に出生した人々）効果としての社会的時間である（図5）。

世代（コーホート）効果とは、加齢効果と時代効果が交差する斜線によって表される効果（傾向）を指し、ある特定の歴史的出来事を特定の年齢で体験した人びとにもたらされる類似の効果（傾向）をいう。たとえば、1990年のバブル崩壊後の平成不況という歴史的出来事は、3つのコーホートに与える影響が異なる。1970年出生コーホートでは就職活動というライフサイクルにあり、1950年出生コーホートでは子どもの教育がたいへんな時期であり、1930年出生コーホートでは退職後の老後を迎える時期である。つまり、人びとは、生涯発達上の各段階における身体上や家族・人生上の課題を抱えながら、同時代の歴史的影響を、同世代（コーホート）の一員として、ほかのコーホートとは異なる形で受けつつ、図の右上の方向に生きていく。この右上の進んで

いく1本1本の線がライフコースである（青木ほか2008: 48-49）。

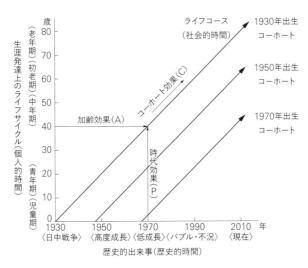

図5 加齢・時代・コーホート効果とライフコース（青木ほか2008: 49）

　ここで、コーホート効果を文化芸術活動に適用した研究事例を紹介する。新谷・勝浦（2016）は「社会生活基本調査による文化需要のコーホート分析」という論文で、総務省が5年に1回実施している「社会生活基本調査」の生活行動調査の「趣味・娯楽」を活用し、「美術鑑賞」「演芸・演劇・舞踊鑑賞」「映画鑑賞」「クラシック音楽鑑賞」「ポピュラー音楽鑑賞」「楽器の演奏」「スポーツ観覧」（ただし、どれもテレビ・ビデオ・ＤＶＤなどによる鑑賞は除く）におけるコーホート効果を測定した。1991年、1996年、2001年、2006年の4回分（合計で約65万サンプル）の「社会生活基本調査」では、過去1年間における当該活動の有無（行動者率）、頻度（平均行動日数）を調査している。4回の調査の平均「行動者率」を5歳刻みの年齢で変化を見たのが図6である。

　ミュージアムと関連の深い「美術鑑賞」をみると、10歳代から行動者率が年齢ごとに徐々に上昇しており、50〜54歳でその率が約23％となり、それ以降は減少しているのがわかる。

　次に、「美術鑑賞」に関して、この論文では次のように説明している（新谷・勝浦2016: 15-17）。1982－86年生まれのコーホート、1977－1981年生まれ

のコーホートというように、5年間ごとにコーホートを設定し、4回の調査年における行動者率の変化をグラフ化したのが図7である。これによると、いちばん若い1982－86年生まれから、1942－46年生まれのコーホートまで、より以前の出生コーホートの方が、行動者率が高いというコーホート効果が認められる。一方、1937－41年以前のコーホートでは反対の傾向がみられ、ここにもコーホート効果があるといえる。

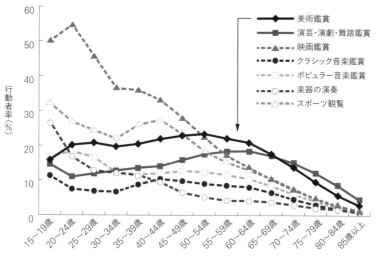

図6 文化的活動の年齢別行動者率（1991－2006年平均値）（新谷・勝浦2016：15）

　では、ミュージアム体験の積み重ねをとらえる場合、どのようにこの手法を応用できるであろうか。筆者は、ライフサイクルと、経験してきた歴史的出来事という背景を把握したうえ、個人が語る複数ミュージアム体験の意味づけや価値を、コーホートごとに体系的に集め、解釈していくことができると考える。しかも、同一のコーホートは、ほぼ同様のライフサイクルに位置づけられ、同じ歴史的出来事を経験しているので、同一コーホート内におけるミュージアム体験の意味づけや価値の相違は、各個人の個性や特性の違いに起因すると判断しやすくなるであろう。このように「ライフコース」という概念を用いることは、ミュージアム体験を「積分」的にとらえるための有効な枠組の1つになるのではないかと考える。

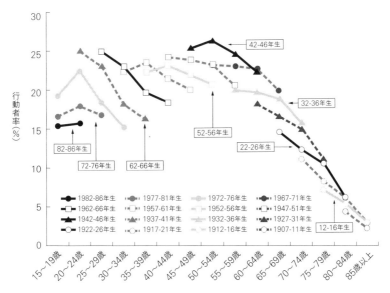

図7「美術鑑賞」におけるコーホート別行動者率の変化（新谷・勝浦2016: 16）

[2] 非来館者を含む地域社会に向けた便益としてとらえる視点

　これまで、ミュージアム体験を「微分」的、および「積分」的にとらえる視点について見てきた。この2つの視点は、ともに実際のミュージアムに足を運び、そこで展示を観たり、プログラムに参加したりすることが前提となっている。ところが、ミュージアムに訪問しなくても、ミュージアムから生じる「社会的・経済的価値」が、非来館者を含む地域社会に対してもたらす便益を、ミュージアム体験の1つに加えるべきではないかと考える。

　文化政策の分野では、ホールデン（2013: 49-57）が文化を3つの価値でとらえている。この議論における「文化」を、たとえば「ミュージアム」やそこが所蔵する「コレクション」に置き換えることが可能であると考える。1つは「本質的価値」で文化がもつ第一義的で不可欠な価値のことで、学術的、芸術的、歴史的価値がこれにあたる。2つめとして「手段的価値」をあげ、本質的価値以外の価値を創り出すための手段に文化が用いられているときに生まれる「社会的・経済的価値」を指している。3つめは「共同体的価値」で、文化施設が生み出す、公正・平等や礼節を重んじるなどの公共的価値をあげている。

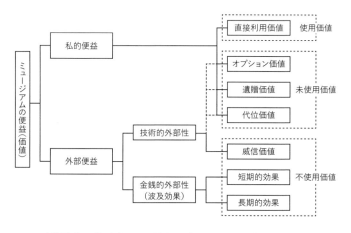

※3つの未使用価値を不使用価値と扱い、外部便益に含める研究者もいる（林・佐々木2019：320）

図8 ミュージアムの便益の体系化（林・佐々木2019：320）

　一方、経済学の分野では、林・佐々木（2019:319-323）は、ミュージアムの価値（便益）の分類方法は論者によってさまざまであるとしたうえで、これまでの議論を整理し、図8のような分類方法を提示した。

　ミュージアムの便益として、便益が対価を支払う個人に及ぶ「私的便益」と、対価を支払わない第三者や社会全体に及ぶ「外部便益」の２つに大きく区分した。「私的便益」では、個人Ａがミュージアムを利用して、直接的に便益を享受し、私的な便益を得た場合は「直接利用価値」として定義した。これに対し、現時点では個人Ａは使用していないが、「いずれ使うであろう」という選択肢をもつことから発生する価値を「オプション価値」とした。この２つは自己利益という動機から生まれる価値であるのに対し、次世代の利用への期待から発生する「遺贈価値」、他者のミュージアム利用を期待することから生じる「代位価値」のように、利他的な動機から発生する価値も存在する。また「オプション価値」「遺贈価値」「代位価値」の３つは、対象者がまだ使用していないので、「未使用価値」とまとめることができる。なお、「遺贈価値」「代位価値」は、他人の使用によって得られる便益を、個人Ａが評価して得られる個人Ａの便益ととらえ、私的便益に区分した。

　「未使用価値」に対し、「今後も使用することがない人にとっての価値」と

して、「不使用価値」と判断できる価値が存在し、ミュージアム利用者以外の第三者や社会全体に及ぶことから外部便益に含まれる。「不使用価値」の例として、その地域に美術館があることにより、地域のイメージアップや文化的環境の向上が図られ、地域のアイデンティティや誇りが育まれる「威信価値」がある。併せて、ミュージアムの基盤的な活動である資料の収集や保管、調査研究なども、地域社会に対して「文化資源という公共的価値」を提供しているといえる。このような価値を「技術的外部性」とした。これに並列の位置づけで、「金銭的外部性」がある。ミュージアムによる雇用の促進や所得の増加など直接的ミュージアム利用者が意図しない副次的な効果であり、来館者が増加して周辺の商店街が儲かるといった「短期的効果」と、ミュージアムを中心とする文化的な街が、クリエイティブな労働者を引きつけ、将来的に企業の成功に導くといった「長期的効果」が含まれる。

　このように文化政策や経済学の分野において、ミュージアムに直接訪れない人びとに、ミュージアムがもたらす便益（価値）の存在が、「手段的価値」（社会的・経済的価値）や「外部便益」として認識されていることがわかる。このことは、ミュージアム関連団体の勧告や提案、およびわが国の文化政策にすでに反映されている。

　たとえば、2015年にユネスコ（国際連合教育科学文化機構）から出された「ミュージアムとコレクションの保存活用、その多様性と社会における役割に関する勧告」[2]は35項目から成っているが、社会的な役割を述べている項目16では「ミュージアムは、不平等の拡大や社会的絆の崩壊につながるような大きな変革に直面する際に共同体を支援することができる」。また同項目17では「ミュージアムは社会全体に語りかけるゆえに社会的なつながりと団結を築き、市民意識の形成または集団的アイデンティティを考えるうえで、重要な役割をもつ重要な公共空間である」と記し、ミュージアムがもたらす「私的便益」や「本質的価値」を超えた価値を、ミュージアムがもつことに期待していることを読み取ることができる。

　この動向は、2019年9月に京都で開催されたICOM（国際博物館会議）で提案されたミュージアムの再定義をみても確認できる（松田2020: 23）。これまで

の定義では、「有形、無形の人類の遺産とその環境を、教育、研究、楽しみを目的として」公衆に開かれた機関であるとされていた。しかし、提案では、冒頭で「ミュージアムは、過去と未来についての批判的な対話のための、民主化を促し、包摂的で、さまざまな声に耳を傾ける空間」であると規定している。そして、ミュージアムの基本的機能を高めることに言及しつつ、ミュージアムの目的を「開かれた公明正大な存在であり、人間の尊厳と社会正義、世界全体の平等と地球全体の幸福に寄与すること」と踏み込んだ書き方となっている。

　また、わが国の文化政策にもすでに現れている。たとえば、2017年に改正された「文化芸術基本法」に基づいて、翌2018年に閣議決定された「文化芸術推進基本計画（第1期）」では、その第1章で「文化芸術は、国民全体及び人類普遍の社会的財産として、創造的な経済活動の源泉や、持続的な経済発展や国際協力の円滑化の基礎ともなるものであり、以下のような本質的価値及び社会的・経済的価値を有している」とし、具体的な内容を列挙している[3]。

　ミュージアムやそのコレクションにおいて、社会的価値が発揮されている場面として、本書第3章「ミュージアムの拡張—健康・福祉と文化芸術の融合」をはじめ、第Ⅱ部「まちとミュージアム」で数多く紹介されている。

　経済的価値が発揮されている場面としては、たとえば、文化財の積極的な公開を進め、コレクションの本質的価値を十分に知ってもらう、味わってもらうことで、インバウンド観光客に数多く訪問してもらうケースがある。それによって、その地域を中心に多くの観光収入がもたらされ、併せてそれに関連する雇用も拡大され、地域経済が潤うという図式である。ミュージアム体験をこのように別の視点からとらえることで、その幅を大きく広げることが可能となるだろう。

4.「ライフコース」と「ナラティブ」との関係

　ここまで、人とミュージアムとの長期的なかかわり方を、ミュージアム体験という要素を介して、微分的・積分的、および地域社会に向けた便益としてとらえた研究を紹介してきた。ここで、体験をとらえる立場を換えて、つまり博物館側や研究者という立場からではなく、来館者がミュージアム体験

をどのように語っているかをみていきたい。

[1] 授業でのレポートから

　以下の2つの文章は、2020年度前期にオンラインで開講した学芸員養成課程のある科目で提出されたレポートの一部である。レポート課題は「自分自身のミュージアム体験を論じる」というもので、内容の一部を本書に掲載することを承諾していただいたものである。

　1つめのレポートは、小学生のころの交通科学博物館とリニア・鉄道館での体験について述べている。

　　　鉄道好きな弟の影響で、私は鉄道関係の博物館にも訪れた。完全に鉄道の展示に特化した博物館である。そのため、私は一層見るものがなくなってしまった。一方で、鉄道好きな弟は見るところが細かくなり、1つひとつの展示を見る時間もいっそう長くなった。私は特に何かを熱心に見たわけではなく、弟についていき展示をなんとなく眺めていたが、何かを考えるようなことはしなかった。弟は非常に興奮して、見ているものの特徴などを説明してきたのだが、私はそれを聞いても理解できず、鉄道に関してはほとんど何も理解せずに終わった。

　と、当時の状況を振り返っている。そして、今回、授業でレポートを書くにあたり、以下のような考察をした。

　　　積分的にとらえると、微分的にとらえたときにはほとんどゼロであった鉄道に関する経験が、間接的ではあるが、私の学びにかかわっているように思う。鉄道の展示自体に関する記憶ほぼ残っておらず、弟が説明していたことも理解できなかった。しかし、弟が座席の形や列車の製造所のような、私が何も気にしない細かな部分を観察していることを、繰り返し博物館に行くことで気づいた。
　　　私は成長してからは、私が好きな数学や物理の知識を関連づけることで、鉄道の運動の迫力や車輪の形状など、実際の鉄道車両を見ることで私なりに

楽しむことができるようになった。これは博物館外での体験だが、実物を見て学ぶという意味では、博物館の展示を見ているのと同じであると思う。

　そして最近のできごとだが、私が鉄道の車輪の断面の形の数学的な理由を、鉄道好きな弟に説明すると弟は自身が気づかなかった視点からの説明に驚いていた。微分的には効果がなかった私が、弟を無意識に観察していた体験により、積分的にとらえることで長い年月を経て、私と弟の新たな学びを得る体験につながったと考えることができる。

　もし弟が1人で鉄道の本を読んで勉強していた場合や、弟の存在なしに私が1人で鉄道の博物館に訪れていた場合、私は鉄道の魅力について考えるきっかけを失っていたと思う。その意味で、私のこの博物館体験は、弟との交流があったからこそ、積分的な意味が生じた体験であった。

　と、レポートを締めくくった。

　筆者は、このレポートを読んで2つのことが思い浮かんだ。1つは、ミュージアムに入館して、なんの知識も得られなく、なにも共感しなかったと当初思っていても、何らかの体験の萌芽が植えつけられていて、それが時間の経過とともに、つまりミュージアム体験以外の要素が蓄積することで、成長するということである。もう1つは、この学生が最後に「弟との交流があったからこそ」と書いている部分である。つまり、小学生の時に「弟は非常に興奮して、見ているものの特徴などを説明してきた」ことである。しかしそれだけでなく、最近のこととして「私が鉄道の車輪の断面の形の数学的な理由を、鉄道好きな弟に説明する」というように、両者の間に「語り」が仲介していたということである。

　もう1つのレポートは、まだ幼かったころに、大阪の国立民族学博物館に母と一緒に訪れたときの思い出として、「人肉を食べるフォーク」について書かれている。このフォークについて知識を得たのは、これを見た瞬間がスタートであり、これはまさしく微分的なミュージアム体験であったとしている。そして、昔は人を食べるために使われたという事実を知ったときの衝撃と恐怖、そして不思議と惹きつけられた感覚を覚えたと書いている。レポートで

は、このあとの展開を次のように綴っている。

　　しかしながら、私はこの博物館体験が純粋に微分的な博物館体験に終始し
　たとは思わない。その理由は、ともに人肉のフォークをみた母の存在にある。
　母は私と比べてさまざまな経験を重ね、さらには展示にまつわる情報を得た
　うえで、人肉を食べるフォークを私とともにみていたのである。そしてその
　フォークの使い方を考え、お互いの案を出し合ってみたのだ。そこでは微分
　的な博物館体験と、積分的な博物館体験が交錯しており、私は母の積分的な
　博物館体験の一端を垣間見ていたと言えるのだ。当時の私は、母との意見の
　違いについて、その内にある経験や情報の違いを考慮することはなかったが、
　確かに母の積分的な博物館体験の一部を経験し、母も同時に私の微分的な体
　験を目の当たりにした。微分的、積分的な2つの体験は一見重なるとは思え
　ないが、上で述べたように経験に差のある者同士が互いの経験を共有するこ
　とで、微分的・積分的な博物館体験の融合が見られると私は指摘したい。

　と、解釈している。さらに、このときのミュージアム体験を2020年のい
ま、次のように考察している。

　　そしてこの思い出は、たったいま、真新しい博物館体験となって甦ってい
　る。たんなる思い出だった幼いころの体験を、何年も経った現在、私は大学
　での学びの中で思い出している。幼いころの体験を大学生になったいま思い
　出して分析していることは、当時の私には考えられなかったことだろう。か
　つての自分を客観的にとらえて、それをいままでに培った経験や体験から吟
　味することは、同じ経験でも、当時とは異なる学びを与えてくれる経験へと
　昇華し、博物館体験の複雑さと多様性が顕著に現れる機会になっていると言
　えるだろう。博物館の体験は単純に分類することは困難だが、だからこそ強
　烈で奥深い記憶や重層的な学びを提供してくれるのだ。たった1つの思い出
　にすぎない博物館体験は、その種類のどれかに分類できるというものではな
　く、その見方によって、また時をこえてさまざまに変容することがわかる。

と、まとめている。

　このレポートからも、筆者には多くの気づきがあった。ミュージアム体験の生成には他者が必要であり、体験の蓄積が異なる者同士の対話は、お互いの体験をより豊かにしてくれることがあるということである。さらに、博物館内では両者による「語り」であったが、このレポートでいま甦った当時の思い出は、授業のレポートという形で、学生のミュージアム体験をあらたに生成しているということである。つまり、「書く」という行為があらためてミュージアム体験を深化させていると考える。加えて、これまでこの章でさまざまなミュージアム体験を論じてきたが、時間とともに個人の中で体験はさまざまに醸成され、変容しているのではないかということである。

　この2つのレポートに共通している「語り」や「書く」という行為、また他者の存在について、さらにみていきたい。

[2]「物語る」ということ

　並木（2016）は「博物館教育におけるナラティブ概念の導入」という論文の中で、「学び」の現象をとらえる視点の1つとして「ナラティブ」（物語、物語る行為）を扱うことの重要性を説いている。このことは、フーパー＝グリーンヒル、フォークとディアーキングが主張する、展示や資料と出合うことがその人にとって意味をもたらしたかどうかを検証する際に、ナラティブが重要な役割を果たすととらえることができるとしている。また、この章1-［1］では、ものごとの理解の仕方に関する2つの様式として、普遍的な論理一貫性が追究される「論理・科学的様式」とともに、本人にとっての真実味や迫真性が追究される「ナラティブ様式」が存在するというブルーナーの説や、フォークとディアーキングの『博物館体験』で論じられている「個人化」と「意味づくり」の重要性を紹介した。つまり、展示の価値表象と、「ナラティブ」や「意味づくり」とは密接につながっているということである。

　さらに、並木（2016: 176-177）は、博物館教育においてナラティブがどのように導入され、用いられているかの事例として、シカゴ植物園のエデュケーターであったロバーツの言葉を紹介している。「展示は、利用者が今そこで見ていることについてナラティブをつくりあげられるようなものとなるべきで

あり、自分の解釈を押し広げてイマジネーションを喚起することだ」。そして、「Educatorの役割が、かつてはキュレーターの知識を来館者に届けるものだったのが、利用者の解釈を助け拡げるうえで、専門的知識はどう役立つのかにシフトした」と続けている。

　「物語る」ということに関して、博物館学にとどまらず、もうすこし広くみていきたい。たとえば心理学では、やまだ（2000）は『人生を物語る』のなかで、経験（体験）を積極的に解釈する枠組みを構成するのが物語であり、この枠組みに頼ることなしには経験（体験）を解釈できない。過去の出来事は変えられないが、物語を語り直すことで、過去の出来事の再構成を可能にすると述べている（やまだ2000: 2, 8-9, 17）。さらに、物語は書き手だけでは完成せず、読者、聞き手も参与することで意味が生成される共同行為であり、出来事として読まれることである。そして、出来事とは事件が起こることではなく、共同行為として読むことであるとしている。併せて、同書で菅原（2000: 147-149）は、意味は過去の現実の中に埋め込まれていたわけでなく、語り出すたびごとに、語り手はその意味を新たに発見していると主張した。実例として、自分の父親が長年勤務した高校を定年退職したのちに自伝的小説を書くことで、これまでたびたび昔話として聞かされてきたミミズクの話が、終戦後の重大な決心をした経験と因果関係で結びつけられていることを知り、語ることや書くことは、経験を組織化[4]するととらえた。

　教育学の分野では、たとえば、イーガン（2010）は『想像力を触発する教育』の中で、学校教育において、①話し言葉のための道具、②読み書き能力のための道具、③理論的思考のための道具となる、さまざまな認知的道具が必要であると主張している。話し言葉のための道具としては、「物語」「比喩」「対概念」「イメージ」「ゴシップ」「謎」、読み書き能力のための道具としては、「現実の感覚」「経験の極端な事例と現実の限界」「英雄とのつながり」「驚きの感覚」「コレクションと趣味」「ナラティブによる理解」「学習脈絡の変換」、理論的思考のための道具では、「主体的行為者としての感覚」「権威と真理の追究」「メタ・ナラティブによる理解」などを列挙していて、3つのどの段階にも、物語るという行為とかかわる道具があがっていることに気がつく。

　2つめの読み書き能力のための道具の1つである「ナラティブによる理解」

では、「物事の意味を理解する能力に関係する道具である。われわれは感情を動かされる時に物事の意味を知る、知識をナラティブの文脈において示すことは、知識自体を伝えながら、その感情的重要性をも伝えることを可能にする。これは歴史や文学だけでなく、物理や数学についても当てはまる」(イーガン2010: 74) と説明している。

[3] ライフコースとナラティブ

最後に、ライフコースとナラティブとの関係性について、筆者の考えを述べてみたい。ナラティブ＝物語ることは、体験を自分自身の中で明確にトレースするために、体験の意味を過去と結びつけながら、将来にわたって成長させるために、さらに他者と共有・共同して、出来事として組織化するために有効な行為であるといえる。そして、この行為の大切さは、ミュージアム体験をする際にも同様に大きな意味をもつであろう。

加えて、ナラティブ＝物語ることには、「平均値」がなく、また何かで「代表」させる必要がないことも、重要な点であろう。この章で紹介したミュージアム体験をとらえた調査研究のうち、①静岡県立美術館でのアンケート自由記入欄で得たテキストから「あなたの生活における美術館の存在意義」を分析した研究、②科学館の職員、大学生、高齢者における長期記憶の特性を、記憶特性質問紙などをもとに分析した研究、さらに③社会生活基本調査によるビックデータから、美術鑑賞などの文化需要のコーホート分析を行った研究のどれもが、データ収集の入口では、被調査者1人ひとりと向き合ってデータを集めている。しかし、集計、分析、調査結果とまとめ上げていく過程で、多様な個々人はどんどんみえなくなり、すべては、数字と属性で表されることになる。

一方で、国立民族学博物館において、101組の来館者の行動観察結果を表した図2 (p.53) では、実は手書きの細い線の1本1本をより合わせた黒い線が、各組の行動の軌跡である。ここでは紹介していないが、線の途中途中で、「立ち止まり」、「写真撮影」して、「資料に触れ」、「休憩」している箇所がプロットされている。それが101本の調査結果として手書きの細い線の束となっている。つまり、個々人が最後まで平均化されず、なにかに代表されずに語られている調査といえる。

101組の来館者に対する行動観察の手書きの細い線1本1本を各自のライフコースと見立てた場合、ミュージアム体験に関するナラティブを1人ひとりが発することは、線の途中途中で、感じたり、行動したりしている出来事を語り、だれかと共有し、その体験に意味をつくることではないだろうか。

　この原稿を構想しているときに、「ナラティブ」や「物語」という言葉に非常に敏感になっていた時期があった。そんなときに、作家の小川洋子と臨床心理学者の河合隼雄の対談集『生きることは、自分の物語をつくること』を書店で偶然に見つけた。臨床心理学者として患者に向き合った河合氏の経験談を中心に展開されている。

　そのなかで、小川氏が「私は、人が大勢一度に死ぬということに対してどうしても素通りできないものを感じるんです」と河合氏に語りかけた。そして、1985年8月12日の日航ジャンボ機墜落事故で、朝日新聞があの1日をどういうふうに伝えたかというドキュメント『日航ジャンボ機墜落－朝日新聞の24時』[5]を読んだ際、400名を超える乗客全員の氏名・年齢・住所・搭乗目的がそれぞれ1行で書かれている巻末のページを、1日中でも読んでいられるとして、「そこには何の感情も込められていない。たとえば「何の何某（四十幾つ）、会社員、東京での出張帰り」というように書かれてあるだけなんです」と続けた。これに対して、河合氏は「でもその一行は、全部一つひとつの物語を持っているんですね」と応えていた（小川・河合2011: 97-98）。

　筆者はこの件を読んだとき、ミュージアムにおける従来の来館者研究と自分がこれまで蓄積した知見とが触発し合ったように感じた。ミュージアムが自身の価値や存在意義を、将来の来館者となる人びとやこれからも来館しないであろう人びとに対して語る際に、なにかが足りなかったと。つまり、ミュージアムに興味や関心がない人たちに、平均値や代表値で語っていなかったか。一瞬一瞬のミュージアムとのかかわり方だけを強調して、展示やプログラムのほんとうの活用の仕方を伝えていないのではないか。そして、利用している個々人の顔が浮かばないような方法でミュージアムの価値を紹介して、彼ら彼女らと同じ土俵で対話ができていただろうか、ということに思い至った。

　「ライフコース」と「ナラティブ」の視点は、来館者や地域住民とミュージ

アムとの関係の次のページを、きっと拓いてくれることだろう。

（佐々木　亨）

〈引用文献〉

青木幸弘・女性のライフコース研究会編（2008）『ライフコース・マーケティング—結婚、出産、仕事の選択をたどって女性消費の深層を読み解く—』日本経済新聞出版社

イーガン, K.（2010）『想像力を触発する教育—認知的道具を活かした授業づくり』髙屋景一・佐柳光代訳、北大路書房

伊藤大介（2011）「美術館来館者の生活における美術館の存在意義—テキストマイニング手法を用いた自由回答文処理—」「文化経済学」（53）: 101-110.

小川洋子・河合隼雄（2011）『生きることは、自分の物語をつくること』新潮社（新潮文庫）

清水寛之・湯浅万紀子（2012）「記憶特性質問紙（MCQ）を用いた科学館体験の長期記憶に関する検討：科学館職員、大学生、および高齢者の比較」「科学技術コミュニケーション」12: 19-30.

新谷正彦・勝浦正樹（2016）「社会生活基本調査による文化需要のコーホート分析」「文化経済学」13（1）: 12-24.

菅原和孝（2000）「語ることによる経験の組織化—ブッシュマンの男たちの生活史から」やまだようこ編『人生を物語る—生成のライフストーリー』ミネルヴァ書房: 147-181.

並木美砂子（2012）「博物館での学習論」小笠原喜康ほか編『博物館教育論 新しい博物館教育を描きだす』ぎょうせい: 52-63.

並木美砂子（2016）「博物館教育におけるナラティブ概念の導入」鷹野光行ほか編『人間の発達と博物館学の課題—新時代の博物館経営と教育を考える—』同成社: 169-180.

林勇貴・佐々木亨（2019）「ミュージアムの文化経済学」後藤和子・勝浦正樹編『文化経済学—理論と実際を学ぶ』有斐閣: 307-328.

ジョン・ホールデン（2013）「民主主義社会における文化の価値」（熊倉純子翻訳監修）福原義春編『地域に生きるミュージアム—100人で語るミュージアムの未来Ⅱ』現代企画室: 37-65.

松田陽（2020）「ICOM博物館定義の再考」『別冊 博物館研究 ICOM京都大会2019特集』: 22-26.

やまだようこ（2000）「人生を物語ることの意味—ライフストーリーの心理学」やまだようこ編『人生を物語る—生成のライフストーリー』ミネルヴァ書房: 1-38.

湯浅万紀子（2006）「博物館体験の記憶を探る意義—調査「記憶の中の科学館」より」「日本ミュージアム・マネージメント学会研究紀要」10: 69-75.

〈注および参考文献〉

1　ジョン・H・フォーク、リン・D・ディアーキング, 高橋順一訳（1996）『博物館体験—学芸員のための視点—』雄山閣

2　ユネスコ「ミュージアムとコレクションの保存活用、その多様性と社会における役割に関する勧告」（日本博物館協会訳）
https://www.j-muse.or.jp/02program/pdf/UNESCO_RECOMMENDATION_JPN.pdf#search=%27%E3%83%A6%E3%83%8D%E3%82%B9%E3%82%B3+%E3%83%9F%E3%83%A5%E3%83%BC%E3%82%B8%E3%82%A2%E3%83%A0%E5%8B%A7%E5%91%8A%27

3　「文化芸術基本法」
https://www.bunka.go.jp/seisaku/bunka_gyosei/shokan_horei/kihon/geijutsu_shinko/kihonho_kaisei.html
「文化芸術推進基本計画（第1期）」
https://www.bunka.go.jp/seisaku/bunka_gyosei/hoshin/pdf/r1389480_01.pdf

4　菅原（2000: 148-149）は「経験を組織化する」とは、過去の複数の経験を因果的につなげて語ること。ときには現実とは離れ、虚構や創作と言われることもあるとしている。

5　朝日新聞社会部（1990）『日航ジャンボ機墜落—朝日新聞の24時』朝日新聞社（朝日文庫）

第3章

ミュージアムの拡張
─健康・福祉と文化芸術の融合

少子高齢化が進むなかで、人びとの健康寿命を
のばし、住み慣れた地域で安心して暮らしてい
けるような社会を構築するためには、どうすれ
ばよいのか。この喫緊の課題に立ち向かうため
の方策として、本章では、地域の社会資源であ
るミュージアムを活用する道を提言する。これ
は、「健康ステーション」としてのミュージアム
という、新たな価値の創造にほかならない。文
化芸術が人の健康や福祉に寄与しうるというエ
ビデンスを探る最新の試みや、イギリス・アメ
リカの先進的な事例について論じていく。

1. 地域に博物館健康ステーションをつくる
──医療福祉と博物館の接点

[1] 地域博物館の役割

　2020年、世界的な新型コロナウィルス（COVID-19）感染拡大のため、世界の9万5,000ほどの博物館のうち、約90％が休館し、13％が永久に閉館するおそれがあるという[1]。また、オリンピックイヤーだった日本は、東京オリンピック・パラリンピックを1年延期とした。

　オリンピック・パラリンピックは、スポーツの祭典であるとともに、文化の祭典でもある。2012年ロンドン五輪以降は多彩な文化プログラムが企画実施され、東京五輪では全国各地で20万件以上の文化プログラムが展開される予定であった。その一翼を地域の博物館も担い、展覧会、教育プログラム、そして博物館での映画祭、音楽会など多彩な体験型企画が用意されていた。さらに、多くの訪日外国人（2020年は3,430万人の見通しだった）を受け入れるために、展示室内のパネル、キャプション、映像教材などの多言語化対応もいろいろと進んでいた。

　ところで2018年度の文部科学省が行った「社会教育調査」によると、国内には博物館および博物館類似施設数は5,738館だった。種類別では、歴史博物館3,328館、美術博物館1,069館、総合博物館472館、科学博物館454館、植物園112館、動物園93館、水族館81館を数えた。なかでも地域の文化財を展示する歴史博物館が群を抜く。

　これまでの博物館は、利用者が知的刺激や学び、楽しみを目的に訪れ、コレクションを五感で探求する場であると言われてきた。

　観光庁「訪日外国人の消費動向—訪日外国人消費動向調査結果及び分析—2019年 年次報告書」によると、訪日時の行動内容は「日本食を食べること」「ショッピング」「繁華街の街歩き」「自然・景勝地観光」が60％を超え、その後に「日本酒を飲むこと」「温泉入浴」「美術館・博物館・動植物園・水族館」「日本の歴史・伝統文化体験」「旅館に宿泊」「日本の日常生活体験」「テーマパーク」などが続く。オリンピック・パラリンピックに関連した文化プログ

ラムにより、日本の博物館が新たなページを開くという期待感が高まっていたと言ってよい。

しかし、緊急事態宣言解除後、ほとんどの博物館では、見ること以外の知的刺激をシャットアウトする傾向にある。特にハンズオン展示、「さわる」展示は閉鎖されている。これは、厚生労働省や世界保健機関（WHO）の報告で、ウィルスはプラスチックやステンレスで72時間、ボール紙で24時間、感染力をもつということに起因する。そんな中、一部の博物館では、入口でゴム手袋を一人ひとりに配布し、作品やタッチパネルなどを間接的に「さわる」展示の試みが始まっているが、五感で楽しむ博物館とは、ほど遠い様相を呈している。

「社会教育調査」によると、国民1人当たりの2017年度間の博物館利用回数が1.1回、博物館類似施設利用回数が1.3回であった。数字ばかりを追いかけても、あまり意味があるとは言えないが、2020年度は利用者数が極端に落ち込むことは必至である。

利用者が知的刺激や学び、楽しみを目的に訪れ、コレクションを五感で探求する場である博物館は、もう戻ってこないのだろうか？

Withコロナ時代、そしてその以後の博物館とは？

今まさに、私たちは「地域博物館が地域社会でどんな役割を果たせるのか？」という命題を考える時間を与えられていると言っていいだろう。

[2] 医療福祉と博物館の接点

文化審議会「文化芸術推進基本計画（第1期）について（答申）」（2018年）によると、「博物館、美術館、図書館等は、文化芸術の保存、継承、創造、交流、発信の拠点のみならず、地域の生涯学習活動、国際交流活動、ボランティア活動や観光等の拠点など幅広い役割を有している。また、教育機関・福祉機関・医療機関等の関係団体と連携してさまざまな社会的課題を解決する場としてその役割を果たすことが求められている」と提言している。

ここで注目したいのは、博物館が「教育機関・福祉機関・医療機関等の関係団体と連携してさまざまな社会的問題を解決する場」という役割を果たすことである。

これまで、博物館と教育機関との連携は、たとえば「小学校学習指導要領

（平成29年告示）解説 図画工作編」で「児童や学校の実態に応じて、地域の美術館などを利用したり、連携を図ったりすること」と記されるように、「博学連携」の事例が数多く取り組まれてきている。

　しかし、博物館と福祉機関、医療機関との連携事例は、ほとんど取り組まれることはなかった。ところが、カナダの医師会は2018年から、患者の健康回復を促進する治療の一環として、博物館への訪問を「処方箋に書く」取り組みをはじめている。モントリオール美術館と医師会が連携し、心身にさまざまな健康問題を抱える患者とその家族などが、無料で美術館に入館し、芸術文化の健康効果を享受できるようになった。「快楽ホルモン」といわれるドーパミンの分泌量が体を動かした時と同程度で、慢性的な痛みやうつ症状、ストレス不安などの緩和に役立つことがわかっている[2]。

　そもそも、「処方箋に症状に合った薬を書く」のではなく、「博物館と書く」というのは、どんな意味をもつのだろうか？

[3] 平均寿命と健康寿命の差を縮める

　日本の場合、国民医療費、ひいては社会保障費との関係に着目したい。

　厚生労働省の統計によると、平成29（2017）年度の国民医療費は43兆710億円で、前年度の42兆1,381億円に比べて9,329億円、2.2％の増加となった。また、人口1人あたりの国民医療費は33万9,900円、前年度の32万2,000円に比べ7,900円、2.4％の増加し、国民医療費の国内総生産（ＧＤＰ）に対する比率は7.87％（前年度7.85％）、国民所得（ＮＩ）に対する比率は10.66％（同10.77％）となった。

　なかでも、国民医療費は10年前の26万7,200円、20年前の22万9,200円、30年前の14万7,800円と比べると、年々上がり続けている。それに比例して、国民所得に対する比率も増大している。このまま増え続けていくと、国の財政危機は必至である。

　では、どうして国民医療費が増え続けるのだろうか？　何とか食い止める策はないのだろうか？

　日本臨床外科学会によると、医療費の自然増の要因について、①人口の増加 ②人口の高齢化 ③医学、医療の進歩、新技術の導入 ④疾病構造の変化、対

象の変化をあげている。

①、②については、内閣府の「令和2年度高齢社会白書」を見ると、2019年10月1日現在、総人口は1億2,617万人、65歳以上人口の割合（高齢化率）は28.4％である。今後は総人口が減少に転じ、2050年には総人口が1億人を割り込み、高齢化率は37.7％に上昇すると推計されている。特に、75歳以上の後期高齢者の上昇が大きな課題となる。

また③、④については、医療の進歩、新技術開発が進むと、新たな高価な機器が導入され、また三大疾病といわれる癌、心疾患、脳血管疾患や生活習慣病などの疾病に対して、高価な薬が使われるようになれば、自ずと医療費は増加する。

さらに、日本特有の医療費増加要因として、①病床数が多い、在院日数が長い ②薬剤価格が高い、薬剤使用量が多い ③医療材料価格が高い ④検査が多い ⑤受診回数が多いという点がある。

こうしたことから、国は戦後のベビーブーム時代、1947年から1949年に生まれた、いわゆる団塊の世代が75歳以上の後期高齢者になる2025年を目途に、要介護状態になっても住み慣れた地域で、自分らしい暮らしを人生の最後まで続けられるよう、住まい・医療・介護・予防・生活支援が一体的に提供される地域包括ケアシステムの構築を急いでいる。これは2025年問題といわれるが、日本特有の医療費増加の要因とされる、「①病床数が多い、在院日数が長い」を鑑み、「入院から在宅へ」と大転換することをめざしている。つまり、過度な病院頼みから脱却し、QOL（Quality of Life＝生活の質）の維持、向上を図り、平均寿命を伸ばすことはもちろんだが、健康寿命を伸ばしていくことも大切な要件になる。

2019年7月に厚生労働省が発表した平均寿命は、男性が81.41歳、女性が87.45歳であった。それに対し「健康上の問題で日常生活が制限されることなく生活できる期間」、つまり「健康寿命」は男性が72.7歳、女性が75.4歳になり、平均寿命より男性が約9年、女性が約12年短いことがわかる。

今後も平均寿命は伸びていき、2050年には女性の平均寿命は90歳を超えると見通されている。しかし、この10年の数字を見ると、平均寿命と健康寿命の差が縮まる傾向にあり、地域包括ケアシステムの生活支援・介護予防に

おいて、健康寿命を伸ばすプログラムを展開する必要がある。

　たとえば、スポーツメーカーのミズノは、「高齢者健康運動プログラム」を指定管理する体育施設で行っている。また、老人介護施設や地域の薬局の管理栄養士による栄養・食生活改善を目的とした「栄養教室」などがある。

　こうしたプログラムに、博物館は寄与できないのだろうか。

［4］博物館はフレイル予防の場になれるか

　WHO（世界保健機関）憲章の前文で、健康とは「病気ではないとか、弱っていないということではなく、肉体的にも、精神的にも、そして社会的にも、すべてが満たされた状態にある」と定義している。

　高齢者はおおむね、健康な高齢者、虚弱な高齢者、要介護な高齢者を経て、天寿をまっとうしていく。

　現在、健康と要介護状態との中間の時期に位置する虚弱な高齢者は、筋力や心身の活力が低下する段階という意味から「フレイル」と呼ばれる。健康寿命を引き延ばすには、この「フレイル」段階に適切な介入があると、健康状態に戻すこともできるといわれている。早めに気づいて、予防することが大切なのだ。

　では、高齢者の健康の秘訣は何か？　それは3つある。1つめに体操・運動。2つめに食事、栄養。そして3つめに社会参加があげられる。先ほど紹介した健康寿命を伸ばすプログラムは、地域にある体育施設、老人介護施設、薬局などに、高齢者が出かけていくものだった。つまり、それは高齢者の社会参加につながるものである。

　「令和2年度高齢社会白書」によると、60歳代の約7割、70歳以上の約5割弱が働いているか、またはボランティア活動、地域社会活動（町内会、地域行事など）、趣味やお稽古事を行っている。しかし、地域での社会活動について見ると、特に活動していない60歳以上の高齢者は6割強に上っていた。その理由は、「体力的に難しい」「活動をする意思がない」「時間的な余裕がない」が多かった。また、この1年の間で行った学習形式について見ると、60歳代が「インターネット」「自宅での学習活動（書籍など）」「テレビやラジオ」など、どちらかといえば静的で自己充足的な活動となる。つまり、働くことでは社

会に出るが、そうでなければ社会とつながりにくい高齢者が多いことがわかる。こうしたことから、わが国の高齢者は健康のバランスに欠け、限りなくフレイル予備軍に転落する危険な状態にあると言える。

　もちろん、博物館・美術館等で学習する60歳代は約14％だったり、公民館や生涯学習センターなど公的な機関における講座や教室で学習する70歳以上が約16％だったりなど、フレイル予備軍から脱出の糸口はありそうだ。学習は荷が重いかもしれないが、地域の高齢者の「運動・栄養」といった生活支援の場となった体育施設の健康運動教室や老人介護施設や薬局の栄養教室などのように、博物館に行くと健康に効果があるというならば、もっと数値が上がる可能性がある。それを立証するにはどうしたらよいのだろうか。

　カナダのような「処方箋に博物館と書く」という取り組みは、その効果が客観的なエビデンスから裏づけられたことで、地元医師会と美術館の連携が可能になった。では、文化芸術と健康に関する研究は、どこまで進んでいるのだろうか？　そのためには、海外の研究事例を調べる必要がある。

［5］文化芸術が健康に効果的というエビデンス

　WHO（世界保健機関）欧州地域事務局は2019年11月「What is the evidence on the role of the arts in improving health and well-being?（健康と幸福の増進における芸術の役割に関するエビデンスとは？）」という報告書をまとめた。今回のテーマは、美術、音楽、文芸、演劇、映画をはじめとする芸術と健康であった。過去20年にヨーロッパを中心に芸術が健康に及ぼす効果はある一定認識されてきたが、それらの根拠となるエビデンスの存在は必ずしも十分に認識されてこなかったとしている。つまり、「絵画作品を見ると気持ちがいやされる」「演奏会に行くと気持ちがスッキリする」など、主観的な評価がほとんどであったというのだ。

　そこで、2000年1月から2019年5月までに公表された英語、ロシア語の3,000件を超える芸術関連の医学文献を検証した。この検証から、芸術の効果やその他の影響を、疾病予防や健康増進と疾病管理や治療の2分野に分け、一定の条件を満たすエビデンスに整理分類した。そのなかには、音楽は糖尿病や高血圧症による高血圧を軽減する効果があるとした研究、悲嘆症やうつ

病、PTSD（心的外傷後ストレス障害）を患う子どもが絵を描くことで軽減されるとした研究などがあった。そして、芸術を健康に結びつける論理モデルとして、以下のように4つの側面を提示することで、今後の実証研究にあたってのエビデンス意識、そしてクオリティの向上を促した。

　①心理面（例：自己効力感、コーピング、感情制御の向上）

　②生理面（例：ストレスホルモン応答の軽減、免疫機能の強化、心血管反応の増強）

　③社会面（例：孤独や孤立の軽減、社会的支援の強化、社会的行動の改善）

　④行動面（例：エクスサイズの増加、より健康的な行動の採用、スキルの育成）

　ところで、イギリスのロンドン大学の研究グループは、芸術が人に与える影響を調べるため、50歳以上の地域住民に対して、2002年から約14年間、追跡調査を行った。その結果、芸術を鑑賞する機会の多い人は、鑑賞する機会をまったくもたない人に比べ、死亡率が有意に低かったと報告した。これまでの研究はさまざまな方法で、異なる対象に、多様な効果を期待して調べているものの、その方法論はまちまちだったため、得られた結果を他の地域や他の国の高齢者に当てはめることが困難だった。この研究では、芸術とのかかわりについて、劇場、コンサート、オペラ、美術館、画廊、展覧会を対象とし、調査項目を人口動態、社会経済、健康状態、行動特性、認知機能、社会との交流状態など、WHOの4つの側面から、総合的に分析した（2019年）[3]。

　また4つの側面のうち、生理面での研究の進展は著しく、文化芸術とストレス軽減については、以下のようなものがある。

　イタリアのボローニャ大学の研究グループは、ピエモンテ州にあるヴィコフォルテ大聖堂（1500年代のもので、世界最大級の楕円形天井をもち、天井や壁に「聖母子像」などのフレスコ画がある）で、生理面の実験を行った。約2時間のツアーで、大聖堂に入る前と出てきた時の2回、参加者の唾液を採取。ストレスホルモンの指標になる、副腎皮質ホルモン「コルチゾール」の値を検出すると、最大で60％のコルチゾール値の低下が認められ、参加者の90％が大聖堂に入る前より出てきた時の方がよい気分になったと報告した（2016年）[4]。

　イタリアのローマ・トレ大学の研究グループは、血圧と脈拍数という生理面から、現代美術と具象画の鑑賞前後の変化を調べた。その結果、具象画を見学したグループは収縮期血圧が有意に低下したと報告した（2018年）[5]。

イギリスのウェストミンスター大学のAngela Clowは、ロンドンの労働者を対象に、昼休みにアートギャラリーを短時間訪問の前後で、コルチゾール検査を行った。訪問時はかなり高い値を示していたが、見学後の数値は正常値に戻っていた。美術作品を昼休みの短時間に見るだけでも、ストレスの軽減になると報告した（2006年）[6]。

このように、海外では文化芸術体験、美術作品鑑賞が健康維持、ストレスの軽減に効果があるというエビデンスが蓄積されていることがわかる。しかし、博物館と医療・福祉機関が連携して医療行為とするということには、まだまだ壁は高いと言わざるを得ない。その最大の課題は、診療報酬になるかどうかということと関係があるからだ。

［6］医療・福祉機関との連携の条件

厚生労働省が生活習慣病などに治療効果がある運動療法を、医療施設に附置される「指定運動療法施設（医療法42条施設）」で運動した場合、その費用を治療費とみなし、医療費の控除対象にすることができる。こうした施設には、健康スポーツ医（日本医師会認定）、理学療法士（国家資格）、健康運動指導士、健康運動実践指導者などの専門人材がいる。医師からの運動処方箋をもとに、健康運動指導士が運動プログラムを作成し、実践支援を行い、生活習慣病の予防改善に向けた取り組みを行っている。

運動療法の流れは、以下のとおりである。
① メディカルチェック（医師による、医学的見地から運動実施の可否を判定）
② 入会（医療法42条施設に入会）
③ 体力測定（形態計測、体脂肪率、肥満度等の基本測定や全身持久力、筋力、柔軟性などを測定）
④ カウンセリング（運動の目的や疾患に応じた運動療法のカウンセリングを実施）
⑤ 運動プログラムの作成（体力測定に基づき、個々の体力レベルに合わせた運動プログラムを作成）
⑥ 運動療法の実施（運動プログラムに沿って、有酸素運動、筋トレ、ストレッチ、ダンベル体操などを継続的に実施）
⑦ 定期的なメディカルチェック（定期的にメディカルチェックを行い、運動効果

を判定）

　このように、カナダの「博物館処方箋」の例と同じように、日本でも医師から「運動処方箋」が出せるということが医療・福祉機関と連携する条件の１つとなる。もちろん、それを可能にしたのは、運動療法に関して、①心理面（例：自己効力感、コーピング、感情制御の向上）②生理面（例：ストレスホルモン応答の軽減、免疫機能の強化、心血管反応の増強）③社会面（例：孤独や孤立の軽減、社会的支援の強化、社会的行動の改善）④行動面（例：エクスサイズの増加、より健康的な行動の採用、スキルの育成）の４つの側面からの十分なエビデンスの蓄積があったからだ。

　これまでみてきたように、海外の研究事情や日本における運動療法の取り組みなどをもとに、生活習慣病などの予防改善から、フレイル予備軍をつくらず、健康寿命を伸ばす場、つまり博物館が「健康ステーション（＝創造的な老いの場）」として、新たな価値を創造できる可能性はある。

　しかし、実際に動き出さない限り、何も始まらないし、何も変わらない。

　次に、2018年度から九州産業大学が行動を起こした「博物館健康ステーション」の事例を紹介したい。

[7]「博物館健康ステーション」としての新たな価値創造

　九州産業大学は、2018年度から文化庁「大学における文化芸術推進事業」の採択を受け、全国に約5,700館ある博物館が地域包括ケアシステムの新たな拠点＝「博物館健康ステーション」を担うプログラム開発を進めた。具体的には「博物館と医療・福祉のよりよい関係づくり」をいち早く進めるイギリス・アメリカの博物館調査（後述の２、３節）をもとに、博物館と医療・福祉関係者を対象とした、アニマルセラピー・音楽療法・園芸療法・回想法等を取り入れた研修会を実施している（図1）。また、研修会を通じて出会った、医療・福祉関係者の協力を得て効果評価測定法の研究をめざしている。

　まず、試行錯誤してプログラムが固まった２年目、2019年度に実施した４つの研修会の内容と参加者の事後アンケートを紹介したい。なお、この研修会は４回参加を原則とし、定員は30名とした。参加者は博物館学芸員のほか、医師、看護師、ケアマネージャーなども参加した。

2025年問題に向けた「博物館と医療・福祉のよりよい関係づくり」構想図

2025年問題＝75才以上の後期高齢者が国民の1/4を占める

住み慣れた地域で、いつまでも安心して暮らし続けることができる地域社会の実現
地域包括ケアシステム（医療・介護・予防・住まい・生活支援）の構築

社会資源の活用＝地域博物館の役割を考える

予防：高齢者の居場所と出番の創出

博物館de回想法

美術館de芸術療法

ミュージアムカフェ

動物園deアニマルセラピー

植物園de園芸療法

大学・博物館・医療・福祉が協働する
博物館健康ステーションの開設

図1 博物館健康ステーションの事業概略

①動物園 de アニマル・セラピー

・講師：山本 真理子（帝京科学大学生命環境学部アニマルサイエンス学科講師）、専門分野：介在動物学

・講師から一言：動物は医療、福祉、教育などさまざまな場面で人びとの生活を豊かにしてくれています。一般にアニマル・セラピーとよばれており、今もなお発展し続けている分野です。アニマル・セラピーとは何か、動物からもたらされる効果のメカニズムに触れながら、動物園での応用について共に考えていきたいと思います。

・開催日時：2019年9月23日（月・祝）10：00〜17：00（9：30〜受付開始）

・開催場所：大牟田市動物園（福岡県大牟田市昭和町163）

・内容：山本先生の講義は、「アニマル・セラピーとは？」「動物がもたらす効果」「動物の何がよいのか？」「動物をどう活用するのか？」「動物園と人の健康」というテーマで進んだ。午後からは、参加者は会場となった大牟田市動物園の椎原園長の案内で「ふれあい動物体験」「動物園内探検」を行った。最後は「あなたのためにプログラムをつくります」というワークショップから、日ごろ動物園とかかわりが少ない住民向けのプログラムづくりを行った（写真1）。

・事後アンケート：

＊高齢者への動物を介在介入した活動は治療として用いるだけでなく、QOLの向上、健康であり続けるために必要であると感じました。

＊動物を介在させることでQOL、介助者のストレス軽減、会話の促進などよい効果がたくさんあることがわかりました。

写真1 アニマルセラピー

②美術館 de 音楽療法

・講師：井上 幸一（福岡女子短期大学音楽科准教授）、専門分野：音楽学／音楽療法

・講師から一言：音楽療法は、介護予防や健康増進を含む心身機能の維持・改善、行動の変容などを目的として、高齢者をはじめ幅広い対象に実践されています。美術作品によるイメージをもとに、楽器を用いて「音・音楽に包まれる空間」をつくり、その響きを共有するミュージック・アクティビティの体験を行いたいと考えています。

・開催日時：2019年10月6日（日）10：00～17：00（9：30～受付開始）

・開催場所：須恵町立美術センター久我記念館（福岡県糟屋郡須恵町大字須恵77-1）

・内容：井上先生の講義は、「社会における音楽とその役割」「音楽による生理的・心理的作用とエビデンス」「音楽行動としての楽器の活用」というテーマで進んだ。午後からは、展示室のグループで美術作品鑑賞から受けたイメージを即興演奏にするワークショップを行った。その後、作品の制作者のギャラリートークを聞いてから、即興演奏と比較しながら、参加者自身への心理的な作用と効果（たとえば、唾液アミラーゼ、コルチゾールによるストレスチェック法など）についての意見交換を行った（写真2）。

・事後アンケート：

＊受動的に眺めるだけでなく、瞬間を切り取った絵画を音楽という物語に変換していく能動的な体験をすることで、より深く絵の世界を感じることができました。自分の主観、自分がどう感じたかを他人にうまく伝えようとする作業によって、主観的経験に普遍的な客観性が加わっていく過程を経験できてよかったと思います。

＊今回の講座で経験した、絵画を誰でも音が出せる簡単な楽器を使った合奏で表現する作業は、協力的なチームワークのあり方を体験できるよいものだと思いました。課題に対しての、それぞれの個人の感じ方の違いと共通点を探りながらの共同作業を、気分的に構えずに行える点が優れていて、子どもから大人まで取り組める社会的教育価値が高いものだと思います。

そこまで能動的な活動ではないですが、講義で例示されていた相互に着想を得ている絵画（あるいは彫刻や建造物、文学、歴史）と音楽を同時に鑑賞する経験は、より深い芸術作品の理解、人の理解につながると思います。比較的高い心身機能を保っている高齢者の介護予防事業に組み入れていくことができれば面白いと思います。

写真2 音楽療法

③ 庭園・美術館 de 園芸療法

・講師：岩崎 寛（千葉大学大学院園芸学研究科准教授）、専門分野：環境健康学
・講師から一言：園芸療法とは、植物の栽培といった一般的な園芸活動だけでなく、植物を用いたクラフトや庭園の散歩など、身近な植物を五感で感じることで、ストレス緩和や、落ち込み・不安などの感情を改善するものです。本講座では、園芸療法の事例を紹介しながら、その効果や身近な実践方法についてお話しします。
・開催日時：2019年10月27日（日）10：00〜17：00（9：30〜受付開始）
・開催場所：福岡市美術館（福岡市中央区大濠公園1-6）
・内容：岩崎先生は「植物のセラピー効果を地域ケアに活かす」というテーマで、園芸療法の基礎知識の紹介と、それを活かした地域ケアについて、千葉県における健康屋台や出前園芸といった実践例をあげて説明した。午後からは、美術館に隣接する大濠公園を散策しながら緑資源の活用方法を参加者に解説した。最後はワークショップ「いろいろな豆を使ったタオルハンガーづくり」を楽しみ、植物を使ったプログラム企画立案のアイデアをグループで共有した（写真3）。
・事後アンケート：

　＊土や緑に触れる時間を増やしたいと思った。自分で緑の医学的効果がどの程度あるのか、検証できる方法がないか考えています。講義で述べられていた自律神経系の評価に心電図を用いたものは、心拍変動率解析だと思うのですが、いまは携帯できるサイズの測定機も出てきているので、それが使えないかと思っています。ただ、岩崎先生が繰り返し難しいといわれていた実験の対照群設定が難しい。まずは自分の変化を追って、緑の多く触れた日とそうでない日に差があるのか確かめています。

　＊植物が人に与える効果と同様

写真3 園芸療法

に、各々の芸術作品が客観的に人に与える効果（自律神経系、ストレス耐性など）を検証することができれば、見ているだけで血圧が下がる絵画特集とか、置くだけで仕事の効率が上がる絵画特集とかの企画もできそう。緑の中で食事をすると、おいしい料理とそうでないものがあるように、絵画や彫刻も置く環境によって美しさが変わってくるかもしれない。もしかしたら、美術館の中でより、公園の林の中で見た方が美しく感じる作品があるかもしれない。芸術作品と庭園とがお互いを借景として価値を高めあうような展示ができると面白いと思う。

④ 博物館 de 回想法

・講師：市橋 芳則（北名古屋市歴史民俗資料館長）、専門分野：博物館学

・講師から一言：回想法は、地域に暮らす高齢者を元気にしていくプロジェクトとして活用されています。博物館と高齢者ケア・認知症予防・健康推進などを推進する福祉関係の部局とが連携を図った「思い出ふれあい（回想法）事業」を2002年から実践しています。私たちは、これを「博福連携」と名づけ、活動の軸の1つとしています。

・開催日時：2020年1月17日（金）10：00〜17：00（9：30〜受付開始）

・開催場所：大牟田市立三池カルタ・歴史資料館（福岡県大牟田市宝坂町2-2-3）

・内容：市橋先生の講義は、「地域回想法と博物館」「北名古屋市歴史民俗資料館の取組み」「生涯学習と回想法」というテーマで進んだ。なかでも博物館の地域回想法事業と福祉行政が連携する「博福連携」による取り組みは、高齢者ケアを考える意味で興味深かった。午後からは、参加者が展示室内をグループごとに散策し、気になった作

写真4 回想法

品について、それぞれの思い出を回想する時間をつくった。最後は「モノを介在させた語り合いの効果」についてグループごとに話し合い、それぞれから発表し情報共有をする時間とした（写真4）。

・事後アンケート：

＊認知症の改善効果も印象深かったですが、地域回想法を通じ、地域住民のコミュニティが高齢者を中心に強化されていく様子が非常に印象的でした。地域回想法は、地域住民がお互いを理解するための共通基盤をつくる手法としては非常に優れていると思いました。

＊モノに付随した自分自身の体験を話しはじめると、私が想像していた以上に皆さんいろんなお話をされていました。ある人がある作品を鑑賞し回想をはじめると、その作品が他者にとっての回想を引き出す直接の媒体でなくとも、話の中で共感できる話題ができ、別の人への回想へつながっていく場面がありました。

＊芸術を通して参加者の共通理解を深める芸術療法と同じく、回想法もお互いによく見知った日常にある共通のモノから出てくる記憶を共有することで、相手をより深く知るきっかけになると思いました。医療従事者や利用者の相互理解を深めるチームづくりに活用できそうです。

このように、博物館関係者と医療・福祉従事者が交流する、アニマル・セラピー、音楽療法、園芸療法、回想法の研修会を通じて、事後アンケートからも「博物館健康ステーション」という新しい価値創造への期待が膨らんだと言える。しかし、それらは「何となくいい」という主観的な評価にすぎず、これを証明する客観的な評価、エビデンスを得る効果評価法の開発が必要である。

効果のエビデンスをどう獲得するのか？

次に、森林浴をテーマに、その研究手法を確立している自然セラピーを調べることで、そのヒントを得たい。

[8]「自然セラピー」に効果評価測定法を学ぶ

森林浴の生理的効果に関する実験は、1990年に始まったといわれる。その

後、一時空白期間があったが2000年に入り、脳活動や自律神経活動計測法の進歩や計測機器の開発で、急速に進み、現在に至っている[7]。

　自然セラピーの研究は、自然に触れると何となくリラックスすると感じることを、科学的データから明らかにすること、予防医学的効果に基づく自然セラピー利用法をめざしている。

　自然セラピーの概念について、宮崎良文（2018）は以下のように説明している。

　①ストレスを感じる→②森林や花などによる鎮静効果→③生理的リラックス、免疫機能の改善→④病気の予防→⑤医療費の削減

　また、もともと血圧の高い人は森林浴をすると、血圧が低下し、血圧が低い人は上昇するという、個人差による「生理的調整効果」もわかっている。

　これまでに自然セラピーは、大きく4つの研究手法を確立しているという。

①近赤外分光法や近赤外時間分解分光法により、脳活動を測ることで、リラックス状態が高まると、前額部の脳前頭前野活動は低下する。

②心拍変動性、心拍数、血圧を測ることにより、自律神経活動が把握でき、リラックス状態において、副交感神経活動が高まり、交感神経活動が低下する。

③唾液中のストレスマーカーを測ることによって、ストレス状態において、コルチゾール、アミラーゼなどのストレスホルモン濃度が上昇する。

④ストレス状態において、ナチュラルキラー細胞活性は低下し、腫瘍細胞の抑制や感染症の防止力も低下する。

　基本的な実験方法は、おおむね10名～12名が1単位となり、それを6名・4名ずつの2グループに分け、森林部と都市部での歩行、座観を1セットにし、2日間で交互に行っている。座観・歩行前後には、主観評価として、POMS2日本版（気分プロフィール検査）や「快適感、鎮静感、自然感」に関する13段階のスケール検査（空間印象評価＝SD法）、そして生理評価として、血圧、脈拍、アミラーゼまたはコルチゾール検査などを行う。

　こうした自然セラピーで構築された実験方法を、2020年度開催のアニマル・セラピー、音楽療法、園芸療法、回想法の研修会で実施した[8]。

　具体的には、参加する医師、看護師、ケアマネージャー、そして学芸員、

大学生などが、動物をさわる前後、音楽を演奏する前後、庭園を散歩する前後、そして作品を鑑賞する前後に、心理測定（POMS2日本版・SD法・VAS法など）、生理測定（血圧、脈拍、アミラーゼ）を行い、リラックス効果評価を判定した。それをもとに、地域の博物館、医療・福祉機関が地域の高齢者のフレイル予防、健康寿命を伸ばしていくための「博物館健康ステーション」プログラムを研究開発していきたい。

　あわせて、これまで、文化芸術の効果評価方法がまちまちだったため、得られた結果を他の地域や他の国の高齢者に当てはめることが困難だったという、世界国際保健機関（WHO）欧州地域事務局「報告書」での指摘に注目したい。

　今後は、文化庁事業で九州産業大学が2018年度から継続するイギリス・アメリカとの博物館交流から、「自然セラピー」の効果評価手法に基づいた、「博物館セラピー」の効果評価手法の確立に向け、国際的な研究体制を構築していこうと考えている。

[9]「Museums Change Lives」を問い続ける

　最後に、本章のテーマである「ミュージアムの拡張──医療福祉と文化芸術の接点」をまとめるにあたり、イギリス、アメリカ、日本の仲間たちの「博物館健康ステーション」にかける意気込みをとりあげたい。

　2019年2月に続き、2020年2月も開催した「九州産業大学国際シンポジウム」（写真5）で来日したイギリス、ロンドンにあるダリッチ・ピクチャー・ギャラリー（1811年設立、イギリス最古の公共博物館）のジェーン・フィンドレーに、「博物館、医療、福祉機関の連携のためのポイントは何か？」とたずねると、「1つめは、さまざまな異なる機関同士が会話する場を設けること。そして2つめは、異なる機関同士が情報発信するなかで、いかにして共通項を見出せるか」と答えた。

　そして、「『より人が幸せになるために、健康になるために何ができるか』を共に考えていく必要があります」と強調した。

　また、同じくアメリカ、ニューヨークのArts & Minds（芸術とのかかわりを通じてアルツハイマー病やその他の認知症と共に生きる人たち、またその介護者のQOLの向上をめざす非営利団体）のキャロリン　ハルピン・ヒーリーに、「Arts &

Mindsは医療・福祉機関にどんな連携をしていますか？」と尋ねると、「コロンビア大学医学部付属病院認知症・高齢診療科（Department of Aging and Dementia）との連携ができています。そして、医師が認知症患者とその介護者に、Arts & Mindsのプログラムを直接紹介する制度があります」と答えた。

写真5 九州産業大学国際シンポジウム

　さらに、このシンポジウムの参加者は、「イギリスの事例から、医療従事者とミュージアムをつなぐリンクワーカーの存在に興味をもちました。アートありきではなく、選択肢の1つとして美術館が含まれることは参加者にとってもメリットですが、美術館関係者も他分野を知る機会になると思います。また、実践に伴う分析をきちんと行っており、インフォーマルな評価方法で誰もが答えやすい状況をつくるのも重要だと思いました」と話した。また「患者ではなく参加者として個々人と向き合い、事前ニーズの把握から個人に寄り添っている印象を受けました。また、繰り返し参加してもらうことを強調していましたが、ケアする人のケアは医療のほか福祉などの分野でも『誰1人取りこぼさない』ために必要なことで、そこに文化芸術、博物館が介在できることに注目したいです」と話す参加者もいた。

　イギリスの博物館に行くと、入口に「Museums Change Lives」という看板を見ることがある。イギリスでは、患者の健康やWell-beingの向上などを目的に、医学的処方に加えて、治療の一環をして患者を地域の活動やサービ

スなどにつなげる社会的処方と呼ばれる取り組みが進んでいる。これは、ダリッチ・ピクチャー・ギャラリーや Arts & Minds でも行っている。「Museums Change Lives」という看板は、まさに「社会的処方」の場としての博物館を宣言していることになる。

2015年のユネスコの博物館勧告には、「ミュージアムは社会全体に語りかけるゆえに社会的繋がりと団結を築き、市民意識の形成また集団的アイデンティを考える上で、重要な役割を持つ重要な公共空間である」と書かれている。

全国には、5,700館以上の博物館がある。

これからの博物館が、地域の医療・福祉機関と連携し、そして地域の仲間たちと団結し、共通項を見出しながら、「博物館健康ステーション」という、新たな価値創造を紡ぎだし、前進していくことを期待したい。

何よりも「Museums Change Lives」を問い続けながら。

（緒方　泉）

〈注および参考文献〉

1　ユネスコ（国連教育科学文化機関）調査。UNESCO「COVID-19: UNESCO and ICOM concerned about the situation faced by the world's museums」2020年5月18日発表。

2　①川畑秀明「知られざるアートの効用」（https://arthours.jp/article/arteffect_kawabata_01）
　②"Can Going to a Museum Help Your Heart Condition？In a New Trial, Doctors Are Prescribing Art."（https://observer.com/2018/11/doctors-prescribe-art-montreal-heart-condition-asthma-cancer/）

3　Daisy Fancourt and Andrew Steptoe（2019）"The art of life and death: 14 year follow-up analyses of associations between arts engagement and mortality in the English Longitudinal Study of Ageing" *BMJ*（https://www.bmj.com/content/367/bmj.l6377

4　"Why art is good for your heart: People who admire Renaissance paintings 'see stress hormone levels drop by 60 per cent'" *Mail Online,* 2016（https://www.dailymail.co.uk/health/article-3554118/People-admire-classic-paintings-stress-hormone-levels-drop-SIXTY-cent.html）

5　Stefano Mastandrea.et al.（2018）"Visits to figurative art museums may lower blood pressure and stress" *Art & Health* 11（2）:123-132（https://www.researchgate.net/publication/323564631_Visits_to_figurative_art_museums_may_lower_blood_pressure_and_stress）

6　Angela Clow with Catherine Fredhoi（2006）"Normalisation of salivary cortisol levels and self-report stress by a brief lunchtime visit to an art gallery by London City workers" *Journal of Holistic Healthcare*（https://www.researchgate.net/publication/252281628_Normalisation_of_salivary_cortisol_levels_and_self-report_stress_by_a_brief_lunchtime_visit_to_an_art_gallery_by_London_City_workers）.

7　宮崎良文（2018）『Shinrin-Yoku（森林浴）心と体を癒す自然セラピー』創元社。宮崎良文編（2016）『自然セラピーの科学—予防医学的効果の検証と解明—』朝倉書店
　森林綜合研究所・千葉大学（2014）「森林セラピー基地・セラピーロード候補地における生理・心理効果（群馬県赤城自然園）」調査報告書

8　今回は、「美術館 de 音楽療法」のリラックス効果評価を報告する。
　＊実験のねらい
　九州産業大学美術館で開催された、第29回所蔵品展「絵画と語ろう-風景・動物・人をめぐる旅」

（2020年9月11日〜11月3日）の作品を鑑賞・即興演奏前後でのリラックス効果変化を検証することを目的とする。

＊実験対象者
対象者は健康な20代から70代の男女14名であった。全ての対象者には、実験前に実施に関する詳しい説明を行い、被験者としての参加に同意を受けた。2020年10月10日（土）実施。

＊実験の方法
対象者は計4回の生理的・心理的評価をした。
1回目：実験開始前（11:20）　2回目：1人で鑑賞後（13:10）　3回目：グループで鑑賞後（14:10）
4回目：グループ演奏後（16:10）

＊心理測定（VASシート）の結果
・VAS（Visual Analog Scale/ ビジュアル・アナログ・スケール）は、例えば、「今、身体の調子はどうですか？」という質問に対して、「0」を「最悪な感覚」、「100」を「最良の感覚」として、現在の感覚を10cmの直線上のどの位置にあるかを示す。質問は全部で7問。診療の場で最も多く使われている。
今回はすべての項目で、「最良の感覚」へ有意に上昇していた。（p<0.05）
「今、不安感じていますか？」については、「全く不安を感じていない」という方向に、距離を伸ばしている。

	今、爽快感を感じていますか？			
	1回目	2回目	3回目	4回目
平均	3.84	5.07	5.12	7.00

また、「今、爽快感を感じていますか？」については、「とても爽快である」という方向に、距離を伸ばしている。

	今、不安感じていますか？			
	1回目	2回目	3回目	4回目
平均	4.90	5.79	6.18	7.81

＊生理測定の結果
・使用機材：（株）ニプロ製/唾液アミラーゼモニター、唾液アミラーゼモニター用チップ
交感神経活動の指標である唾液アミラーゼをストレスマーカーとする。ストレスを受けると、神経系の視床下部を介して交感神経系の興奮を促す。この興奮は、体外のストレスに対する体内の自己防衛反応としてアミラーゼ活性を高める。
こうしたストレスに対する身体反応を非侵襲的な方法となる、唾液アミラーゼ中のアミラーゼ活性値を測定することで、ストレスの度合いを評価できる。数値が高ければストレスが高い。低ければストレスが低いと評価する。
参加者は、チップを自分の舌下に30秒ほど差し込んだ後、唾液アミラーゼモニターで測定する。

	唾液アミラーゼ			
	1回目	2回目	3回目	4回目
平均	35	26	37	29

唾液アミラーゼは、以下の通りであった。
1回目から2回目で、数値は下がっている。1人でゆっくりリラックスして鑑賞したため、ストレスが下がったと考えられる。
2回目から3回目で、数値は上がっている。グループでの話し合いに慣れていない受講生の緊張度が上がったと考えられる。
3回目から4回目で、数値は下がっている。全体演奏が終わり、緊張が緩み、リラックスしたと考えられる。なお、これらの数値には有意差はなかった。
最高血圧（収縮期血圧）、最低血圧（拡張期血圧）、脈拍数の測定も行ったが、ほぼ変化はなかった。
今後さらに、心理測定、生理測定のデータ蓄積が必要である。

2. イギリスの医療福祉と文化芸術の接点
──ダリッチ・ピクチャー・ギャラリーの事例

[1] 高齢者プログラムの実地見学

　2019年11月5日、6日、イギリス、ロンドン南部のサザーク区にあるダリッチ・ピクチャー・ギャラリー（以下、ダリッチPGと表記）を訪問した。ダリッチPGは、1811年に開館したイギリス最古の公共の博物館である。常設展示と企画展示があり、レンブラントなどのオールドマスターの作品を主に所蔵している。また、ラーニング部門が充実し、年々拡張されていっていることでも有名だ。

　今回の視察のきっかけは、2019年2月、九州産業大学で開催した国際シンポジウムで、ラーニング部門のヘッドであるジェーン・フィンドレーに、ダリッチPGの高齢者プログラムを紹介してもらったことである。筆者自身、地域社会に根づいた活動やその内容にとても刺激を受けた。また会場からも「どのような体制で実施されているのか？」「実施方法や評価についてもっと知りたい」という意見が多く寄せられた。

写真1 実施前の入念な打ち合わせ

そこで、昨年度に引き続き英国調査の機会を得たため、今回はプログラムを見学させてほしいと頼み、またインタビューの項目を事前にメールで送り、現地でのプログラム見学が実現した（写真1）。

　現地では、ダリッチPGのジェーンと、プログラムの運営担当者のケリー、そしプログラムの企画担当者で、アーティストのルーシーにインタビューを行い、実際にプログラムを見学した。なお、ジェーンがヘッドを務めるラーニング部門では、子どもや家族、学校団体、高齢者などを対象に、幅広い年齢層に向けたプログラムを企画提供している。高齢者を対象にしたプログラムは、11年ほど実践研究を積み重ねており「older people」と呼ばれている。

今回見学したのは、「older people」プログラムの1つで、ここ2年ほど取り組む「Aging Well」だった。

[2]「Aging Well」の企画開発方法

まず、プログラムの企画、開発の経緯から紹介する。

企画は9か月ほど前から準備をはじめるという。日本ではまだまだ教育部門専任の学芸員が少ないので、どうしても展覧会とセットで考えることが多い。こんなに早くからはじめると聞いて驚いた。最初に取り組むことは、所在するサザーク区を中心とした高齢者へのニーズ調査だ。「どのようなことが好きですか？　どんなことに興味がありますか？」などを聴く。

ダリッチPGがハブとなり、担当者がコーディネータの役割を果たし、ニーズに応えられるプログラムの内容に適したアーティストの選任と、コミュニティのNHS（イギリスの国民保険サービス）の看護師や作業療法士と協働して、プログラム企画を進める。

具体的には、ダリッチPGの担当者は、選任したアーティストへ事前に収集した参加予定者のニーズについて十分に共有する。またコミュニティのNHSの看護師や作業療法士に参加者予定者の体調や症状と、症状に適した活動に関する情報の提供を受ける。さらにこれらを総合して、その回の参加予定者に一番適したプログラムを開発していく。

[3]「Aging Well」の実施運営方法

プログラム実施場所は、基本的にダリッチPGの展示室だが、同時にコミュニティセンターなどでも実施できるかもポイントとなる。

参加者の人数は最大でも15名。担当のアーティストを中心に、ボランティアスタッフ、施設の付き添い担当者が活動をサポートする。

プログラムは午後2時から開始し、約90分とする。活動の間に、必ずお茶の時間を取り、リラックスタイムとしている。このリラックスタイムはとても重要で、初めての人はもちろんだが、認知症を発症した人は複数回来ていても前回のことを忘れているため、この時間で緊張感を解きほぐしている。

それでは、実際に見学した時の様子を時系列に紹介していこう。

今回のプログラムは、企画者であるアーティストのルーシーが担当し、ダリッチPGのケリーは、コーディネーターとして、プログラム全般の運営を担当していた。

　今回の見学にあたり、事前にルーシーから「カメラマンは1人だけにしてほしい」「あなたたちもこちらのテーブルで椅子に座っていてほしい」など、見学の際の注意を受け、参加を許可された。

　参加者はリフト付きのバスで到着後、セミナールームに移動してきた。大きな長方形のテーブルを囲んで、互いの顔が見えるように座った。

　参加者は1人ずつ順番に自己紹介をしていき、最後に私たちもルーシーに促されて、1人ずつ名前を言って自己紹介した。私たちはお客様でなく参加者である、という共通意識がセミナールーム全体にあふれ、参加者と付き添い担当者に安心感が生まれた。見学者がいる、といういつもと違う状況でも、ルーシーの機転で、参加者を第一にした活動を担保するための配慮は見事だった。この最初の時間はとても重要で、ルーシーは自己紹介をしながら、参加者の様子でプログラムの微調整を行っていた。

　今回の参加者は7名の高齢者（そのうち車椅子の人は3名）、4名の付き添い、そしてルーシー、ケリー、そしてボランティアスタッフ1名が活動をサポートした。付き添い担当者の配置は、高齢者の間に入り、サポートしやすいようにしていた。

［4］「Aging Well」の具体的な展開は？

　「Aging Well」プログラムは、全体を通じて、自らが「体験する」ことを重要視していた。今回は、ダリッチPGで開催中の特別展「レンブラントの光」展の見学が目的だった。

　前半はセミナールームで活動した。はじめにルーシーは、レンブラントの銅版画の作品のプリントを見せながら、「これはどうやってつくったのかな？」と質問を投げかけた。そして銅版画の制作で用いる銅版やニードル、蜜蠟などの道具を広げて、触りながら、匂いを嗅いで、「ほら、どうですか？」と問いかけた。それを参加者の1人に渡すと、その隣の人が、そして周りの人がと、五感を効かせながら、次第に作品や道具への興味の輪が広がるように話

しかけていった。

　そして次には、「どんな物語が描かれているかな？」と、図版を観察するように促していった。

　こうしたルーシーからの問いかけには、付き添い担当者が反応し、その言葉を受けて、一緒に参加者1人ひとりの活動をサポートしていた。

　図版の観察の後、ルーシーは、この作品の物語を劇のようにパフォーマンスを交えて話しかけていった。机をコンコンコンと叩いてドアの音を伝えると、部屋の雰囲気が一変。聴覚を刺激された参加者たちは、物語の世界に引き込まれるような感じだった。

　そして再度のハンズオン体験。先ほどは道具を手で触る、嗅ぐ体験だったが、今度はレンブラントの光の表現を体験。光を反射する布、また光を吸収する布を自分の顔に近づけて見て、お互いにどのように見えるか体験した。

　「私の顔が輝いて見える？」などの発話が、明るい表情とともに生まれた。お互いの見え方を楽しむ目的もあり、付き添い担当者も積極的に参加することによって、笑い声が共鳴し、セミナールームが一段と和んでいった。

　ここまでが展示室へ行くまでの前半の活動で、その後は紅茶とお菓子を食べて、リラックスタイムとなった。

　前半の活動で表情がほぐれて、お茶の時間は、笑い声とおしゃべりがあふれていた。どんなプログラムでも、この時間をつくり、大切にしているそうだ（写真2）。

　このリラックスタイムに、ルーシーはお茶やお菓子の準備をしながら、付き添い担当者に高齢者の様子を聞き、後半の活動について打ち合わせをしていた。こうした細やかなファシリテーションが、参加者の満足度、評価につながると実感した。

　お茶の時間の後、後半は展示室へ移動し、特別展「レンブラントの光」展を見学した（写真3）。

　セミナールームで、みんなで道具を触ったり、嗅いだり、光を当てたりして考えた作品を実際に近くで見た。

　企画展示室には、他の一般来場者もいたが「Aging Well」プログラムへの理解があり、車椅子の通行などに配慮してくれた。

付き添い担当者は車椅子を押しながら参加者に語りかけ、ルーシーはあちこち回りながら、「さっきこんな話をしたね」など、記憶と目の前の作品を結びつけるように、話しかけていた（写真4）。

写真2 明るい表情が生まれ会話がはずむ

写真3 展示室への移動

写真4 身振り手振りを交えて話しかける

写真5 アンブレラシートに記入する

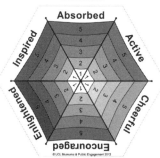

Six words are printed around the edge of this umbrella. Please score how much you feel each word by circling a number from 1 to 5, e.g. 'Active', if you feel *fairly* active, then you should circle 3.

⑤ I feel extremely
④ I feel quite a bit
③ I feel fairly
② I feel a little bit
① I don't feel

写真6 アンブレラシート
　　　高齢者用英語版（左）と
　　　子ども用日本語版（右）

「レンブラント展」を30分ほどゆっくり鑑賞したあと、セミナルームに戻り、「今日はどうだった？」と振り返りを行った。振り返りシートは、ロンドン大学が開発した高齢者用アンブレラシートだった（写真5）。このシートは6つの質問項目からなり、「Absorbed：夢中に、没頭したか？」「Active：活動的になったか？」「Cheerful：明るい気持ちになったか？」「Encouraged：触発されたか？」「Enlightened：啓発されたか？」「Inspired：励まされたか？」などがあり、満足度を1から5段階で「○」で囲むようになっている。六角形のシートをくるくる回しながら、「○」で囲んで記入するもので、高齢者に限らず、小さな子どもでも簡単に直感的にできる評価方法で、九州産業大学美術館でも子ども用の日本版を作成し、使用している（写真6）。

ここまでで、プログラムはすべて終了。ルーシー、ダリッチPGのスタッフやボランティアスタッフは、参加者がバスで帰るところまで見送りをした。帰るときに、参加者と付き添い担当者が、私たちとも握手をしてくれた。「一緒に時間を共有したんだ」「共有できる環境がつくられていたんだ」ということが実感されて、ルーシー、付き添い担当者の強い連携を見ることができた。

その後、会場の片づけを行い、ルーシーはボランティアスタッフと今日の活動について質問紙を使って活動記録を整理し、振り返りを行い、議論していた。

[5]「Aging Well」の評価方法は？

最後に評価方法をいくつか紹介したい。

付き添い担当者には、各回のプログラムのあと、高齢者にどのような効果や変化があったかなどの質問紙を、後日郵送してもらうという。この質問紙は、定期的に継続されることもある。質問紙は5段階評価と記述式で構成される。

評価項目は、①プログラムが参加した高齢者に影響した事柄 ②プログラムを主催するスタッフ ③施設利用面に関するものなどがある。①については、参加した高齢者がプログラムによって「高い質の経験があったか？」「アクセスや歓迎を感じられ、包摂性のある体験であったか？」「ダリッチPGの建築、コレクション、展覧会について探求する、つながる機会になったか？」など

がある。なかでも印象的なのは、プログラムによって「幸福感がもたらされたか？」という項目である。それぞれ5段階評価の根拠について、記述式で答えるようになっている。

　また付き添い担当者には、「自身がプログラムの体験によってどのような気持ちになったか？」という項目もあり、プログラムの参加者であり、同時に協力者でもある付き添い担当者による評価も位置づけられている。

　ケリーは、これらの参加者による評価と、付き添い担当者による評価、ルーシーらの評価を集約して総合的な評価を行い、次への改善につなげていくと話した。さらに、第三者評価機関による調査を依頼することもあるそうだ。日本の博物館界では自己評価が一般的だが、ジェーンはこうした評価が改善の機会をつくってくれると同時に自信にもなり、外部資金獲得の際に評価の根拠となり、大きな成果になって返ってくると説明してくれた。

[6] より健全で幸せなコミュニティを創出する

　今回の見学とインタビューから実感したことは、企画から実施、評価にいたるまでダリッチPGがハブとなり、地元のアーティストやコミュニティのNHSと協働する体制ができていることだった。さらに、参加者のニーズに対して、さまざまな情報を細やかに共有しながら、信頼関係を築いていた。

　活動にあたるアーティストは、ダリッチPGで高齢者の行動様式、心理などの研修を受けている。したがって、今回のルーシーのファシリテーションも、お互いの顔が見える安心感を生む座り方、また付き添い担当者が参加者の交互に配置することなどの環境整備がなされていた。また体験を重んじるプログラムの構成では、触る、匂いを嗅ぐ、音を聴くといった、五感を刺激することを基本とし、展示室でもこれらの五感の体験を反芻することが重視されていた。

　ダリッチPGは、「ポジティブな変化の媒介者となり、人びとの生活と芸術を結びつけながら、より健全で幸せなコミュニティを創出することにある」というミッションをもっている。こうしたミッションこそが、参加者の健康や幸福感へつながるプログラム実現に向けた原動力になっていると思われる。

（吉田 公子）

3. アメリカの医療福祉と文化芸術の接点
──Arts & Mindsなどの事例

2019年10月16日から21日まで、高齢者プログラムの調査のため、アメリカ、ニューヨーク市内の博物館を訪問した。主に高齢者プログラムの現状の聞き取りを行った前年度からの継続調査で、19年度は実際にいくつかのプログラムを見学するとともに、それらをどのように評価しているのかについて話を聞いた。

[1] 多様性、包摂性を大切にしたプログラム

まず、電話会議システムを利用したプログラムを紹介する。

DOROTというヘブライ語由来の言葉で「世代」という意味をもつ、高齢化の課題に取り組む非営利組織がある。そこが展開する高齢者プログラムの1つに、「壁のない大学」がある。これは、支援なしで家の外に出られない60歳以上の高齢者を対象としたプログラム。私たちが聞き取り調査したイントレピッド海上航空宇宙博物館が参加している。同博物館が提供するプログラムでは、家から出られなくても参加できるように、事前に写真資料をパッケージしたものを自宅に送り、電話会議システムを利用して7〜8人の参加者でやりとりしながら、写真を題材に話をする。ロケット科学や、軍隊の女性参加、航空宇宙の話といったプログラムがあり、参加者の知的成長や活発な議論を促すとともに、学習コミュニティに参加することで、高齢者の社会的孤立を防ぐことにつなげていた。

次に、ホイットニー美術館のプログラムを紹介する。ここは「アーティストのための美術館」を館のミッションとしていて、展示だけでなく、来館者とアーティストが出会う場を設けている。その1つとして、高齢者を対象にした、アーティストと触れ合う無料のワークショップがある。4〜6週間かけて行う作品制作のプログラムで、地域のコミュニティーセンターと連携し、週1回、そこにアーティストが訪ねて制作指導する。美術館はインストラクターとして、アーティストを雇用している。

ホイットニー美術館ではこのほか、高齢者に人気があるのが月1回実施する視覚障がい者対象のプログラムだ。エデュケーターが作品を選び、言葉で説明したり、触れたりするプログラムで、同様のものは多くの博物館で行われているが、高齢者は視力も弱くなるため人気があるという。同館の場合、触ることができる作品は少なく、保存専門の担当者と相談しながら作品を選んでいる。また、教育部門で、同じ素材を使ってそれに代わるものをつくったり、アーティストたちに頼んで作品のピースを提供してもらったりして、触るプログラム用の作品を準備している。

　インタビューをしたのはホイットニー美術館のアクセスとコミュニティープログラムのディレクター、ダイーマ・シモンズだった。彼女が「高齢者にとって居心地のいい場所を提供することや、同じ年代、違う年代の人と会うような場所をつくることなどが、ミュージアムとしてできること。そもそもミュージアムは歴史を保存する場所。そして、高齢者から話を聞き、学び、保存し、分析することで、これからのことを考える材料にすることができる」と話していたのが印象的だった。

［2］認知症患者とその介護者を対象にしたプログラム

　認知症患者とその介護者を対象としたプログラムは、日本でも同様のプログラムを実施しているところがあるが、ニューヨーク近代美術館のアルツハイマープロジェクトをきっかけに、アメリカの多くの博物館で行われるようになった。

　ここでは、私たちが実際にプログラムを見学した、ニューヨーク市内にあるメトロポリタン美術館別館のクロイスターズ、イントレピッド海上航空宇宙博物館、ルビン美術館の3館の事例を紹介する。

　クロイスターズは、フランスから移築された修道院で構成された建物で、中世ヨーロッパの美術品が展示されている（写真1）。この日は雨が激しく、いつもよ

写真1 クロイスターズ外観

り少ない2組の参加だった。テーマは「ポータル」。入り口や扉をきっかけに鑑賞体験を行った。参加者は携帯用の椅子をもって館内を歩き、エデュケーターの案内で、絵画作品や、建物の入り口の装飾について話をする。また、会話だけでなく、絵画制作をしたり、中庭のハーブに触って匂いを嗅いだり、さらには、作

写真2 クロイスターズでの活動風景

品人物と同じポーズを取ったり、音楽に合わせて体を動かしたりと、五感を使った鑑賞を行った。参加者はリラックスして、時には冗談を飛ばしながら鑑賞を楽しんでいた（写真2）。プログラムでは①探求心、②五感、③参加者主体という3つの要素を大事にしている。参加者の心地よさをとても大事にしており、イスに座って行うのもそうした理由からだ。また、耳の不自由な人のために、エデュケーターの声を拾って、イヤホンで伝えるアシストデバイスなども準備していた。

　イントレピッド海上航空宇宙博物館は、退役した空母を利用した博物館（写真3）。参加者2組に対してエデュケーター1名にボランティア2名。ボランティアは元イントレピッドの乗組員とその妻だった。このプログラムではイントレピッドに関するさまざまな写真を見ながら、船内での生活などについて会話を進める。参加者（このときは主に介護者の方が中心）がさまざまな質問をし、元乗組員のボランティアがそれに答えた。途中で乗組員のためにつくられたアルバムや、船内で発行されたニュースレターの拡大コピーなどの資料を出して、話題を展開していた。その後、場所を移動しながら、展示物に触るなどして会話を重ね、途中何回かポラロイドカメラで記念撮影を行った。エデュケーターが参加者に投げかける質問は、「この写真に写っている人は何を感じていると思いますか？　どうしてこの人たちの写真を撮ったと思いますか？」と

写真3 イントレピッド海上航空宇宙博物館外観。横須賀にも寄港したことがある

写真4 写真入れの作成

いった、参加者が自由に想像できる内容となっていた。

ひと通り展示を見た後、テーブルと椅子のある部屋に移り、この日撮った写真を入れるための紙製の写真入れをつくった。紙のフレームに、用意されたシールやペンで飾りつける簡単な内容である。患者は介護者のサポートを受けながらシールを貼りつけたり、文字を書いたりして完成させていた（写真4）。自分たちが写った写真を見ながら、患者と介護者が穏やかな表情で話をしていたのが心に残った。

プログラムの最後に、この日やったことをまとめたプリントを配布し、元乗組員の話があった。終了後にはプログラムの評価用のアンケートを配布し、介護者が患者に聞き取りをしながら答えてもらった。プログラムの最後にまとめのプリントを配布したのは、参加者のなかには短期記憶が難しい患者もいるので、このプリントを使って思い出しの活動ができることや、参加できない家族が、後からどんなことがあったかを話すのに役立つといったことを期待してのことだという。

このプログラムでは、元乗組員だったボランティアの役割が大きかったように思った。参加者だけでなく、ボランティアも高齢者だが、1度やると継続してやりたいという人が多いそうだ。また、これらのプログラムは、館内だけでなく、地域のいくつものシニアセンターで行っているという。

続いてルビン美術館（写真5）。この美術館ではプログラムが始まる30分前に美術館に到着することを勧めていて、美術館に併設しているカフェで、プログラム前の参加者にお茶とお菓子を無料で提供している。集まった参加者は顔見知りも多いようで、会話も弾んでいた。私たちが視察したクロイスターズやイントレピッドのプログラムに参加していたボランティアや参加者の姿も見ることができた（写真6）。ニューヨーク市内の博物館で同様のプログラムが定期的に行われているので、いくつもの美術館をはしごしている人も多いという。

これらの参加は無料だが、事前予約が必要である。ルビン美術館では事前に病状の進行度合いを考慮したグループ分けがされていた。私たちは病状が進んだグループを視察した。携帯用のイスをもって作品の前に座ると、エデュケーターがプログラムのテーマを伝え、会話が始まる。途中、作品に関する絵を描いたりしていたが、その時は、介護者と患者で協力しながら描いた。なかには描かない参加者もいたが、無理に描かせることはしていなかった。

写真5 ルビン美術館外観

写真6 活動前の交流の様子

プログラムが進むごとに、参加者の発言も活発になっていた。
　今回はプログラムの見学はできなかったが、アメリカンフォークアートミュージアムの事例も紹介したい。このミュージアムのレイチェル・ローゼン教育部長から話を聞いた。ここでは、11年にわたって月1回、ニューヨーク近代美術館が行っているアルツハイマー型認知症の患者とその介護者を対象としたプログラム「Meet Me at MoMA」をモデルとしたプログラムをやっている。2018年には財団の助成を獲得し、プログラムの規模を広げている。ここのプログラムの特徴は、ものづくり、作品づくりが入っておらず、主に会話を中心としているところだ。認知症の症状の進行度合いが異なるため、エデュケーターが様子を見ながら、全員が参加できるようなペースで進めている。11年間、活発にやってきたプログラムであり、リピーターも多く、初めての人でも安心して参加できる社交の場となっているようだ。そうした機会を担保するため、1回のグループの数をあまり多くしないようにしているという。
　認知症患者を対象としたプログラムの場合、エデュケーターと参加者の関

係づくりは大切で、毎回違う人が行うわけにはいかないと考えていて、一貫性を維持することを心がけている。また、長く参加している人は認知症の症状が進行するので対応を変えていかなければならないし、亡くなったと連絡を受けることもある。技術的にも感情的にも対応が難しい問題だと話していた。

[3] どんなプログラム評価方法があるか

　次に評価方法について紹介する。今回訪ねた博物館のプログラムの評価方法には、認知症患者と介護者を対象とした紙やWebによるアンケート、美術館関係者による観察、聞き取り、参加者によるメールでのフィードバック、館外の専門家による観察、評価担当チームによる内部評価などがあった。

　ニューヨーク市内のさまざまな博物館で認知症患者と介護者を対象とした

写真7 スマイリーフェイスアセスメント

プログラムを行っている非営利団体Arts &Mindsの場合、①プログラムの前後での気持ちの変化や、②よかったところや改善点を聞くアンケートを準備していた。気持ちの変化については、スマイリーフェイスを使って、視覚的にわかりやすく答えやすくなっている（写真7）。

　プログラム後のフォローアップとして電話によるアンケートも行っており、認知症患者とその介護者のニーズを満たすため、プログラムの感想や、文化芸術への関心などを聞くほか、プログラムの有効性を評価するのに、プログラム後の体験、たとえば「Arts&Minds」に参加してから一緒に美術館を訪れましたか？　プログラムは芸術に対するあなたの関心を変えたと思いますか？　などの質問項目があった。

　メトロポリタン美術館は、オブザーバーの評価フォームというものがあり、プログラムを観察し、エデュケーターが参加者を巻き込めていたか？　などの項目で評価するとともに、患者、家族、介護者それぞれの様子、変化を記録するようになっていた。家族や介護者へのアンケートでは、患者の年齢や

認知障害の程度、どのような介護をどれぐらいの時間やっているか？　参加して患者にどのような影響があったか？　家族、介護者自身にどのような影響があったか？　などの質問項目があった。また、メールやファクシミリで返信してもらうアンケートでは、スマイリーフェイスを使って、昨日のプログラムを受ける前と後の気分はどうか？　一夜明けて今日の気分はどうか？　生活の質の向上が、認知症患者、介護者、家族に見られたか？　このプログラムのおかげで、一緒に美術作品を見ているとき、介護している人とのコミュニケーションが向上していると感じるか？　などの質問項目があり、それを評価に反映していた。

　アメリカンフォークアートミュージアムの場合、プログラムに年何回参加したいか？　ニーズに合わせてプログラムをどのように改善できるか？　プログラムの楽しさを5段階で評価するとどれぐらいか？　といった介護者や認知症ケアの専門家向けのアンケートのほか、参加者のアンケートでは、介護者としてどんな恩恵を受けているか？　たとえば選択肢として「他の介護者とのコミュニケーションを楽しんでいる」「アートを面白いと思う」などがある。また、メトロポリタン美術館や、クロイスターズ、MoMA、ルビン美術館、イントレピッド海上航空宇宙博物館、ブルックリン博物館など、参加者がほかにどんなミュージアムを訪ねているのか？　なども質問項目に入っていた。

　イントレピッド海上航空宇宙博物館のアンケートは、満足度や、プログラム内容、スタッフの知識などを3〜4段階で評価するとどれぐらいか？　プログラムの中で何が一番好きだったか？　他の機関の同様のプログラムに参加したか？　その場合どこの機関でそれに参加したか？　住んでいる場所の郵便番号などの質問項目があった。

　先ほど紹介したように、実際にいくつもの博物館の同様のプログラムに参加する人もいる。アンケートでは、参加者のニーズを探るとともに、プログラムの改善に役立てるための質問がちりばめられていた。

[4] 医療機関との連携
　メトロポリタン博物館、イントレピッド海上航空宇宙博物館、アメリカン

フォークアートミュージアムなど、多くの博物館が子ども病院、退役軍人用の病院、高齢者向けの病院など医療機関との連携として、実際に病院へ行ってプログラムを実施している。認知症の初期段階で、家族がどうやって向き合ったらいいかというときに、こうしたプログラムは有効だという。連携関係にある病院の先生にプログラムの目的を伝えておき、そうした患者のいる家族に勧めてもらったりすることもあるようだ。

　また、多くの博物館が、ケアリングカインドなど、認知症患者や介護者のケアを専門とする組織を通じて、認知症患者とどう向き合うか、対処の仕方、思い込みの払しょくなどのプログラムでトレーニングをしたり、自分たちが行っているプログラムを観察してもらい、助言をもらったりしている。

　クロイスターズのプログラムに参加したコロンビア大学の医学生に質問をしたところ、認知症患者に対する考え方、理解が深まり、前向きになったという。大学の医学教育、看護教育などに博物館との連携を取り入れることも重要だと言える。

[5] 地域の博物館が共通のメソッドをもつ

　ニューヨーク市内の博物館では、いくつもの館が認知症患者や介護者向けのプログラムを用意しており、複数の館がそれぞれの特色あるコレクションを使って、共通のメソッドに従ったプログラムが、安定した質を保って実施されていた。それが、いくつもの博物館をめぐって、繰り返し通う利用者らを生むことにつながっているように感じられた。また、繰り返し利用する人たちが増えることでコミュニティが生まれ、さらに生活の質の向上が促されているのではないだろうか。

　こうした流れが生まれるには、よりよいプログラムの供給が必要で、オブザーバーによる評価や、認知症患者、介護者へのアンケートなどにより、ニーズの調査やプログラムの改善へつなげるプログラムの有効性を高めようとする努力、さらに専門的組織との連携で、認知症に関する正しい知識を得て、トレーニングを積むことで良質なプログラムを維持しようという共通した姿勢が各館からうかがうことができた。

（中込 潤）

第4章

学芸員のキャリアパスと
ミュージアム

ミュージアムはいま、大きな転換期を迎え、多くの課題を抱えている。専門職員である学芸員の働き方やキャリア形成の見直しも、それらの課題の1つである。本章では、ミュージアムと学芸員を取り巻く現状を踏まえつつ、今後の学芸員のキャリアパスについて、特に学芸員養成課程の実践をもとに考察する。従来主流であった大学・大学院卒業後間もなくの就職に加えて、社会人による学芸員資格取得も増えている。ミュージアムが多様化するなかで、学芸員像もより多彩になってきているのだと言えよう。

1. ミュージアム、そして学芸員

[1] わが国のミュージアム

　ミュージアムが、広く一般公衆のために開かれた場所であり、公衆の利益に寄与しようとする理念が生まれたのは、18世紀のことである。そして、ミュージアムが公衆の教育機能を備えはじめるのは19世紀に入ってからである。

　日本において、ミュージアムが私たちの住む地域に存在するようになったのは、それほど遠い昔の話ではない。日本で「博物館」という言葉が生まれたのは幕末のことである。日本のミュージアムは、明治時代に概念ごと輸入された。ミュージアムは当初、産業の振興あるいは学校教育のためのものと考えられていた。それが明治後期から大正にかけて、産業の振興ではなく文化財保護のためのミュージアム、学校教育のみならず、公衆に開かれたミュージアムという概念へと変化する。明治期のミュージアムは官制の施設、つまり国立館が中心であり、行政主導のもとでその基礎が築かれた、いわゆる近代国家形成のための装置であった。

　しかしミュージアムは、戦後になって大きくその性質を変えていく。1949年に成立した社会教育法により、ミュージアムは社会教育の機関と定義された。社会教育とは、学校の教育課程として行われる教育活動を除き、主として青少年および成人に対して行われる組織的な教育活動を示す。つまり、これまで明確な定義をもたず発展してきたミュージアムは、戦後になってようやく法的に教育機関として位置づけられたのである。1951年に成立した博物館法第2条において「歴史、芸術、民俗、産業、自然科学等に関する資料を収集し、保管（育成を含む。以下同じ）し、展示して教育的配慮の下に一般公衆の利用に供し、その教養、調査研究、レクリエーション等に資するために必要な事業を行い、あわせてこれらの資料に関する調査研究をすることを目的とする機関」と定義された。

　現在私たちの知るミュージアムの多くは、博物館法成立後に設置されたものである。また博物館法の成立により、それまでミュージアムであると認識されていなかった動物園や水族館、植物園などもミュージアムに相当する施

設とされた。文部科学省が3年に1度行う、社会教育調査において、ミュージアムの分類は、「総合博物館」「科学博物館」「歴史博物館」「美術博物館」「野外博物館」「動物園」「植物園」「動植物園」「水族館」としている。おそらくミュージアムになじみがないという人は、「美術博物館」や「歴史博物館」想定されているのではないだろうか。観光やレジャー施設としても人気のある「動物園」や「水族館」もミュージアムの仲間であるならば、ミュージアムは私たちの暮らしのかなり身近なところに存在する。

[2] ミュージアム大国と二分化

　1952年、公立博物館の施設設備費の補助が始まると、ミュージアムは徐々に地方都市へ進出する。1960年頃より急速な高度経済成長を受け、地方都市の財政も豊かになり、ミュージアムの設置が進められた。1970年代に入ると、歴史民俗資料館の整備により全国の市町村にまでミュージアムが建設されていく。1980年代から1990年代には公立博物館建設ブームを迎える。この頃、文化行政の象徴として美術館がもてはやされるようになり、選挙公約としての博物館・美術館建設ラッシュが続いた。しかし、バブルの崩壊にはじまる平成不況のなかで、ミュージアム建設は1998年頃をピークとして、徐々に新規開館数が減少した。それでもミュージアムの数は2007年までは右肩上がりに増え続けた。しかし2008年に、戦後初めて館数が減少、入館者数の面でも1990年代以降は減少傾向にあり、博物館は「冬の時代」へと突入する。

　ミュージアムの運営面では、行政主導の公立博物館建設ブームにおいて、施設を建てることが優先で、立派な建物があるのに運営や学芸員の配置に無関心であるとする「ハコモノ行政」という言葉が生まれた。1990年代には、経営的や財政的な問題が表出し、ミュージアムの切り捨てや廃館の事例も出た。1990年代後半から2000年代にかけて、教育機関であるミュージアムに、入館者数や採算性といった数字評価や経営力がより強く求められるようになり、ミュージアム「リストラ」の時代を迎える。2001年には国立館が独立行政法人化され、2003年には、公立館へ指定管理者制度が導入された。日本のミュージアムは約7割が公立館であることから、地方自治体の人口減少や予算縮小といった財政面の問題と向き合わざるを得ない。また、教育面では

1998年、社会の変化に対応しミュージアムは生涯学習社会への貢献が推進される。2001年には学校教育が完全週休2日制へ移行、学習指導要領も全面的に改訂され、新設された「総合的な学習の時間」のような探求型学習に、ミュージアムを活用しようという動向が強まる。また少子高齢化社会において、ミュージアムは学齢期以外のすべての世代へ教育の機会を提供し、地域の資料を有することから、地域の人々の交流を促す場として機能することへの期待が高まっている。

　2000年代半ば以降、新規開館や大規模リニューアルを行うミュージアムでは、ミュージアムの教育機能の強化のみならず、地域交流、観光資源、地域の文化施設連携など複合的な要素を組み合わせた、新しいミュージアム像が模索されている。

　このように、ミュージアムは戦後、日本の経済成長とともに数十年の間に瞬く間に増え、日本は小さな市町村にまでミュージアムが存在する世界的にも珍しいミュージアム大国となった。しかし、今ミュージアムは、少子高齢化、人口減少、地方創生など現代社会を取り巻く問題に翻弄されている。さらに、都心部と地方格差も見られ、繁栄するミュージアムと弱体化するミュージアムの二分化、いわばミュージアム「格差社会」が広がりつつある。

2. ミュージアムの基本的要素と基本的機能

[1] ミュージアムの種類と数

　日本のミュージアムは博物館登録制度上、3つに区分される。登録制度は、専門職員である学芸員の配置や資料の保管など、ミュージアムとしてふさわしい条件を備えた施設の設置を振興する制度であり、登録博物館と博物館相当施設および博物館類似施設がある。図1は『社会教育調査』における登録博物館と相当施設、博物館類似施設の館数の推移を示している。ミュージアムの数は、1948年には238館だった。そしてそのほとんどが東京や京都、大阪などの大都市に集中していた。その後1975年には、1,307館にまで増え（伊藤1978: 148）、ミュージアムは大都市から観光地や市町村に広がりをみせた。さらにミュージアムの新規開館数がピークを迎えた頃、1999年では5,109館、

そして2018年時点でのミュージアム数は5,738館である。博物館の全体数は1990年から1993年の間に急増し、その後2008年まで増え続けている。またミュージアムの資料別に見ると、人文科学系のミュージアムの割合が高く、特に歴史資料を扱うミュージアムが半数以上を占めている。くらしのなかで身近な存在に感じられる動物園や水族館などはかなり少数派なのである（図2）。

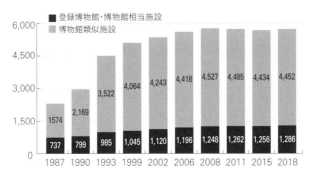

図1 博物館数の推移

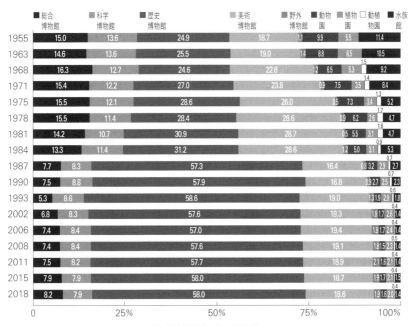

図2 資料種別に見た博物館

［2］ ミュージアムの基本的要素

　博物館学者の鶴田総一郎は、ミュージアムについて、「もの」「ひと」「場」という基本要素と、「収集」「整理保管」「研究」「教育普及」という基本機能からなる機関であると定義した（鶴田1956: 10-27）。基本的要素の「もの」とは、つまり博物館資料である。次に「場」つまり土地と建物、その他必要な設備を備えた施設である。そして「もの」を扱い、「場」を運営する「ひと」、すなわち学芸員や職員である。「もの」と「ひと」をつなぐ「場」がミュージアムである。つまり、資料を中心として来館者と資料を結ぶために、学芸員が活動を展開することがミュージアムであることになる。しかし、近年では「場」というよりは、「こと」つまり「ひと」と「もの」がつながり、さらに「ひと」と「ひと」の交流が重視される傾向がある。そして博物館資料というミュージアム内部にある要素以外に「地域課題」というミュージアム外部に存在する要素が、ミュージアムの活動にかかわり、影響を及ぼす時代へと、変化しているといえよう（図3）。

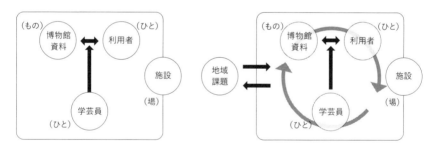

図3 ミュージアムの基本的要素

［3］ ミュージアムの基本的機能

　ミュージアムの基本的機能には、いくつか考え方がある。まず博物館法においてミュージアムは、収集・保管・展示とそのための調査研究をする機関とされる。国際博物館会議（ICOM）は、収集、保存、調査研究、普及、展示を行う機関と定義する（ICOM 1974）。収集と保管は一連の流れであり、展示は即教育であるとして、収集保管・調査研究・公開教育と3つの機能とする考えもある（伊藤1993: 26-51）。資料の収集は、モノや情報を集めて博物館資

料とする機能である。保管はただ置いておくのではなく保存や保全、つまり資料を適切な状態で後世に伝える機能である。展示は資料をつなぎ価値を創造する、来館者とのコミュニケーションの場であり博物館の生命線ともいわれる機能である。「調査研究」は、資料を知りその意義を探求する、収集や保存、展示、教育などすべてに通じる博物館の中枢である。そして、「教育」は資料と人をつなぎ学びを創造する機能である。博物館の機能を十分に働かせ

るには、資料を集め、調査研究を行い、適切な方法で資料を保存しながら、展示を通じて来館者とコミュニケーションを図り、教育プログラムを活用し多様な来館者へ情報を伝達したり共に考えたりすることが必要である。諸機能への考え方と、現在の学芸員に求められる専門性をあわせて考えても、博物館の基本的機能は収集、保存、調査研究、教育普及、展示であり、それらが循環することにより博物館活動が展開されている（図4）。

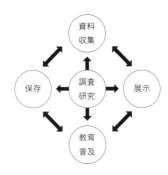

図4 ミュージアムの基本的機能

[4] ミュージアムの働きの特性

　ミュージアムの機能の特性について、同じく社会教育施設であるライブラリーと比較してみよう。図書館法第2条においてライブラリーとは「図書、記録その他必要な資料を収集し、整理し、保存して、一般公衆の利用に供し、その教養、調査研究、レクリエーション等に資することを目的とする施設」とされる。さらに第3条において「図書館は、図書館奉仕のため、土地の事情及び一般公衆の希望に沿い、更に学校教育を援助し、及び家庭教育の向上に資することとなるように留意」することを求められている。

　ミュージアムとライブラリーの共通点は、それぞれ収集・保管（保存）する機能を有していることである。そして両社の相違点は、奉仕つまりサービスに関する考え方にある。ライブラリーの専門職員は司書である。司書は、利用者が主体的に図書を利用するための奉仕、いわばサービスを提供する職員であり、ライブラリーはそのサービスを展開する「施設」、つまり「場」

とされている。一方ミュージアムは、調査・研究を内部で行い、博物館資料を活用して何かしらの働きかけを行う「機関」とされている。つまりミュージアムは、基本的構成要素と基本的機能を駆使して、新たな価値を利用者へ伝えることによって、その役割を果たすという特質をもっている（図5）。

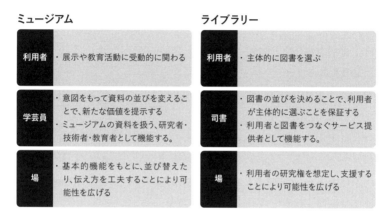

図5 ミュージアムとライブラリー

[5] ミュージアムの高齢化問題

　平成25年度の『日本の博物館総合調査報告書』をもとに、ミュージアムの典型的な姿について、A）ミュージアムのハコ、職員と来館者概況、B）収蔵資料、資料の収集、資料の保存、C）展覧会、D）教育普及事業、他館との連携などの活動、広報活動、E）抱える課題、以上5つの項目から概観する。ただし、このデータは、総合博物館、歴史博物館、美術館、理工博物館、自然史博物館、動物・水族・植物園などのミュージアムをすべて含み、その中央値をとったものだ。そのため、読者の知る特定のミュージアムとは、少し異なる印象を与える部分があるかもしれない。

A）まず、ミュージアムの建物は老朽化が進み、設備について何らかのリニューアルが必要な状況になっている。しかしリニューアルの予定は立っていない。施設には直営のミュージアムショップが併設されているが、レストランや喫茶などは併設されていない。ミュージアムで働く職員は、常勤

の職員が3人で、非常勤の職員が1人、うち学芸員資格取得者は1人である。ミュージアムの年間開館日数は300〜324日であり、年間の入館者数は5,000人未満である。

B）ミュージアムが収蔵する資料の種類で最も多いのは、歴史や美術に関するもの、いわゆる人文系資料である。そして収蔵庫は、ほぼ満杯の状況でこれ以上の受け入れは困難になっている。新たに資料を購入する予算はなく、また調査・研究の予算は措置されていない。資料の保存においては、収蔵資料のデータ整理はされており、データベースの電子化もほぼできている。しかし、データを公開することや外部へのデータベース提供はほとんどしていない。

C）特別展を積極的に開催することで、来館者数増加を図っている。特別展は、ほとんどが自館の単独開催のもの、いわゆる自主企画展である。特別展は、年間3回程度実施している。また、常設展は、年間を通じて内容の変化はない。常設展の展示内容は都度見直しを図り、できるところはある程度更新している。常設展示は開館以来、あまり変化がないまま年数が過ぎ、大規模更新を必要とする時期を迎えているが、まだ実施できていない。展示の案内については、パンフレットをつくり、スポット解説を行っている。パンフレットは英語対応もしているものの、多言語対応はまだ進んでいない。

D）館内での教育普及事業は、座学主体の講演会・シンポジウム、絵画教室や工作教室などの実習型講習・実技教室を主に実施しており、実施回数も以前より増加傾向にある。館内では定期的な活動が根づいている反面、館外の事業や活動についてはあまり定着していない。そして、教育普及事業を担当する組織は整備されておらず、担当者も決まっていないのが現状である。学校との連携事業では、学校の授業の一環で、児童・生徒が来館することが多い。しかし小中学校以外の学校、たとえば大学生のミュージアム実習の受け入れや、研究への協力などの取り組みは進んでいない。社会

教育施設との連携においては、図書館や公民館といった社会教育の施設、また自治体の文化センターや市民講座との連携した事業や活動も実施しているが、あまり広がりはみられない。また地域の自主的な学習サークルの活動に協力することもある。さらに、地域のまちづくりやまちの活性化を目的として、市民団体と協力した事業や活動も行っている。ボランティアの受け入れも行っている。ただし、ボランティア組織の拡張や友の会の設置は間に合っていない。ミュージアム同士の連携では、国内の館同士で、資料の貸借・展覧会の共同開催・イベントの共催をしている。外国の館園との積極的な交流はできていない。

　ミュージアムの広報活動は、入館者を伸ばすために特に力を注いでいる。特に学校へポスター・チラシを配布、地方公共団体の広報誌への掲載、ウェブサイトの広報について、積極的に実施している。

E）　ミュージアムの課題、上位10項目は次のとおりである。①ＩＣＴを利用した新しい展示方法が導入できていない　②財政面で厳しい状況である　③資料目録のデジタル化が進まない　④職員数の不足　⑤調査研究活動が進まない　⑥施設の老朽化　⑦入館者が十分に確保できていない　⑧防災対策が不十分　⑨中・長期の目標・計画が立てられない　⑩新たな資料の収集ができない。

　このように、ミュージアムは老朽化し、電気系統や空調など設備の修繕や更新が必要だ。収蔵庫も設置当初はゆとりがあったはずだが、新たに資料を収集することができない状態である。資料の情報は丁寧にまとめてきたが、デジタル化の波にやや乗り遅れており、情報発信が間に合っていない。職員数については、増員はなく、常に手が足りない状態である。このデータはミュージアムの高齢化を示すとともに、ミュージアムに期待される機能に対する人材や予算などの資源不足を表している。新規開館するミュージアム数は減少傾向にあり、日本全体の人口が減少することを踏まえれば、ミュージアムの高齢化と資源不足はさらに進むと考えられる。

3. 学芸員の職務

[1] 学芸員とは

　学芸員はミュージアムで働く専門職員である。博物館法では、登録博物館で働く専門職員を学芸員と定義しており、正確には相当施設や類似施設においては、学芸員ではない。ただし登録博物館は少数であること、また相当施設や類似施設において学芸員と呼ばれる職員は、登録博物館の学芸員と同じく、ミュージアムの基本的要素と基本的機能に従った職務内容であることから、本項ではすべて学芸員として述べる。

[2] 学芸員の職務

　学芸員の職務は博物館法第4条4項において、「博物館資料の収集、保管、展示及び調査研究その他これと関連する事業についての専門的事項をつかさどる」とされる。学芸員はミュージアムの機能を循環させる存在であり、その職務は博物館の業務全般に及ぶ。博物館法には、ミュージアムの主な機能に関する職務について「その他これと関連する事業についての専門的事項」とまとめており、実は学芸員の職務の範囲はどこまでなのかは明確ではない。学芸員の職務については、欧米の学芸員の事例が具体的であろう。欧米のミュージアムでは、学芸員の職務はミュージアムの機能にあわせ分業化が進められており、以下のような職種がある。

　Curator（学芸員）／Educator（教育担当者）／Conservator（保存技術者）／Restorer（修復技術者）／Registrar（登録担当者）／Documentarist（文書管理者）／Courier（文書伝達者）／Archivist（デジタルデータ管理者）／Exhibition Designer（展示デザイナー）／Grant Writer（目録作成者）／Evaluator（評価担当者）

　欧米の事例に対し、日本の学芸員はミュージアム全体の運営に携わっており、業務内容が多岐にわたる、これが日本の学芸員の特殊事情である。

　分業化については、1970年代後半頃より、学芸部から教育普及部門を独立させる動きがからいくつか見られた。保存修復部門を設ける館もあった。し

かし、導入は一部にとどまっており、全国的にも分業が進む気配はない。

　図6は文部科学省の『社会教育調査』より、日本の学芸員数の推移をまとめたものである。2018年時点で学芸員は約9,400人、毎年微増傾向にあるが、先述したようにミュージアム1館あたりに配属される学芸員数の平均は1名である。この数値が示すように、そもそも職務を分担する余地がないミュージアムが多く、分業化が進められるのは一部のミュージアムに限られるのが現状である。

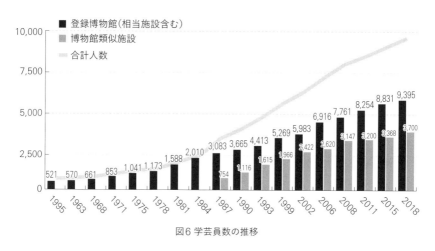

図6 学芸員数の推移

[3] 学芸員に求められる資質と能力

　続いて、学芸員に必要とされる資質や能力である。学芸員という専門職員は、博物館法制定の以前から存在しており、博物館の中枢骨格をなす者とみなされてきた。当時の学芸員の職務は資料を収集し、それを研究して、収集品の本質を見極めることであった。資料を購入する時には、それが価値あるものかどうかを判断しなくてはならないため、学芸員には学識がある、知見の広く深い人物が求められた（木場1949：78）。このような経緯から、博物館法の制定当時より、学芸員には収集・調査研究を担う研究者として、専門知識をもち論文作成ができる能力があることが必要とされた。

　また博物館は社会教育施設であるという認識のもと、教育能力を必要とする考えもあった。しかしながら、博物館法成立時に、学芸員は教育者ではな

く研究者としての職務が優先された（犬塚1996: 23-25）。学芸員の教育活動は展示することと、展示を伝える職務であるとし、展示と人をつなぐ教育普及活動については、教育専門の職員が当たることが望ましいとされてきた。

　しかし、1997年以降、地域における生涯学習の一層の推進と社会のさまざまな変化への対応という観点から、学芸員に教育能力の必要性が強調されるようになったこともあり、今日では展示以外の教育活動についても学芸員の職務と考えられていることが多い。教育と同じく資料保存についても、修復ではなく、館内環境保全の能力が学芸員には求められるようになった。このように学芸員の能力と資質は少しずつカスタマイズされてきた。

　2007年、学芸員の専門性についての検討がなされた。これからの博物館の在り方に関する検討協力者会議報告書「新しい時代の博物館制度の在り方について」（以下「2007年検討協力者会議報告書」）において学芸員に求められる専門性は、以下の4点である。

　研究：資料およびその専門分野に必要な知識および研究能力
　技術：資料に関する収集・保管・展示等の実践技術
　教育：高いコミュニケーション能力を有し、教育活動等を展開できる能力
　経営：一連の博物館活動を運営管理できる能力

　以上のように、学芸員の資質と能力は、従来の研究職という考え方に、技術、教育、経営が追加されていき、結果多岐にわたる能力が求められるようになった。果たしてこれらの能力をすべて兼ね備えた学芸員が実在するのか、少なくとも筆者はこれまで出会ったことがない。学芸員に求められる資質と能力は、ミュージアムの機能をベースに考えられている。そのために、現場の実際とかけ離れた理想的な姿が追い求められるのだろう。

［4］学芸員の採用状況

　実際ミュージアムに採用される学芸員はどのようなキャリアをもつ人びととなのか。まず学芸員の総数は、2018年の『社会教育調査』において学芸員と学芸員補を含む総数は9,395人であった。そして『日本の博物館総合調査報

告書』から、2011〜2013年までの「学芸員系職員の採用」は1,622人である（図7）。ここでいう学芸系職員とは、学芸員、学芸員補、その他の学芸系職員を示す。

　学芸員数は微増傾向にあるものの、本調査において学芸系職員を採用していないと答えた館が、全体の半数以上を占めている。学芸員としての就職はやはり狭き門である。そして、学芸員および学芸系職員の採用基準については、「大学卒業以上」がもっとも割合が高く、学芸員資格については「必須要件としている」が高い。次に、採用された学芸員の前歴である。最も多いのが「他のミュージアム」、続いて「大学院生」「民間の会社員、団体職員」の順であった。「他のミュージアム」「大学院生」の前歴をもつ学芸員採用は、国立館でより高い割合を占めている。「他のミュージアム」からの移籍は、所蔵資料に関する特定の専門領域をもつ学芸員の欠員補充である。その場合は研究や実務の実績があることが条件となる。最後の項目、「民間の会社員、団体職員」は、企業から企業ミュージアムへの移動が考えられる。あるいは異業種からの転職も考えられる（図8）。

		学芸系職員の採用状況（%）			
		総数	採用した	採用していない	無回答
全体		2,258	30.9	66.5	2.7
設置者	国立	52	40.4	57.7	1.9
	都道府県立	357	47.3	50.7	2
	市立	1,026	29.8	68	2.1
	町村立	318	16	80.8	3.1
	公益法人等	345	31	65.8	3.2
	会社個人等	160	26.9	67.5	5.6

		学芸員		学芸員補		その他の学芸系職員	
		回答館園数	採用人数	回答館園数	採用人数	回答館園数	採用人数
全体		494	823	43	68	225	731
設置者	国立	13	56	3	8	12	125
	都道府県立	117	227	10	22	67	274
	市立	222	344	16	20	91	190
	町村立	36	41	3	3	14	23
	公益法人等	82	112	8	9	21	32
	会社個人等	24	43	3	6	20	87

図7 ミュージアムの設置者と学芸員数

		採用学芸員等の前歴（%）					
		総数	他館の学芸系職員	他館の事務・管理系職員	小・中・高校の教員	大学・短大・専門学校の教員	図書館・公民館等の社会教育施設の職員
全体		697	30.4	2.9	4.9	4.2	2.2
設置者	国立	21	47.6	14.3	4.8	19	0
	都道府県立	169	32	1.2	5.3	5.9	1.2
	市立	306	31.4	2.6	6.9	1.6	3.3
	町村立	51	25.5	5.9	2	0	0
	公益法人等	107	28	2.8	0.9	7.5	1.9
	会社個人等	43	20.9	2.3	2.3	4.7	2.3

		採用学芸員等の前歴（%）					
		国・地方公共団体の一般職員	民間の会社員、団体職員	大学の学部生	大学院生	その他	無回答
全体		5	18.8	14.8	29	16.8	9.5
設置者	国立	4.8	33.3	4.8	47.6	23.8	14.3
	都道府県立	4.7	18.9	13.6	39.1	14.8	11.8
	市立	7.2	17	14.4	25.8	18.3	9.2
	町村立	0	25.5	17.6	15.7	15.7	5.9
	公益法人等	2.8	18.7	15.9	25.2	14	3.7
	会社個人等	2.3	16.3	20.9	27.9	18.6	18.6

図8 採用学芸員の前歴

　以上のように、学芸員の採用傾向については、資格と専門領域が必要なこと、そして採用人数が少ないことから、学芸員の就職はやはり限られたルートであるといえる。学芸員は1度就職すると定年まで続ける、だからポストが空かない、といわれてきた。確かに、学芸員は一旦配属されると、ミュージアム以外の部署へ異動することは稀である。公立のミュージアムであれば、たとえば教育委員会などに異動する場合もあるが、ごく一部であり、大半は定年まで異動がないことが多い。このような事情から、学芸員は本当に狭く閉鎖的な業種である。正規学芸員をめざすならば、「資格」「専門領域」を備え、できれば契約社員、非常勤職員、アルバイト、インターンなどの現場経験を足がかりとして、「ポストが空くタイミング」を狙う必要があるだろう。

[5] 学芸員のキャリアパス

　学芸員にキャリアパスの考え方が出てきたのは2006年頃からである。日本

学術会議主催の公開講座「博物館が危ない！美術館が危ない！」が開催され、そこで、博物館の危機を乗り越えるための新しい学芸員制度についての検討がなされた。その結果、「現状の学芸員制度に加えて、より上級の学芸員資格を設け、学芸業務に携わる人々の専門性を高めると同時に、キャリアパスを保障し、より多様な社会ニーズに適切に応えることのできる優秀な人材を養成すると同時に確保することが必要」であると提言された。そして、人材養成のためには、人文科学系・自然科学系を問わず、大学院教育で学芸員の専門性を担保することが重要であると指摘している。さらに文部科学省の動向においても、「2007年検討協力者会議報告書」で大学院における専門教育について「今後、大学院に博物館学及び博物館資料等に関する専門的な科目を位置づけ、例えば大学院の各分野の研究成果を、収集・保存、展示、教育普及等の具体的な博物館活動として展開する知識・技術を身に付けられる養成教育を検討することが必要」とした。

　しかしながら、このキャリアパスは、登録博物館の学芸員採用をめざすルートについてのみ検討されている。博物館法において、学芸員は登録博物館に勤務する学芸員のみ指す。博物館相当施設には、学芸員に相当する職員の配置が義務づけられているが、博物館類似施設には学芸員を配置する義務はない。しかし、推移表からもわかるように、博物館類似施設の学芸員数は年々増加傾向にあり、現在は学芸員数全体の4割を占める。学芸員として配置している以上、やはりミュージアムの専門職であるととらえるべきである。したがって、学芸員のキャリアパスは、博物館相当施設や博物館類似施設の学芸員についても想定する必要はあるだろう。

　それでなくとも、キャリアパスについて学芸員の専門性を唱える一方、現場では対市民の教育普及事業や地域の交流事業に従事することを求められている。特に小規模館や指定管理者制度を導入しているミュージアムでは、専門性よりも、教育に必要なコミュニケーション能力、社会人経験があり事務手続きが兼務できる事務処理能力など、ミュージアムの業務全般をカバーできる人材を登用する傾向にある。現在は、むしろミュージアムとまったく別の業種を経験した人材の学芸員へのキャリアパスを想定すべきだろう。日本では近年になり、リカレント教育への注目が高まってきた。大学院や大学で

社会人が学び直す機会も用意されている。つまり、キャリアチェンジをして学芸員をめざす人びとが今後出てくる可能性が高まっているといえる。

　以上のことから、学芸員のキャリアパスについては、登録博物館の学芸員登用のためのあり方とは別に、学芸系職員のキャリアパスについても検討する必要があるだろう。その場合、大学、大学院、現場に限らず、多様なルートが考えられるはずである（図9）。

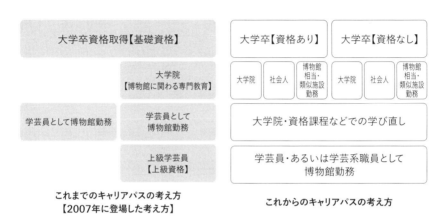

図9 学芸員のキャリアパス

4. 学芸員養成課程の実際

[1] 学芸員養成課程を開講する大学

　2020年現在、学芸員養成課程を開講する大学は301校（4年制大学294校で通信教育課程も開講するのは内10校、短大7校）である（文化庁ホームページ 2020）。2010年度の調査では、毎年各校で20名〜40名程度の修了者を出しており、1年に約7,000〜10,000人が学芸員資格を取得している。

　著者は現在、京都芸術大学（以下本学）に勤め、学芸員養成課程の運営と博物館関連の授業を担当している。本学の博物館学芸員課程は、通学部と通信教育部の両方に設けており、さらに通信教育部には1年で資格取得に必要な単位を取得する科目等履修生制度もある。在籍者は毎年増加傾向にあり、多くの資格取得者を送り出している。

[2] ミュージアムの就職に希望がもてない大学生

　本学の通学部学芸員養成課程において、本気で学芸員をめざす学生は3割程度である。この割合は、本学に限らず、どの学芸員養成課程においても同じような状況である（丹青研究所2010: 31）。学芸員になろうとする学生が少ない理由は何か。いうまでもなく、求人が圧倒的に少ないからである。在職者が10,000人に満たないのに対し、資格取得者が毎年ほぼ同数の割合で増えており、需要と供給のバランスが成り立っていない。就職活動調査アンケートなどで学生コメントを見ると、「学芸員の仕事内容を知り、到底自分にはなれないと思った」「学芸員の仕事がイメージできない（知らない）」「募集がないので無理だといわれた」など、はじめから関心が薄く、あきらめてかかる学生が目立つ。

　確かに、学芸員の採用人数は毎年少ない。だが問題はそれだけではない。学芸員の働く姿をイメージできないことの方が問題なのである。学芸員養成課程において、学芸員の仕事が理解しにくい点は、必修科目の内容にもあらわれている。現在、博物館学芸員の資格を取得するために必要とされるに科目と単位は、9科目19単位である。現在の必修科目が定められた背景には、ミュージアムの今日的課題解決をめざし、学芸員の専門性を高めるために、博物館法改定が何度か行われた経緯がある。

[3] 学芸員養成課程の経緯と現在

　学芸員養成課程の必修単位変更の経緯は以下のとおりである。1952年、博物館法施行規則が公布・施行された。この第1条において「人文科学学芸員又は 自然科学学芸員とする資格を得ようとする者が大学において修得すべき科目の単位」を規定、「人文科学又は自然科学に関する専門科目の単位」および博物館に関連する5科目10単位を履修することを定めた。

　続いて1955年に博物館法が一部改正される。このとき、人文科学と自然科学に分けられていた学芸員の区分が廃止された。その他博物館に関連する5科目10単位の必修単位には変更はなかった。

　その後、1997年に再び博物館法施行規則が改正された。同年4月に取りまとめられた、生涯学習審議会社会教育分科審議会の報告「社会教育主事、学芸員及び司書の養成、研修等の改善方策について」を受け、博物館に求めら

れる機能の拡充には学芸員の専門性を高める必要性があるという理由から、博物館概論、博物館経営論、博物館資料論、博物館情報論の専門科目が新設された。これにより博物館に関する科目の単位は、8科目12単位とされた。

　さらに2012年の改訂では、学芸員の資質向上のためには、さらに博物館に関する科目を拡充する必要があるとして、コレクションの保護・保存の観点から博物館資料保存論が、そしてコミュニケーションの充実の観点から博物館展示論が新設、教育学概論が博物館教育論となり、9科目19単位となり、現在に至る。

　このような経緯を知らない若者たちは、学芸員はあらゆる専門性をもつハイスペックな人材でなくてはならないと思い込む。学生からすれば、さまざまな専門領域に精通し、高度なコミュニケーション能力を有し、さらに経営やマネジメントのセンスも発揮して仕事をこなすなど、想像がつかない。到底自分ごととは考えることができないのである。したがって、現代の学生の大半は、学芸員として就職することに希望をもてない。だから、「学芸員にはなれないがミュージアムに興味があるから」という理由で受講する学生の方が多数派なのだろう。また、教員免許状を取得する教職課程との比較で、学芸員課程は必修単位数が圧倒的に少なく、取りやすいと思って履修する学生も少なくない。とはいえ、毎年少数ではあるが、学芸員への就職を希望する学生もいる。学芸員への就職志望の理由を聞くと、「ミュージアムが好きで小さい頃からよく通っていたから」「天文について研究し、より多くの人々に伝えられる学芸員になりたい」「小さい頃に憧れた学芸員を、将来の夢と決めて資格を取りにきた」などをあげる。学芸員を志望する学生は、学芸員の存在に触れる経験をしており、具体的な仕事と人物がイメージできる場合が多い。学芸員は知られていない職業である一方で、学芸員との出会いと交流は、若者の進路を決定づけるきっかけにはなっているようだ。

［4］教えながら学ぶ、教員としての学芸員

　大学生に「学芸員はミュージアムのどこにいるのか」という質問をすると次のような答えが返ってくる。「見たことがない」「どれが学芸員かわからない」「研究室にこもっている」「小学生の見学で訪れた時に展示室で説明をして

くれた」「展示室の椅子に座っている」「受付や案内をしている」。どれも間違いではないが、この発言からは、学芸員の職務に統一したイメージがないことがわかる。むしろ、実態が見えないミステリアスな存在のようにも見える。

　これまで、多岐にわたる学芸員の職務は、博物館の機能にあわせて考えられてきた。それゆえに、どの職務においても高度な専門的能力を発揮する、"スーパーマン"学芸員像が生み出された。確かに、現場の学芸員はすべての業務を担うことが一般的である。しかし、学芸員も人間である。すべてを完璧にこなすことなどできない。次の展覧会までに調査を進めたいが、館内の環境調査やボランティアへの対応に時間を取られてしまう。人が苦手で、資料を整理し続ける地道な仕事をしてきたのに、来館者と直接対面する、解説や学習プログラムを増やさなくてはならない、など個々に課題に直面しているだろう。現場の学芸員はスーパーマンではない。現場の状況と自分の適性を見極め、研究・技術・教育のどこに軸足を置いて働くのかを考えながら、それでも日々現場の事情に振り回され対応しているのが実際の姿である。

　本学の通信教育部には多くの非常勤講師が在籍しており、レポートの添削指導を担当している。非常勤講師のキャリアは、現職の学芸員をはじめ、結婚や出産等で休業中の学芸員やミュージアム勤務経験者、科目に関連する研究・実務経験者である。居住地域や専門領域、実務経験年数などはさまざまであるが、各地のミュージアムや文化施設において意義深い活動を展開している講師陣である。こうした現場経験者に指導をお願いする理由は、本課程が即戦力となる学芸員有資格者を養成することを目的としているためであり、また、学生に学芸員の実際の姿を伝えミュージアムの仕事の魅力に触れてもらうためでもある。現場経験が豊富な教員による指導は、説得力があり学生からの評価も高い。とはいえ、教える側にとってもメリットがない話ではないようだ。講師陣からは「学芸員養成課程での教員経験は、日頃の業務を省みる貴重な機会である」という声をいただく。学生に教えるために、自らの実践を振り返り、理論を整理し授業を組み立てる。それはつまり、ミュージアムについて学び直す、学芸員にとって自己研鑽の時間でもある。ミュージアムの現場はいつも人手不足である。そのため、自らの職能向上のための研修や勉強会への参加機会に恵まれない学芸員も多い。通信教育課程における

指導は、現役の学芸員にとって客観的にミュージアムを見つめ直す機会といえよう。

[5] 社会人の資格取得

社会人の資格取得

　学芸員にキャリアパスという考え方が加わったことは先述したが、キャリアチェンジ、キャリアアップをめざし、学芸員や学芸員的な仕事を志す人々もいる。本項では、通信制の資格課程において1年間で学芸員の資格取得をめざす科目等履修生の事例を紹介したい。学芸員資格課程は、通学制の大学では2～3年かけて学ぶケースが一般的である。これ以外に、文部科学大臣に認定を受ける試験方式もあるが、取得者の大半が大学の単位認定で資格を得ている。本学の通信教育課程科目等履修生は1年の間に学芸員資格の必修8科目分のレポート課題と単位修得試験、さらに合計11日間の博物館実習にも合格しなくてはならない。そして学生の6割以上は有職者、いわゆる社会人である。働きながら学ぶ人々にとって、スケジュール調整や学習時間の確保にはそれなりの覚悟がいる。それでも受講生は毎年やってくる。そして過去5年では8割以上の受講生が資格を取得している。

通信課程

　通信教育課程の特徴は、受講生の世代が幅広いことにある。受講生数は毎年80名から100名程度、世代の偏りはあまりなく、20代から70代までの受講生が集まる。集まるといっても、通信制のため普段は個々の家庭での学習がベースになる。対面授業は11日間のみであり、その間にグループワークや学外見学、館務実習などを行う。

　受講生の職業や年齢、出身地はさまざまである。現職をたずねると、ミュージアム関係者が毎年必ず数名いるが、一見ミュージアムとは関係なさそうな職種の方々が圧倒的多数である。他業種の受講生が集まることから、実習におけるグループワークの会話は、まさに異文化交流である。しかしこれが、受講生にはとても刺激的で楽しい体験のようだ。修了間近になると、毎年必ずといって良いほどＳＮＳグループやメーリングリストをつくり、履修生のコミュニティが生まれている。1年間という限られた時間のなかで、受講生

は学芸員資格取得という同じ目的をもって進む。大人になってから、仕事や家庭、趣味以外で友人ができることは思いのほか少ない。本課程では、ミュージアムについて学ぶ機会を得ると同時に、自分と違う経験をもつ人やその考え方を知り、学友ができたことを学習成果と考える修了生も多い。そして、修了後もコミュニティは継続され、ミュージアムについての情報交換や同窓会が行われている。こうした、出会いと交流も含めた学びの場が生まれるところが科目等履修の大きな特徴である。

写真1 ギャラリートーク

写真2 実習風景

5. なぜ学芸員資格を取得するのか、何に活かすのか

[1] 学芸員をめざす動機

受講生が資格取得をめざす動機は下記の3パターンに分けられる。

・学芸員への転職を希望している、あるいは本務において資格が必要
・余暇を利用した学び直しや自己研鑽のため
・本職や副業でキャリアアップに活用するため

受講者の動機からミュージアムにどのような魅力を感じて集まるのか、世代別にまとめてみよう。

まず20代、会社員から学芸員への転職を希望する、将来ギャラリストやアート関連の仕事を志す方がいる。30〜40代では、学芸員への転職をめざす以外に、学芸員資格を活かして社内でのキャリアアップをめざそうとする方が多い。例えば、すでにミュージアムと何かしらかかわりのある業界、出版

社や展示施工会社や企業ミュージアムをもつ会社に勤務する方である。ある
いは学芸員的な仕事を必要とする、文化事業や社史編纂室やアーカイブの部
署へ異動を希望される方である。一方で、仕事ではなく余暇でミュージアム
にかかわるため、資格取得をめざす方もいる。なかには本務とは全く関係な
く、自己の視野を広げるために、知らない分野を学んでみようと飛び込んで
くる方もいる。50代では、会社の異動で突然ミュージアムの管理職になり資
格が必要になったという方、職業上ミュージアムに近い業種で、ミュージア
ムの実態を知り仕事に活用しようと履修した方が多い。60代以上では、セカ
ンドライフとして歴史・文化にかかわる仕事やボランティア活動を志す方に
よく出会う。定年退職後に大学で学ぶと同時に学芸員課程もあわせて学ぼう
とする方もいる。ほかに個性的な例としては、市民団体を立ち上げてミュー
ジアムを自ら設立・運営するために資格を取りにきた方、現代アートのコレ
クターでさらに業界を知りたいと資格取得を決めた方、作家活動と並行して
ギャラリーやミュージアムの運営をしたいと考える方、自宅に先祖代々保管
されている古文書や美術品を自ら調べ整理しようと考える方などもいた。

　本課程の受講生は、経験をもとに自ら目的をもって、学芸員資格を活用し
ようとする。すでにミュージアムは他人事ではなく、当事者意識をもって集
まってくるのである。

［2］ミュージアムの外からのキャリアパスの可能性

　近年、学芸員の採用傾向は変化を見せている。まず、大きく変わったのは
年限を定めた契約社員、嘱託職員での雇用が増えはじめたことである。この
動向は、2003年以降、指定管理者制度が公立ミュージアムに導入されたこと
により、徐々に広がってきた。最初は正規職員の学芸員が指定管理者となっ
た団体・企業へ移籍するところから始まったのだが、指定管理期間にあたる
3年から5年の雇用年限を定めた学芸員の公募が出るようになった。これによ
り、働く現場を移り変わりながら、キャリアを積む学芸員の新たな働き方が
出てきた。学芸員のキャリアパスで述べたように、これまでの学芸員のキャ
リアパスは大学からミュージアム、そしてミュージアムの中でのステップアッ
プとして検討されてくることが一般的であった。しかし現代では、社会人か

らミュージアムへのキャリアチェンジ、またその逆も起こりうる。

　次に、団塊の世代の退職が始まった2007年以降、停滞していた学芸員の新規採用が増え、現場の若返りが生じた。2010年代に入る頃には、若年齢層限定の募集ではなく、幅広い年代を対象としたものに変化した。さらに館長や学芸部長などの管理職の公募も出るようになった。全体的に、学芸員の世代が若返り、20〜30代の若年層で複数の現場を経験する有期雇用の学芸員が増えている。雇用の変化は、学芸員のキャリアチェンジに新たなルートの可能性を示している。

　とはいえ、有期雇用の学芸員や学芸系職員の待遇は決して良いとはいえない。彼らは、限られた年限のなかで成果を出し、その先のキャリアを自ら切り開かなくてはならないという課題に直面している。先々の不安が拭きれず学芸員を続けることを諦めたり、収入が乏しく生計を立てるためにダブルワークで耐え凌いだりと、厳しい状況も聞かれる。

　このような苦難も覚悟し、キャリアチェンジをして学芸員をめざすならばどのような道の切り開き方があるのか。必ずしも成功するとは限らないが、まずはこれまでのキャリアを最大限に活かすこと、つまり、これまでの知識や経験と職務能力をもとに、ミュージアムでの働き方のビジョンをもつことが大切だろう。そして、正規学芸員という王道ではなく、ミュージアムに欠けている仕事、ニーズはあるが人材不足な仕事など、学芸員の仕事の隙間に狙いを定め、現場に入り込む強かさも必要である。少し飛躍するかもしれないが、学芸員資格を有しミュージアムおよびその周辺で学芸員的な仕事に携わるという方法も考えられる。

　本学修了生の活躍から紹介すると、まず近年増えてきたのはミュージアムエデュケーター、コミュニケーター、インタープリターなど、非常勤ではあるが、ミュージアムの教育普及に携わる修了生である。ミュージアムの教育にかかわる仕事には無論学芸員資格は有効だろう。ほかにも、企業ミュージアムのガイドツアー担当者、ミュージアムを運営する企業の庶務、総務、広報などの部署でも学芸員資格を生かして働いている。その他、ビエンナーレやトリエンナーレなどのアートサイトスタッフに採用された方も、地方自治体の文化振興審議会などに公募で採用される方もいた。

著者は、キャリアチェンジによりミュージアムに関連した仕事や活動を模索する人びとが増えることは、地域社会とミュージアムにとってはプラスになると考えている。学芸員的な仕事が、ミュージアムから地域へと広がりを見せること、そのようは働きをする人々はまた、学芸員と同じくミュージアムを支える貴重な存在である。彼らはこれまでの知識や経験を生かし、ミュージアムについて本気で考え行動するだろう。それはすなわち、現在ミュージアム内部が抱える各課題の解決への手がかりとなりうるのではないだろうか。

6. ミュージアムが人を育てる

[1] はじめてのミュージアム体験がもたらすもの

　学芸員養成課程で学びはじめる学生には、記憶にある初めてのミュージアム体験をたずねるようにしている。「誰と行き、どんな体験をしたのか」そして、もう1つ「ミュージアムは楽しい場所か」と質問する。ファーストミュージアムの行き先の多くは、水族館、動物園である。次に美術が好きな親の影響で美術館に行ったという回答もある。誰と訪れたのか、その回答の大半は保護者という回答が多い。そのなかで、近年少し変わってきたと感じるのは、「学校からミュージアムに行った」という回答が増えてきたことである。2000年以降、特に重要視されてきたミュージアムの教育普及が、徐々に地域に浸透してきたのかもしれない。そして、そして「楽しい場所か」の質問には9割以上の学生が楽しい場所だと答える。別の質問で、「ファーストミュージアムにキャッチコピーをつけるなら」、と聞くと「楽しみながらいつの間にか学んでいる場所」を示すコピーが多く出てくる。

　このように、幼少期にミュージアムを楽しんだ学生が養成課程に集まってくる。学齢期のミュージアム利用者は、小学生の利用率が最も多く、中学生以降は利用率が下がる。高校生・大学生も、ミュージアムから足が遠のく。進学に従って利用率が下がるのは、学業以外の部活やアルバイト、友人との時間などが増え、時間の使い方が変わるからだろう。娯楽・余暇の過ごし方の選択肢も増えるので、ミュージアムは一時的に選択肢から外れるかもしれない。しかしながら、「楽しい」と経験は人をまたその場に向かわせる。学芸

員養成課程にいる学生がそうであるように、人生初のミュージアム体験は未来の利用者と学芸員が育つはじまりなのだ。

[2] ひとりの利用者がミュージアムを居場所にするまで

　利用者がミュージアムに足を運び、そこを居場所とするまでの過程には、人やモノとの出会いに心を動かされ、自らの行動を変容させる過程がある。ミュージアム特有の学びとは、いまも昔も実物資料に出合うことから始まる。しかしそこには必ず人との出会いがあることを忘れてはならない。1980年発行の『縄文土器をつくる』には、学芸員との出会いが市民の行動に変化をもたらし、市民が主体的にミュージアムにかかわりはじめる過程が記録されている。本書で紹介されるのは熱意ある学芸員たちの特別な事例の1つであるが、1人の人間の成長に学芸員やミュージアムスタッフの存在が大きく影響する事象は、日本各地にあるさまざまなミュージアムで起きていると推察する。著者が勤務した小さなミュージアムでは以下のような出来事があった。

　　Aは絵を描くことが好きな、小学3年生の男子児童だった。しかし、学校生活ではおとなしく寡黙すぎるため、心配したAの母親は、絵が好きな子のため、自宅から近い美術館が開催する親子対象の鑑賞プログラムへ参加申込みをした。Aは人見知りもあり、活動中も物静かだった。しかし、作品鑑賞時には、発言こそ少ないが、周囲の意見に耳を傾けていた。絵を描く時間はひとり集中して黙々と描き、工作の時間も熱心に取り組んでいた。Aは初回の参加以降、プログラムが変わるたびに、訪れる常連になった。やがて同じ地域にある別の美術館の親子対象のプログラムにも参加するようになり、少し離れた地域にある美術館にも足を伸ばすようになる。Aの両親もAと一緒に美術館へ足を運び、さまざまなプログラムに参加していた。Aはすっかり美術館が気に入ったようだと、Aの両親が教えてくれた。次にAは、地域にあるいくつかの美術館の鑑賞プログラムを体験するなかで、ミュージアムのスタッフから、色鉛筆にさまざまなメーカーがあることを聞き興味をもった。美術館で色鉛筆を借り、比べてみるとその違いを実感、さらに夢中になった。将来は画材メーカーで働きたい、そう両親に打ち明けたという。

以上は筆者の経験上の話だが、他のミュージアムでも似たような事例を耳にする。たとえば、虫好きの子どもがミュージアムのイベントで、学芸員に出会い昆虫を研究する学芸員になることを決めたという話である。学校では、虫好きだというと気持ち悪いと思われるのに対し、ミュージアムでは学芸員から思う存分虫を採って良いといわれる。無論学芸員にとっては、研究のための採集であるのだが、子どもにとっては、好きなだけ虫採りができるうえに、虫に詳しい研究員との交流が楽しくて、ミュージアムがその子の居場所になり、将来もミュージアムにかかわることを決めた。このように、1人の児童とミュージアムとのつながりを辿ると、ミュージアムの要素と機能のなかで人が育つ可能性が見えてくる。「もの」「ひと」「場」が「こと」を生じさせ「交流」のなかで人が育つという事象は、どのミュージアムでも起こりうることなのだ。

　ミュージアムは学校とは違う特質をもつ、子どもたちの居場所であり、学芸員たちの調査研究活動は、子どもたちの探究心や好奇心を刺激する。子どものみならず、大人でも経験できることかもしれない。ミュージアムでの出会いが来館者のその後の生き方に影響を及ぼすことは、個別の事例を探っていくと山のようにあるだろう。そこには、ミュージアムの機能論だけでは見落としがちな、人々の交流があることを忘れてはならない。ミュージアムで人が育つためには、ミュージアムの活動に共感する人々と、学芸員と利用者や関係者たちの共同作業が必要不可欠である。このことからも、学芸員は、そのミュージアムの教育のスタンスを明らかにする責務も負っているといえよう。

［3］ミュージアムと共に歩む学芸員

　いまミュージアムは、さまざまな問題を抱えながら、地域社会のなかで、その存在意義を問い直されるという岐路に立たされている。学芸員もまた、地域の事情にあわせてその働き方を問われている。研究が主な仕事で顔の見えない存在だった学芸員だが、近年ではその仕事が見えるようにしようとする動向も見られるようになった。それは、なんとかしてミュージアムを運営していこうとする現場の学芸員や職員の努力にほかならない。地域の人々が

ミュージアム体験を通じて、新たな発見をしたり、行動を変えたりしていくには、ミュージアムを動かすには多くの協力者が必要だ。そしてそれぞれが、当事者意識をもってミュージアムにかかわることが重要であろう。その活動を牽引する存在が、専門職員である学芸員なのではないだろうか。

ウミガメを研究し、地域の溜池や川で外来種のカメの生態調査を続ける水族館の研究員、気づくと席を離れ、発掘現場に行ってしまう歴史博物館の学芸員、美術館に泊まり込みで、展示や資料整理や図録作成に熱中する美術館の学芸員、幅広い世代の天体ファンを獲得する、話術に長けた天文科学館の学芸員、実験の面白さを巧みに伝える科学館学芸員、虫のことなら誰よりも詳しく、子どもたちに大人気の虫博士、自然史博物館の学芸員、すべて著者が現場で出会った魅力あふれる学芸員である。学芸員の魅力は、すなわちミュージアムの魅力である。

ミュージアムは"ひと"によって動かされている。そして、ひとともの、ひととひとが出会い、活動が展開されることで、その役割を果たす。学芸員、職員、地域の人びとが共同し、生き生きと活動するところに、ミュージアムの未来がある。ミュージアムが未来に向けて前進するには、多様な人びとの支えが必要である、したがって学芸員のキャリアパスにも今後、多くの道標が必要なのである。

（田中 梨枝子）

〈引用・参考文献〉

伊藤寿朗（1993）『市民のなかの博物館』吉川弘文館

鶴田総一郎（1956）「博物館学総論［復刻版］」伊藤寿朗編『博物館基本文献集 別巻』大空社

伊藤寿朗・森田恒之編著（1978）『博物館概論』学苑社

木場一夫（1949）「新しい博物館 その機能と教育活動［復刻版］」伊藤寿朗編『博物館基本文献集 第12巻』大空社

犬塚康博（1996）「制度における学芸員概念 - 形成過程と問題構造」「名古屋市博物館研究紀要 第19巻」名古屋市博物館

浜田弘明（2014）『博物館の理論と教育』朝倉書店

公益財団法人日本博物館協会（2017）『日本の博物館総合調査報告書』

文化庁（2020）「学芸員養成課程開講大学一覧」https://www.bunka.go.jp/seisaku/bijutsukan_hakubutsukan/shinko/about/daigaku/

文部科学省（2018）「社会教育調査」昭和30年度 - 平成30年度, 政府の統計窓口 e-Stat

丹青研究所（2010）「平成20年度 大学における学芸員養成課程及び資格取得者の意識調査報告書」https://www.bunka.go.jp/seisaku/bijutsukan_hakubutsukan/shinko/hokoku/h20/1409470.html

京都芸術大学（2020）「科目等履修（博物館学芸員課程）」https://www.kyoto-art.ac.jp/t/qualification/attendant/

第5章

ライフコースと
大学ミュージアム

　ミュージアムが人の生き方に影響を与えうるの
だとしても、それを実証的に後追いすることは
難しい。ミュージアムに関連して発生する出来
事には、展示や講座を介した学習から、収蔵庫
等を利用して行われる研究、さらには博物館実
習や寄付行為など、さまざまなものがある。こ
れらの出来事の蓄積が、結果としてどのような
連鎖を招くのかを相応の精度をもって予測する
ことは困難であり、またよいライフコースをミ
ュージアムの側が設定することには危うさも伴
う。本章では、大学ミュージアムの事例からラ
イフコース研究の意義を考え、その難しさと危
うさも指摘しつつ、人びととミュージアムとの
関係をとらえ直す。

1. 大学ミュージアムとライフコース

[1] 本章で扱うテーマの範囲と用語の定義

　「人は一生のうち、最低3回は博物館を訪れる」と先輩学芸員から聞いたことがある。一度目は幼少期に学校行事で博物館を訪れ、2度目は子どもと共に親として、そして3度目は孫と共に祖父母として訪れる、というのである。これは極端な例と思われるが、一般の人びとと博物館の関係は、その程度のつながりであり、頻繁に博物館の展示を訪れるリピーターや、収蔵庫の標本を利用するようなハードユーザーはごく一部の人に限られているのが現状であろう。的場（2006）のアンケート結果によれば、「博物館へ行くことが好きで、生活のスケジュールに入っている」と答えた人は、全体の2.6%にすぎなかった。ましてや、大学ミュージアムとなると、後述するが、30歳以上の日本人の幼少期、学童期には、大学ミュージアム自体が存在しておらず、かかわりようがなかった。大学ミュージアムが人の一生（ライフコース）にどのように影響するかを論じるには、日本では時期尚早であることは否めない。

　そのような状況を踏まえたうえで、本章では、個人のライフコースが、大学ミュージアムの展示や教育、またボランティアなどの行事や活動に接することで、どのような影響と変化を受けたのか、あるいはこれから受ける可能性があるのか、について論じてみたい。現在、北海道大学総合博物館で行っている展示、教育、研究、運営にかかわる人びとを見て、その人びとのライフコースへ与えた影響、変化を具体例として示し、大学ミュージアムにかかわるライフコースのパターン分類の例を提示したい。

　「ライフコース」は、社会学ではLife-course approachとして、Elder（1978）により「年齢分化された生涯を通じての経路、すなわち出来事の時機、期間、間隔、および順序における社会的パターンである」と定義されている（大久保1990）。しかし、ライフコースという用語は、Elder（1978）は明確に定義をした用語として用いていたわけではなく、「人間の一生を指示するもの」Life courseという一般の単語として用いていたようである。むしろ日本語のカタカナに訳されたのちに特殊用語のような性格をもち、社会学の視点からみた

人間の一生という点を強調した用語となったという解釈もある（大久保1990）。医学においては、ライフコース・アプローチをKuh & Ben-Shlomo（1997）が成人疾病の研究で「胎児期、幼少期、思春期、青年期およびその後の成人期における物理的・社会的暴露による成人疾病リスクへの長期的影響に関する学問」と定義しており（藤原2007）、その言を借りれば、ここでは「幼少期、学童期、思春期、およびその後の成人期における大学ミュージアム的出来事（イベント）の暴露による人間形成、生涯への長期的影響に関する学問」と定義できるかもしれない。

　岩井（2006）が指摘するように、ライフコース・アプローチは計量研究であり、「着想があっても、データがない」ことは深刻である。これから本章で述べることは、この意味からライフコース研究として成立しておらず、その前段階の着想への素案程度のものといえる。筆者が社会学の専門ではなく、ライフコースについてのデータ収集もしてこなかった段階での執筆のため、ご容赦を願いたい。また、本章のタイトルでは「大学ミュージアム」としているが、主に旧国立大学のユニバーシティミュージアムを扱い、具体例として北海道大学総合博物館（以下、北大総合博）を多く取り扱う。北大総合博という大学ミュージアムの一例において行われた出来事について論じることは限定的であり、一般例とすることに無理があるが、この点についてもご容赦を願いたい。

　本題へ入る前に、日本の大学ミュージアムの経緯、現状とミッションを確認し、そのうえで、ライフコースと大学ミュージアム的出来事の関係について考えられることを述べていきたい。

[2] 大学ミュージアムの設立経緯

　1970年代の日本の経済は、好景気であり、栃木、茨城、千葉、東京、神奈川、和歌山、滋賀、兵庫、徳島など県立博物館の建設ブームであった（文部科学省生涯学習政策局社会教育課2020: 23, 上田2018）。特に自然史系の博物館の建設は約20年にわたり続き、県立博物館が各県に設置され、複数の学芸員が採用される間に、国内における学芸員の質も変化してきた。博士の学位を有した学芸員が多くなり、特に自然史系では、国内外の多様なコレクションの

購入や調査による収集が活発に行われ、機能の充実と研究博物館としての特色が顕著になっていった。一方、大学においてはコレクションを組織的に収集、管理する機能がほとんど整備されておらず、研究室の運営による個別の標本管理維持体制に任されていた状態で、標本管理状態は次第に悪化し（上田2018）、国立大学から県立あるいは市立博物館へ標本が寄贈あるいは移管になるほどの状態になっていった。

　そのような状況の中、1996（平成8）年1月に文部省学術審議会から「ユニバーシティ・ミュージアムの設置について（報告）―学術標本の収集、保存・活用体制の在り方について」が提出され、その後、1996年に東京大学総合研究博物館、1997年に京都大学総合博物館、1998年に東北大学総合研究博物館、1999年に北海道大学総合博物館、2000年に九州大学総合研究博物館、名古屋大学博物館、2001年に鹿児島大学総合研究博物館、2002年に大阪大学総合学術博物館と順に旧帝国大学と鹿児島大学にユニバーシティミュージアムが設置された。2003年以降は、文部科学省からの人事の増員はなく、経費などを大学内の運用で賄う小規模なユニバーシティミュージアムの設置が、岩手大学ミュージアム、広島大学総合博物館、愛媛大学ミュージアムなどで進められた。現在は、35の旧国立大学において大学ミュージアムに相当するものが知られている（大学博物館等協議会2020）。

　大学ミュージアム（ユニバーシティ・ミュージアム）の設置には、主に2つの目的があった。文部省学術審議会（1996）の報告には、大学の内的要因として「大学の学術資料（一次資料）の保存・活用のための整備、複合的学問分野による学術資料の研究の必要性、環境問題、先端研究への学術資料の活用」が記されている。また社会からの大学へのニーズである外的要因として「社会に開かれた大学の窓口として展示や講演会等を通じ、人びとの多様な学習ニーズにこたえること、大学における学術研究の中から生まれた知見等を地域住民に積極的に公開し、周知しうることが望ましい」と記されている。すなわち、内的要因の博物館資料の保存・活用と、外的要因の大学のアウトリーチ促進の2つの目的が、大学ミュージアムのミッションの基礎であることを再確認しておく必要があるであろう。

2. 北海道大学総合博物館のミッションと活動

[1] 北大総合博のミッション

　文部省学術審議会（1996）の報告を受け、北大総合博では、以下の4つのミッションを掲げた。

　（ア）学術標本の保管・整理、次世代への継承と情報の提供

　（イ）学術資料を用いた学際的研究分野の開拓

　（ウ）展示・セミナー等を通じた教育普及活動

　（エ）博物館文化の創造と発信

　（ア、イ）は学術審議会の報告の内的要因に対応し、（ウ）は外的要因に対応する。（エ）は世代を超えた継続性と地域性である。特にサスティナブルな生活スタイルや地球環境維持を実施するとなると、現代だけの効率性を考えた学術資料の収集、保管、研究を行っても意味がない。継続性のある、グローバルな文明に侵されない、日本の、北海道の、北大の文化を、博物館の学術資料を証拠として、豊穣し、発信していく必要がある。

[2] 大学ミュージアムが提供する出来事

　北大総合博では上記のミッションに沿って、以下のような出来事（イベント）を提供している。なお、ここではライフコースにかかわる用語を大久保（1990）にならって、以下のように整理したい。

・出来事（イベント、event）：人生上のさまざまな経験。卒業、就職、結婚、出産、親の死など。役割移行を伴う出来事。

・役割（ロール、role）：社会的な役割。立ち位置。小学生、親、教師、退職者など。

・役割移行（role transition）：人間の一生を役割移行ととらえる。乳児＞小学生＞大学生＞社会人、などの移行状態。

・連鎖（sequence）：役割移行の連鎖は、出来事の種類に応じた分類の結果と考える。分類例は家族歴、居住歴など。経歴と同義。

　表1は、北大総合博にかかわる個人の現在の役割と、ライフコースのそれ

ぞれの発育段階において接した（あるいは接する可能性のある）大学ミュージアムの出来事を整理してまとめたものである。出来事は8つに、役割は6つに分類し、特に大学ミュージアムと誰もがかかわるであろう、学生・院生については、別に役割を抜き出して示した。以下、表1の個々の出来事と役割がどのようにかかわっているか、を説明する。

表1 大学ミュージアムが提供する出来事と役割の関係

役割／ライフコース期	学芸員・大学ミュージアム教員（博物館関係）A	学芸員・大学ミュージアム教員（博物館関係）B	大学博物館ボランティア	一般来館者（リピーター）
乳幼児期				
学童期	博物館見学（学校行事） 展示 ワークショップ（標本作製講座） 子供向けセミナー	博物館見学（学校行事）	博物館見学（学校行事） 子供向けセミナー	博物館見学（学校行事） 子供向けセミナー
思春期	セミナー 博物館見学（学校行事：修学旅行）	博物館見学（学校行事：修学旅行）	セミナー 博物館見学（学校行事：修学旅行）	セミナー 博物館見学（学校行事：修学旅行）
成人期				
大学生	講義 博物館実習 博物館標本に関わる専門分野	博物館標本に関わる専門分野	講義 博物館実習	講義 博物館実習
大学院生	講義 博物館実習 標本研究 市民セミナー	講義 博物館実習 標本研究 市民セミナー	講義 博物館実習 標本研究 市民セミナー	講義 博物館実習 標本研究 市民セミナー
社会人	博物館見学 市民セミナー ワークショップ 標本研究 収蔵庫利用	博物館見学 市民セミナー ワークショップ 標本研究 収蔵庫利用	博物館見学 市民セミナー ワークショップ	博物館見学 市民セミナー ワークショップ
退職後	博物館見学 市民セミナー 標本研究 収蔵庫利用	博物館見学 市民セミナー 標本研究 収蔵庫利用	博物館見学 市民セミナー 標本研究 収蔵庫利用	博物館見学 市民セミナー

博物館学関係の講義を受講 　博物館学関係の講義を受講していない
博物館学関係の講義を受講また未受講 　役割に大きな影響を与えた出来事

大学ミューアムが提供する出来事と役割の関係。トーンの濃さは、大学ミュージアムが学生・院生の役割にたいして行うイベントに、深く関わっている（ ）、やや関わっている（■）、ほとんど関わっていない（■）を示す。特にライフコースにおいて、強く影響を与えると考えられる出来事は（■）で示した。

学生・院生（博物館学関係履修・ボランティア経験）	一般来館者（非リピーター）	一般来館者（卒業生）	学生・院生（一般）
博物館見学（学校行事）	博物館見学（学校行事）		
	博物館見学（学校行事：修学旅行）	博物館見学	
講義 博物館実習	講義（一部の学生）	講義（一部の学生）	講義（一部の学生）
講義 博物館実習 標本研究 市民セミナー	講義（一部の院生）	講義（一部の院生）	講義（一部の院生）
	博物館見学（子供と）	博物館見学（子供と） 市民セミナー（稀に）	
	博物館見学（稀に、孫と）	博物館見学（稀に、孫と） 博物館見学（ホームカミングデー） 寄附	

[3] 出来事（イベント）の種類と内容

1.博物館見学

来館者が博物館を訪問すること。展示やミュージアムショップ、カフェなどを利用する多面的な行為を指す。学校単位での見学行事、修学旅行や会社の研修などの訪問先とする利用が、博物館見学に当たる。

2. 展示

（ア）常設展示

来館者が通常見学できる常設された展示であり、期間限定の企画展示（特別展示）と区別される。

北大総合博の場合、常設展示の構成は、（1）北大の歴史、（2）北大のいま、（3）学術資料展示、の3つのテーマからなっている。

・テーマ（1）「北大の歴史」

北海道大学の前身、札幌農学校から現在に至るまでの時系列的な歴史が扱われており、クラーク博士、佐藤昌介、新渡戸稲造をはじめとした北大にかかわる歴史的人物、業績が展示されている。北大の基本理念、建学の精神、「フロンティア精神、国際性の涵養、全人教育、実学の重視」の部屋に分かれており、テーマに沿った解説を資料とパネルで行っている。

・テーマ（2）「北大のいま」

北大の12の学部ごとに部屋（あるいはスペース）を分け、紹介している。北大は大学院重点化大学であるが、新入生が大学に入学するのは、学部であり、入り口である。その学部に重点をおいて解説している。このテーマエリアの展示対象者（最も展示を見てもらいたい対象、ステークホルダー）は、「高校生とその両親」に設定している。北海道大学へ入学する高校生に「北大をよく知ってもらいたい」という博物館側のメッセージが、ステークホルダーの設定に込められている。この視点から、展示対象者である「高校生とその両親」のライフコースに、何らかの影響を与えることができれば、大学ミュージアムとして、展示のミッションの1つを達成したこととなる。例えば、「北大に進学したい」「大学で○○の研究をしたい」など、大学進学への動機付けになれば目的は達成したといえる。

・テーマ（3）「学術資料の世界」

　札幌農学校時代から集められた、北大の学術資料を、サブテーマに分けて、考古、医学（皮膚病）、生物、古生物、岩石鉱物、科学機器の別で展示している。実物資料を多数置くことで、解説よりも実物から感じ取る学びを重視している展示である。

　テーマ（1）、（3）の展示対象者も（2）と同様に「高校生とその両親」と設定しているが、（2）ほど明確ではない。（3）のテーマエリアでは、恐竜の頭骨や輝く宝石類も展示されており、まだ文字の読めない幼少期の来館者にも好評である。

（イ）企画展示（特別展示）

　北大総合博では、夏に約2か月間の企画展示を開催している。テーマは毎回異なり、教員の専門性と関係するものもあれば、外部からの委託のような形で開催されるものもある。常設展示と異なり、1つのテーマに絞り込むことが多いため、より深い内容の展示となることが多い。そのため人びとの記憶に残ることも多く、役割の興味や受け取り方によっては、ライフワークに大きく影響を及ぼす出来事となることもある。

3. ワークショップ（講座）

　ワークショップは、少人数の参加で、演習、実習的な要素を含むものを指す。一方、セミナーは、講義室で多数の受講者に向けて講演するものであり、実技的な要素は含まない。ワークショップとセミナーの両要素が複合されたものなどもあり、すべてが明瞭に分類できるものではない。

（ア）パラタクソノミスト養成講座

　学術資料の作製、同定、ハンドリング、管理までを習得するための実技を伴う講座。2004年からはじめられており、北大総合博の特徴的な教育活動となっている。パラタクソノミスト（para-taxonomist）とは、準分類学者と訳しており、元々は熱帯生物多様性研究から始まった考え方である。熱帯域の生物多様性調査で得られる大量の昆虫サンプルを標本化し、生物分類や多様性研究に即座に用いることができるレベルまでソーティング（分類、同定、整理）する一連の作業を、現地で焼畑農業に従事していた農民をパラタクソノミストとして雇用し、現金収入の機会を創出し、同時に熱帯雨林が焼畑により焼

失することを防いだ事業から始まる（Janzen1991. Janzen et al. 1993, 大原2010）。現在も、コスタリカ、インド、パプアニューギニア、南アフリカでは、パラタクソノミスト事業は市民科学（citizen science）として発展した形態となり、熱帯生物多様性研究を支える活動として継続されている（Schmiedel et al. 2016）。この標本作製、同定、ソーティング、分類までの一連の作業のシステムを、博物館標本整理作業に応用したのが、北大総合博のパラタクソノミスト養成講座である（大原2010）。2004年から2020年までに、1,300人以上 が受講し、分野とレベル（初級、中級、上級）が異なる約30種類の講座が開催された。2020年も昆虫、植物、キノコの分野の養成講座が継続されている。主に成人を対象としているが、一部小学校高学年からの対応も行っている。

（イ）CISEネットワーク

CISEネットワーク（以下、CISE）は、英語のCommunity for Intermediate of Science Educationの頭文字を取ったもので、発音は「チセ」となり、アイヌ語の「家」という意味と同じ音になる。2012年から科学技術振興機構（JST）による科学技術コミュニケーション推進事業ネットワーク形成地域型「科学系博物館・図書館の連携による実物科学教育の推進〜CISEネット」に採用されたことに始まり、札幌周辺域の博物館、図書館、動物園、水族館が連携し、身近な自然に生息する生物と環境について、実物を使った科学教育を推進したものである。北大総合博がCISEの運営機関（事務局）として役割を果たしていたため、札幌周辺の多くの小学生やその保護者が大学ミュージアムを地域の社会教育機関を経由して知ることとなり、講座体験や北大総合博を訪問、見学する機会となった。学童期の役割が大学ミュージアムと接するには地域博物館などとの連携が有効であった。

4. セミナー

セミナーは、講義室（セミナー室）で多数（80名ほど）の受講者に向けて講演するものを指す。

（ア）土曜市民セミナー

毎月第2土曜日午後に北大総合博で開催される一般市民向けの講演会であり、2000年から続けられており、250回以上は開催されているものと思われる。話題は、多岐にわたり北大の教員や関連する地域博物館、道立研究所の

専門家による講演会が多い。企画展示、特別展示の際には、期間中に展示にかかわる市民向けセミナーが催され、土曜市民セミナーの枠を利用して行われることも多い。対象は中学生以上の一般市民に設定しているため、児童向けのセミナーの試みは行われていない。

（イ）バイオミメティクス市民セミナー

　毎月第1土曜日午後に北大総合博で開催される一般市民向けの講演会であり、2012年から続けられており、2020年で100回目の講演を達成した。バイオミメティクス（Biomimetics）とは、「生物規範工学」と訳される分野で、生物のもつデザインや機能を模倣あるいはそこから着想を得て、工学者が製品をつくり出すもので、オナモミの種が犬などの毛にくっつく構造（鉤針）を利用した、ベルクロ（マジックテープ）が有名である。そのほかにも、ハスの葉の撥水性（ロータス効果）を模倣した水をはじく布、サメの表皮構造を模倣した高速で泳げる水着、カワセミの嘴と頭部の形を模倣し、トンネル進入時の衝撃を緩和させた500系新幹線の前方部構造などが有名である。バイオミメティクスは、生物学、工学、数学、化学、情報工学など多様な分野の研究者の相互協力で達成される学問であり、大学ミュージアムがその学際的な研究プラットフォームとして機能するハブの役割を担った。このことは北大総合博の上述のミッション（イ）「学術資料を用いた学際的研究分野の開拓」に沿うものである。さらに研究成果のアウトリーチを市民と情報共有し、トランスサイエンス（小林2007）の実施の場として、本セミナーが企画され、約8年間にわたり継続していることは高く評価されている。バイオミメティクス製品の普及がサスティナブルな生活様式の普及と目的を同じくするため、またバイオミメティクスの製品や考え方が社会実装されることを目的としているため、最近では、セミナーのテーマ（内容）が変遷してきており、社会学、経済学、教育学、建築学、都市計画などの研究者に講演をお願いすることも多く、より広範囲の科学、工学、環境、サスティナブルなどのキーワードにかかわる生涯学習の場となっている。

（ウ）その他

　企画展示に伴うシンポジウムなどで、複数の講演が提供されることがある。夏の期間は、金曜日が夜間開館（午後9時まで）を行っている関係から、金曜

ナイトセミナー、コンサートを開催している。金曜ナイトセミナーについて
は、テーマを決め、4、5回連続のオムニバス形式の講演が行われた。例とし
て、2019年は、「北大キャンパスマスタープラン」にかかわる話題の講演で
あった。金曜ナイトコンサートは、北大の学生サークル、ブルーグラス、ジャ
ズ、邦楽、落語の学生が開催をしてくれている。また、チェンバロボランティ
アによる、毎週水曜日の昼に催されるミニコンサートがある。

5. 標本、資料研究、収蔵庫の利用

　大学ミュージアムに収蔵されている標本は、(1) タイプ標本を含む学術標
本、(2) 教育用標本、(3) 展示用標本に分けられる。北大総合博には、大学
において研究されてきた証拠標本 (バウチャー標本) が多く、生物系であれば、
タイプ標本をはじめとした分類学の基礎となる学術標本が多い。表2に、標
本の種別と利用者の関係を示した。

(1) タイプ標本を含む学術標本

　大学ミュージアムでは、タイプ標本、学術標本に重点をおいて管理活用を
することを第一義的に考えている。特に種名の基準となるタイプ標本は、生
物分類学の重要な役割をもつ標本であり、博物館が国際的な責任をもって管
理しなければならない標本である。タイプ標本を含む学術標本の取り扱いは
最も注意を払わなければならないため、標本ハンドリングのトレーニングを
十分に受けた人、すなわち学生、院生、研究者、ボランティアのみが扱うこ
とができる。

(2) 教育標本

　学生実験やパラタクソノミスト養成講座においては、教育用標本を用いた
実技を行っている。教育用標本は、複数の個体数があり、観察時に破損をし
ても問題ないもの、解剖の練習に支障のない標本が相当する。大学は教育機
関であるため、大学ミュージアムにおいても十分な教育的標本を準備し、教
育的活動に用いている。

(3) 展示用標本

　展示室での見学、観察の利用に用いられる標本で、展示室で常に照明にさ
らされるなど、劣化を前提として展示室に置かれている標本である。CISE
ネットワークの活動では、貸出用の展示標本も準備し、小中学校への貸し出

しにも使用しているため、大学の外部に出た場合には、ワークショップ的な活動の中で使用されている。

表2 大学ミュージアムが扱う標本資料の分類、特性、利用者の関係

資料の名称	資料の特性	利用する人（役割）	ハンドリングのしやすさ	重要性
タイプ標本	唯一無二のものもあるため極めて貴重。最も慎重に管理保存されるべき資料	研究者、院生	×	○
学術標本	研究の証拠標本、慎重に扱うべき資料	研究者、院生、学生、ボランティア	×	○
教育用標本	観察、解剖などをして良い使用。トレーニング用の消耗品	学生、講座受講者	○	×
展示用標本	学術的価値よりも、観賞用に重点が置かれている。展示中に色あせ、破損がある可能性が高いため、基本的に消耗品と考えて良い	一般来館者	○	×

　役割との関係を考えると、教育的標本を利用する役割の人は、トレーニングの受講期間と考えられ、より高度な学術標本を扱える役割になるための役割移行期間ととらえることができる。展示用標本を利用する役割の人は、一般来館者となる。

　展示標本以外の標本は、基本的に収蔵庫に収められている。大学ミュージアムの「収蔵庫を利用する」役割の人は、通常、学生、院生、研究者、ボランティアであり、稀にバックヤードツアーのような機会に、一般来館者の一部が収蔵庫内部を訪れる機会が設けられることもある。

6. 大学講義

　大学講義を受講する役割の人は、学生、院生、研究生に限られる。開講する側は、大学ミュージアム教員である。

　大学講義は、大学ミュージアムの本来業務ではないように思われるかもしれないが、北大総合博に所属している教員は、大学の講義を学部生向け（高等教育）と学部専門、大学院（専門教育）の枠組みを受けもっている。後者は

通常、大学ミュージアム教員が大学院（学院）を兼務していることから、開講を分担している。

　学部生向けについては、北大総合博では、学部一年生向けに、総合科目「もの＋こと＋ひと、北大総合博物館」と一般演習科目「北大エコキャンパス探求」を開講している。これらの2つの講義を学生が受けることで、博物館、資料、展示、収蔵などの博物館学にかかわる内容を履修することができる。博物館に興味がある学生、あるいは古生物学や昆虫学、植物学などに興味のある学生が受講しており、後者の学生は講義を受けることで興味のある分野が博物館と深くかかわっていることを知り、そこから博物館への関心が強くなる学生もいるようである。

　北大総合博が開講の責任部局ではないが、全学の学生・院生対象に、学芸員資格取得のための講義、「博物館資料論」「博物館資料保存論」「博物館展示論」「博物館経営論」が開講されている。これらの講義は、北大総合博の教員が講義の一部を担当しているため、大学ミュージアムの情報が多く提供されている。主な受講生は、学部2、3年目の学生と院生であり、博物館の機能、使命などの基本について理解が深められているようである。

　大学院生向けの講義は、「標本資料学」の講義が開催されており、収蔵庫の見学や、資料の細かい管理方法や取り扱いの基本などが講義されている。これらの講義は、より専門性が高く、学芸員、博物館学専門向けの講義となっている。

　以上が、より一般的な博物館学、標本資料学の講義である。

　教員はそれぞれ専門分野をもっているため（例えば昆虫学であれば農学院の兼務をしている）、学部専門（3、4年生）と大学院生に対して、専門分野の講義を担当している。その場合、標本の研究方法について具体的に深く講義するため、実際に学術標本を研究する役割の人は、これらの学生、院生、研究員になる。これらの学生、院生は、教員の指導のもと、大学ミュージアムの学術標本を自由に利用できる環境にあるため、豊富な研究資料に接する経験を養い、より専門的な標本ハンドリングができる役割に成長していく。さらに研究資料、標本の重要性を理解すると、博物館の収蔵庫機能、博物館の存在自体の重要性を理解し、より深い意味での博物館理解者となっている。この役

割の人びとは卒業後、自然史系博物館の学芸員となっているため、大学ミュージアムの人材育成としての出来事を提供していることになる。

7. 博物館実習

1週間ほどの実習において、大学ミュージアムの運営、研究、展示、資料管理などを体験するもの。受講者（役割）は、学芸員取得に必要な単位を既に履修した学生、院生に限られる。学芸員資格取得単位の最後のカリキュラムであり、総括となる実習である。学芸員を希望している学生や院生には、初めての本格的な博物館業務体験となり、将来の就職や進路を決めるための大きな出来事になっていると思われる。

8. 寄附行為

北海道大学のフロンティア基金を通じて、北大総合博に寄附がなされることがある。寄附を申し出てくれる個人、企業は、大学ミュージアムの内情や運営状況を理解している人が多く、博物館文化を後世へつなぐことに大きな期待をもたれている人びとであり、北大の卒業生、退職した職員が多い。

[4] 役割（ロール）の説明

1. 学芸員・大学ミュージアム教員A、B

博物館に勤務し、運営する側、すなわち出来事を行う（開催する）側の立場にいる役割でAとBに分類できる。

まずAと分類した役割の人びとは、学童期、思春期、成人期の大学生、大学院生において、博物館が提供する出来事に深く接し体験、経験してきている人が多く、ワークショップ、セミナー、講義、博物館実習のおそらくすべての出来事にかかわっている。また、成人期には社会人として、博物館関係に就職していることから、出来事を催す側におり、これらも業務として深くかかわっている。退職後も、博物館の資料部研究員として大学ミュージアムに所属している人が多く、標本、資料の整理や研究業務として、出来事にかかわっている。この役割の人びとは一生、大学ミュージアム的出来事とかかわっていることになる。

一方、Bと分類した役割は、学童期、思春期に地方に居住しており、身近に博物館がなかったため、博物館とほとんどかかわりがなかったという人で

あり、北大総合博で聞き取る限り、意外とBに相当する人が多く、学童期には博物館よりもむしろ書籍からの影響を受けていることが多く、その研究対象が好きになり、大学に入学後、専攻した分野が博物館標本と深くかかわっていたため、博物館職員となった人である。

2. ボランティア

大学ミュージアムのボランティアは、さまざまな研究、展示、運営にかかわっている。北大総合博では、16のグループの約250名（2020年現在）がボランティアとして活動している。

例えば、昆虫ボランティアでは、昆虫標本の整理、同定、研究までを行っており、パラタクソノミスト養成講座の修了者が多い。幼少期から博物館のワークショップなどに参加し、博物館とのかかわりが強かった人もいれば、成人してから趣味で昆虫採集をはじめ、セミナーやワークショップに参加し、ボランティアになった人もいる。研究対象に興味がある人びとが多く、その他の博物館運営やセミナー、ワークショップについては専門に関係のあるもの以外にはあまり参加していないようである。同様の傾向が、植物、化石、骨のボランティアにみられ、研究材料、興味のある対象と博物館の関係に主な活動領域がある。

チェンバロ演奏のボランティアは、北大総合博にチェンバロが設置されたことにより、博物館と関係をもつようになった人びとである。展示室の一角で、毎週水曜日にミニコンサートを開催し、一般来館者に対して演奏を披露している。音楽関係者と博物館の接点は、1台の楽器の配置でできあがるものであり、博物館の出来事のつくり方としては、興味ぶかい。

展示解説ボランティアは、人と接すること、展示物を説明することに興味がある人が活動している。展示を理解し、他者に説明する能力が必要なため、1つの専門分野にとらわれず広い分野のセミナー、ワークショップなどへの参加が積極的であり、大学ミュージアムのさまざまな活動（出来事）に広く接しているように思われる。

このように研究資料が第一義的なボランティアと、博物館活動そのものに興味があるボランティアに分類され、それまでに受けてきた出来事との関係も深く関係するかもしれない。特に後者は、大学での博物館学講義などの修

了者である可能性が大きいかもしれない。ボランティアとは異なるが、大学ミュージアムのミュージアムショップ、ミュージアムカフェでアルバイトをしている学生には、博物館学講義の履修者、修了者が多いように見受けられる。これも博物館運営や経営に興味のあるところから発している行動のように思える。

3. 一般来館者（リピーター、ハードユーザー）

一般来館者の中でも、頻繁に市民セミナー、ワークショップ、チェンバロのミニコンサートなどに参加する人びとは、リピーターまたはハードユーザーである。北大総合博では、毎年夏に企画展示を開催するが、企画展示に必ず博物館を訪問する人も、年に1度かもしれないがリピーターといえる。おそらく、学童期、思春期においても、博物館にかかわる出来事に接しており、その結果、成人期になっても博物館の出来事に参加、接触することが多いものと予想される。

4. 学生・院生（博物館学関係履修、博物館ボランティア経験）

博物館学関係を履修している学生・院生を指す。この役割の人は、将来、学芸員や大学ミュージアム教員になる可能性もあり、一部は上記の1の役割に移行する。それ以外の人は、博物館についての理解が深い社会人となり、3の一般来館者のリピータ、あるいはハードユーザーとなる割合が多いことが予想される。

5. 一般来館者（非リピーター）

市民の大多数が含まれる役割と考えられるが、観光などで訪れる一般来館者は、北大総合博にとっては、非リピーターである。また地元に住んでいてもほとんど博物館を訪ねる習慣のない人はこの役割に含まれる。この役割の人びとは、的場（2006）の調べでは、市民の97％にあたる。

6. 一般来館者（卒業生など北大関係者）

北大の卒業生は、北海道大学とかかわりが深いため、ホームカミングデーなどで北大総合博を訪問しているようである。また同窓会主催のシンポジウムなどで、博物館の教員が講演を行ったりしているため、より大学ミュージアムを理解していると思われる。寄附行為により大学ミュージアムの経済的サポートをしてくれているのもこの役割の人びとが多い。

7. 学生・院生（一般）

　4の学生・院生と異なり、博物館学関係の履修をしていないため、博物館への理解は少ないものと考えられる。将来は5の役割である一般来館者の非リピーターとなることが考えられる。北海道大学へ入学しているため、出来事の2の（ア）の常設展示の（2）を見学したことを契機に北大へ入学していることも考えられる。

［5］ 出来事と役割の関係

　上記の出来事と役割の関係を示したものが、表1である。ライフコースのパターン分類として6つの役割を設定した。一般の博物館と大学ミュージアムの出来事が、ライフコースに与える影響は、あまり区別ができないかもしれない。特に学童期においては、来館者が一般の博物館と大学ミュージアムを区別して接しているとは思えない。一般の博物館と大学ミュージアムの影響力として差別化できるところは、個人的見解ではあるが、以下の点ではないかと思われる。

1. 思春期における大学ミュージアムの「博物館見学」。高校生の時期に、例えばオープンキャンパスや修学旅行で、北大総合博の展示を見学し、北大進学、大学進学を志す契機になれば、人生の転機を作った出来事になる。

2. 大学生・院生の期間における大学ミュージアムでの研究、特に博物館標本にかかわる専門分野を専攻し、標本のみならず、博物館自体に深くかかわる契機をもつこと。実際に、上述の役割1Bに分類される人びとに多く見られ、専攻している分野の研究を続けるために、大学や研究所に就職するのではなく、博物館に就職する進路を、大学ミュージアムでの経験により、動機づけされたことが考えられる。

3. 大学生・院生の期間における大学ミュージアムでの博物館学関係講義と実習は、北大の場合は全学的な学芸員資格取得コースと共同で行っているものであるが、もともと博物館に興味があった学生、院生に多くの情報と経験を、大学ミュージアムが提供しているものと思われる。その結果、希望する職種を学芸員とする学生、院生に影響を与えるものと思われる。

4. 成人期の社会人または退職後の人びとと市民セミナーの関係は、一般来館

者（リピーター）の役割の人びとを増やしていると思われる。特に広範囲で
かつ高度な最新の情報を求めている市民にとっては、北大総合博で開催す
る土曜市民セミナー、バイオミメティクス市民セミナーは魅力的なものの
ようである。受講者の約80名のうち、約半数はリピーターと思われる。バ
イオミメティクス市民セミナーは工学系の内容のセミナーが多いため、か
つては企業で製品開発を行っていた研究者、技術者の方が、退職後にリピ
ーターとなり参加されているケースも多いように思われる。大学関係者が
開催するセミナーは、大学という人材の宝庫から講演者が選ばれているこ
と、最先端の情報が出されることが多いことから、やはり特殊性があり、
そこが大学ミュージアムのセミナーの魅力であり、リピーターを増やして
いる要因であると思われる。

5.社会人のワークショップへの参加は、これを機に博物館ボランティアに登録
し、より専門性を深める学習を継続する人が多く、成人期の人に影響の大
きい出来事のようである。例えば、昆虫分野では、従来趣味で昆虫標本作
製を行っていた方が、パラタクソノミスト養成講座を受講したのを機に、
ボランティアとなり、北大総合博に蓄積されていた標本の整理や同定を趣
味とされるようになった人もいる。同様に、植物標本の整理、同定、管理、
化石標本のクリーニングなどのボランティアが、北大総合博で教員と協力
しながら、専門分野の生涯学習的な活動を盛んに行っている。

　以上、進学、就職、職種選択への動機づけ、社会人、特に退職後の人びと
の生涯学習の実現に、大学ミュージアムの出来事は影響していると思われる。
表1に特に顕著な出来事と考えられるものは、黒塗白文字（■）で示した。

3. 出来事と役割から予想される連鎖

　連鎖とは、複数の出来事を経験すると類似した役割になることがパターン
化できることから、家族歴、住居歴などの経歴として一連の時間的経過を含
んだ出来事のつながりをいう。大学ミュージアムに関係する出来事と役割の
関係においては、博物館に深くかかわっている役割、学芸員、大学ミュージ

アム教員、ボランティア、リピーターは、出来事の受講歴、体験歴として、連鎖を見いだすことができるかと思われる。例えば、学童期にワークショップに参加し、昆虫に興味をもち、大学で昆虫学を専攻し、学芸員資格取得単位にかかわる講義を履修し、学芸員として就職し、博物館において出来事を開催する側の役割となった場合は、博物館的出来事への暴露の連続であり、その連鎖の結果の役割とみなせるであろう。一方、非リピーターや、博物館学を履修しなかった学生、院生、卒業生については、大学ミュージアムの出来事との接点は、わずかで、連鎖をなすまでにはなっていない。

　図1において、考えられる連鎖のパターンを示した。

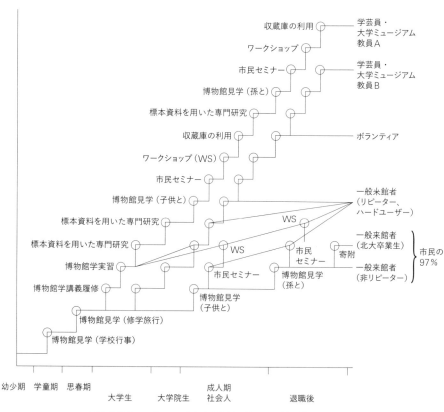

図1 大学ミュージアムの出来事と役割の関係の連鎖に基づくパターン分類

4. 大学ミュージアムの課題と方向性

　出来事と役割の関係を見ていくと、大学ミュージアムとのかかわりをもたない、市民の大多数を占める役割集団が見えてくる（図1）。前述したように、博物館訪問をスケジュール化している人びとは、全体の3%にも満たない（的場2006）。残りの97％は博物館、特に大学ミュージアムとはほぼ無関係な役割となっている。北大総合博は年間25万人の入館者があるが、インバウンドによる観光客などが半数以上を占め、これらの来館者のライフコースに大きな影響を与えるだけの出来事との関係性はもてていないと思われる。

　大学ミュージアムの提供する出来事をより多くの人びとに接してもらう機会を増やすことを課題とした場合、限られた予算と人員の中でできることは、以下のようなことが考えられる。

(1) UI（User Interface）の利用とその研究は、多くの博物館研究で行われてきた（石山ほか2013）。特にSNSの普及により、ヴァーチャルで出来事と接する機会が増えている。またCOVID-19の影響もあり、UIの必要性と人びとのUI利用への抵抗は著しく低くなり（北海道博物館2020）、今後さらにUIの利用と活用の要求は高まるものと考えられる。大学ミュージアムは、UI対応にコストをかけ、より多くの人びとに大学ミュージアム出来事へ接する機会を増やす努力が必要である。

(2) UIは技術的な面が強調されるが、最近はさらにUX（User experience）の評価が重要視されている（吉村・関口2013, Xin et al. 2019）。それぞれの出来事を利用者が経験し、その満足度を評価する手法（デザイン）である。出来事の達成率や成功率が高くなるに従い、役割への影響が大きくなると仮定すれば、UXの評価を高くする努力に、大学ミュージアムはコストをかける必要がある。ただし、多くのUX研究は、短期的（50日）な設定で研究調査がされており（Xin et al. 2019）、長期的な視点を設定することが難しい。もし長期的視点を置くのであれば、ほぼライフコース研究と同じアプローチになるかもしれない。ライフコース研究は、過去の出来事を調査し、その出来事歴の結果をパターン化し、出来事と結果のパターンの経験則をつ

くる。そして現在行われている出来事が、数十年後にどのような影響をもつかを予測するアプローチである。ライフコース研究は長期的な視点の研究のため、(出来事とは独立の) 環境の変化が著しく役割に影響を与えた場合には、出来事と役割の影響の相関を読みにくく予測が立てにくくなる欠点がある。一方、短期のUX研究は満足度を図り、個別の出来事の影響の大きさを見ることができる。短期のUX研究と長期のライフコース研究の両方を融合することで、ライフコース研究に出来事の影響の質的形成（クオリティ）を付加でき、出来事の満足度と環境変化の相関関係を読み取るなど、より詳細なアプローチが可能となるかもしれない。

5. 博物館学における
ライフコース・アプローチのあり方

　医学の場合のライフコース研究のゴールは、パターンを解析し、その経験則から疾病罹患者を減らすことにある。疾病を生じさせる、あるいは悪化させる出来事への暴露を減らす経験則をつくることで、疾病の罹患を下げることができる。罹患者を減らす目標に異を唱える人はいないと考えられ、このアプローチはほぼ問題がないのであろう。

　では、博物館学におけるライフコース研究には問題がないのであろうか。大学ミュージアムが提供する出来事により、よりよいライフコースが達成される、という目標を立てた場合の「よりよいライフコース」とは何か、という問いである。この問いは、「大学ミュージアムは来館者にどのような人生を歩むことを求めているのか」という問いであり、大学ミュージアムが出来事を開催する場合に、この問いを自問しながら開催するのは、簡単なことではない。

　また個人情報保護法の観点から、図書館の来館者の読書履歴を残すことがプライバシー問題に抵触するように（渡辺2001, 新保2005, 山家2013）、博物館的出来事の個人的経験歴はプライバシー問題に抵触するものと考えるべきであり、ライフコース研究の役割調査として個人の経歴を調べることは十分な注意が必要であろう。

　国際博物館会議（ICOM）規約の1974年に定めた博物館の定義が現行のも

のであるが、2017年のICOM京都大会では「ICOM博物館定義の再考」が議題となった。主な論点は「複雑化・多様化する社会問題に博物館が果たす役割を（現在の定義では）十分に伝えられない」というニーズがあったからだ（赤坂2019, 蘆田2019）。すなわち複雑化、多様化する社会において博物館（がつくる出来事）と人（役割）とのかかわりをより密にする試みである。さらに「博物館定義の再考」の一部に「博物館は、……世界全体の平等と地球全体の幸福に寄与することを目的として」とある。大学の研究費においては、デュアルユースの問題があり、「地球全体の幸福」の達成方法の解釈により、立場は正反対のものになる。大学ミュージアムが提供する出来事の多くは、大学の研究成果のアウトリーチであり、デュアルユースとかかわるものも少なくない。その出来事から影響を受ける役割の行く末まで考えを及ばすことは大学ミュージアムには難しいが、どのような立場で出来事を開催、発信したのかを記録しておくことは重要であろう。大学ミュージアムが行う出来事の内容を、客観的なライフコース研究のデータとして後に用いる前提で、歴史資料として記録しておくことは必須と思われる。

　最後に、上述の「博物館定義の再考」には「博物館は、過去と未来についての批判的な対話のための、民主化を促し、包摂的で、さまざまな声に耳を傾ける空間である」とある。大学ミュージアムにおいても、市民セミナーの場が現在トランスサイエンス（小林2007）の実施の場となっていることからも、この立場を継続したい。市民は、博物館が提供する出来事にライフコースを影響されるだけではなく、自ら博物館的出来事をともに創造する立場であるという意識になっていただくよう願いたい。そうすることで、大学ミュージアムが、現在の多様なライフコースのパターンの1つに対応する「快適に過ごせ、人生を豊かにする公共の場」として創造されるのではないかと思われる。

（大原　昌宏）

〈引用文献〉
赤坂志乃（2019）「複雑化・多様化する社会にどうすれば貢献できるのか。博物館の役割を問い直す―第25回ICOM（国際博物館会議）京都大会2019」ArtLogue, beta, 2019年10月31日号（https://www.artlogue.org/node/8541　2020年9月13日閲覧）
蘆田彩葵（2019）「「ICOM博物館定義の再考」が示すもの―第25回ICOM（国際博物館会議）京都大会2019」「Artscape」2019年10月1日号（https://artscape.jp/report/topics/ 10157593_4278.html

2020年9月13日閲覧）

大学博物館等協議会（2020）大学博物館等協議会加盟館（令和2年6月19日現在）: P.3.（http://univ-museum.jp/pdf/list200703.pdf　2020年9月5日閲覧）

Elder, G. H. Jr.,（1978）Family history and life course. In: Hareven, T. K.（ed.）, Transitions: The family and the life course in historical perspective. New York, Academia Press. Pp. 17-64.

藤原武男（2007）「ライフコースアプローチによる胎児期・幼少期からの成人疾病の予防」「保険医療科学」56（2）: 90-98.

学術審議会学術情報資料分科会学術資料部（1996）「ユニバーシティ・ミュージアムの設置について（報告）―学術標本の収集、保存・活用体制の在り方について―」（平成8年1月18日）

北海道博物館（2020）おうちミュージアム。（http://www.hm.pref.hokkaido.lg.jp/ouchi-museum/ 2020年9月14日閲覧）

石川琢子・楠房子・稲垣成哲（2013）「博物館支援コンテンツのUIと評価」「情報処理学会研究報告」153（5）: 1-5.

岩井八郎（2006）「ライフコース研究の20年と計量社会学の課題」「理論と方法」22（1）: 13-32.

Janzen, D.H.（1991）How to save tropical biodiversity: The National Biodiversity Institute of Costa Rica. American entomologist, 37（3）: 159-171.

Janzen, D. H., W. Hallwachs, J. Jimenez & and R. Gámez.（1993）The role of the parataxonomists, inventory managers and taxonomists in Costa Rica's national biodiversity inventory. In: Reid, W. V., Laird, S. A. C. A. Meyer., R. Gámez, R. A. Sittenfeld, D. H. Janzen, N. A. Gollin, & C. Juma, (eds.), Biodiversity Prospecting: Using GenericResources for Sustainable Developpment: Washington (DC), World Resources Institute.　Pp. 223-254.

小林傳司（2007）「トランス・サイエンスの時代、科学技術と社会をつなぐ」NTT出版.

Kuh, D., & Y. Ben-Shlomo（2004）A life course approach to chronic disease epidemilology, second edition. London: Oxford University Press [first edition at 1997].

的場康子（2006）「首都圏在住の小・中学生の親に聞いた「美術館・博物館の利用に関するアンケート調査」ライフデザインレポート（第一生命News宅配便）2006年11-12月号

文部科学省生涯学習政策局社会教育課（2020）「博物館―これからの博物館」パンフレット. p.24（https://www.bunka.go.jp/seisaku/bijutsukan _hakubutsukan/shinko/pamphlet/pdf/r1409436_01.pdf 2020年9月12日閲覧）

大久保孝治（1990）「ライフコース分析の基礎概念」「教育社会学研究」（46）: 53-70.

大原昌宏（2010）「分類学者の養成―パラタクソノミスト養成講座について―」「昆蟲（ニューシリーズ）、日本昆虫学会」13（2）: 83-92.

Schmiedel, U., Y. Araya, M. I. Bortolotto, L. Boeckenhoff, W. Hallwachs, D. Janzen, S. S. Kolipaka, V. Novotny, M. Palm, M. Parfondry, A. Smanis & R. Toko（2016）Contributions of paraecologists and parataxonomists to research, conservation, and social development. Conservation Biology 30（3）: 506-519.

新保史生（2005）「図書館と個人情報保護法」「情報管理」47（12）: 818-827.

渡辺重夫（2001）「図書館と知的自由」「図書館界」53（3）: 191-200.

上田恭一郎（2018）「博物館が昆虫学にはたしてきた役割」昆蟲（ニューシリーズ）、日本昆虫学会、21（1）: 59-69.

Xin, X., M. Jin, C. Liu, J. Li, W. Liu & Y. Zhang（2019）Improving the user experience in museum: A joint course with Beijing Museum of Natural History. Association for Computing Machinery（doi.org/10.1145/3332169.3333580）

山家篤夫（2013）「図書館は「利用者の秘密」をどう扱ってきたか」連続セミナー、みんなでつくるネットワーク時代の図書館の自由、第一回第一部資料（https://www.jla.or.jp/portals/0/html/jiyu/yambe20130715.pdf　2020年9月12日閲覧）

吉村浩一・関口洋美（2013）「UXデザインから捉えた美術館の展示解説（1）問題提起と研究計画の設定」「法政大学文学部紀要」66: 63-77.

第6章

地域を掘り下げる
アウトリーチ

地域に結びついたミュージアムは、地域住民と互いに変化を与えあいながら活動している。これを踏まえて本章では、ミュージアムの継続的な活動が地域にもたらすダイナミズムをとらえてみたい。社会的な課題にも果敢に踏み込み、都市の活力を市民とともに創出する自然史博物館。地域の環境や生物についての研究を、住民を巻き込みながら展開し、新たな価値や人びとの交流を生み出す総合博物館。美術館同士のつながりを活かし、広範な地域に芸術鑑賞の機会を届ける美術館。学芸員のさまざまな取り組みがミュージアムを拡げ、地域の可能性を拓いていく。

1. 都市のコアとしてのミュージアムを模索する
──対話と共創の場としての自然史博物館

[1] 地域とミュージアム

　公立・私立を問わず、ミュージアムはパブリックな存在である。人びとに開かれ、人びとの記憶に共有され、人びとの営みに影響を与える存在である。ミュージアムもまたそれらの人びとから影響を受けている。ミュージアムにかかわるこうした人びとが所属する「地域」の範囲は、ミュージアムによりさまざまである。集落、町村、都市、国家などミュージアムの規模や扱う所蔵品の収集範囲によって対象の地域は決まる部分でもあるが、1つのミュージアムが多面的な性格をもつこともままある。たとえば目黒の寄生虫博物館は学校見学などが訪れる範囲は目黒区という地域だが、寄生虫分野では日本を代表する博物館である、といったようなことは普通にあるだろう。

　こうした多面性をもちながらも、特に公立のミュージアムは対象とする地域をミッションのなかに明示している。大阪市立自然史博物館であれば、大阪という都市にはっきりと根ざしており、それはその館の活動と分かちがたい部分がある。資料や利用者といった活動の根本の部分での「地域」と結びつく博物館は地方大学のもつ地域との結びつきより根源的であろう。

　地域の歴史や民俗的儀礼、考古学的成果など、地域の豊富な資料を用いて展示する歴史系博物館はまさに、地域を示す文化機関としての性格を強くもつ。東日本大震災後に関係者が唱えた、「文化財の残らない復興は本当の復興ではない」というメッセージもこうした地域アイデンティティを博物館が担っていることを示し、博物館所蔵文化財が大規模災害により被災した際に救出・修復する意義の根拠の1つともなっていた（熊谷2012, 佐久間2011）。

　美術館もまた、コレクターの視線の共有、美意識の共有という形で地域に影響を与える。特に現代美術においては作家の社会意識が見る側を揺さぶることも大きな意義をもっており、来館者（地域）とのキャッチボールの上に成り立っているともいえよう。美術館が扱うコレクションが地域作家ではなく海外の古典作家だとしても、美術館がパブリックな存在である以上こうした

住民との相互作用が存在する。

　自然史博物館や科学館はどうであろう。自然や科学、というと地域特性のない普遍的なものというイメージがあるかもしれないが、実際にはその地域の自然の特徴、その地域での産業の発達史は、これらの博物館の重要な主題でもある。そして、後にも示すように、参加者との濃密なやりとりのなかで博物館の活動が形成されている。これらの館もまた強く地域に結びついている存在である。

　このように、ミュージアムは地域に結びつき、地域の人びとに影響を与え、また地域の人びとから影響を受ける。そうした活動の集積として地域アイデンティティを担う装置のような側面をもっている。権威づけし、固定化してしまう危険もあるため、慎重にならなければいけない部分もある（クリフォード2003）。

　ミュージアムは地域住民との双方向性をもつ活動を基礎としていることから、不断に変化を続ける存在である。文化は、鑑賞され、体験されることで送り手と受け手が生まれる。送り手として博物館が同じメッセージを送り出していても、受け手が変わると解釈が変わり、その相互作用のなかで新しい価値も生まれる。研究だけでなく展示や教育の場でも、少なからずその時代、その受け手の立場による再解釈が繰り返され、時代性を帯びてメッセージが変容するとともに新たな価値の発見が生まれる。こうした変化や再発見をとらえ、活かしていく必要がある。

　自然史博物館においていえば、過去の自然の移り変わりを保存しているだけでなく、その時代の主題への対応も重要になる。たとえば、現在進行形の課題である、自然保護や外来生物をも扱い、近年になって確立された遺伝子レベルの多様性や生物多様性といった視点から過去を問い直し続け、またその時代の人びとの自然観を問い直し続ける作業が必要となる。博物館が単に展示施設ではなく、不断に収集と保存を続け、研究能力をもち、その成果として展示と教育機能をもつことが必要なことを示している。博物館は古いものを保存するだけではなく、新しい記録や価値を再創出しているのだ。このように博物館は文書館などのアーカイブ施設とともに、都市を「記録する装置」であり、同時に多くの住民がそのプロセスに「参加」するという機能をもつことで、「ともに創出するための装置」であるともいえる。

[2] 都市ならではのミュージアム

　上記のような特徴はどのような地域に立脚した博物館であってもある程度共通する。では、「都市ならでは」というとどういう点になるだろう。

　都市は大きな人口をもっていること、そしてその人口を抱えるに至った経済活動の規模が大きいこと、そしてその結果ともいえるが交通網の結節点となっていることなどの特徴がある。いうまでもなく、その結果としてさまざまな文化が集積しており、そのために博物館が存在している。ここでは、都市を成り立たせている人口、産業、交通網という特徴と博物館活動がどうかかわっているかについて掘り下げてみたい。

　人口の多さは、前項で述べた「参加」の可能性を、数のうえでも人材の多様性の面でも広げてくれる。都市住人の特性として、住人が必ずしも固定的でなく、元々この地域に愛着をもっているわけではない、という部分はあるだろう。その愛着を形成するうえでも博物館の役割はあるのだが、こうした都市の住民構成の特性は今に始まったわけではない。過去からの蓄積に、現在の住人が作用して現在の文化をつくり、その積分のような総体として都市のアイデンティティが形成される。人口も動き、産業もうつろう、変化の早い都市だからこそ、都市の現在も見つめ、その変化する足場から過去を掘り直し続けるミュージアムにおける研究業務が重要になる。

　残り2つの都市の特徴としてあげた産業の集積と交通網の結節点も、都市のミュージアムが考慮すべき重要な利用者をもたらしている。産業の集積は、活動を担う企業関係者が集積していることも意味する。伝統的に社会教育機関は個人に向けた活動を主眼としてきたため、法人などのビジネス利用はあまり想定されてこなかった。一方、交通網は、日常的にその土地に根ざしているわけではない外部流入者＝観光客も重要な利用者として博物館にもたらしている。かつて伊藤寿朗（1993）は中央博物館、地域博物館、観光博物館と分類をしたが、地域博物館が観光博物館の性格を兼ね備えることが困難と考えたともいえよう。しかし、近年は地域の文化や自然を楽しむことを目的とした「文化観光」もしっかりしたものになっており、伊藤の時代とは大きく変化している面もある。誰に対してであれ、都市のもつ文化資源をわかりやすく伝えることは、もとより博物館の使命である。観光客は直接にはイン

バウンドを含めた都市の文化産業として重要であり、また観光客が博物館を訪れることでその都市の文化とアイデンティティに触れ、都市格（大西1995,木津川2008）の向上につながることが期待されている。

都市という特徴に基づいた利用者像をあげたが、これは博物館が企業担当者や観光客向けに展示をつくるということではない。外来住民も多い都市において、都市の魅力をわかりやすく伝える展示はもとより必要な機能である。博物館も、都市の経済活動のなかで、「創造産業」、「文化産業」という生態系の一部を占めており、相互に刺激しあいながら活動していることを認識することである。博物館は博物館単体で存在しているわけではない。

こうした議論を背景に大阪市は今後の博物館運営の指針として「大阪市ミュージアムビジョン」を策定し公開した（BOX1）。平成31年4月に設立された地方独立行政法人大阪市博物館機構の中期計画などにも取り入れられ、現在の活動の基本的な指針となっている。

大阪市ミュージアムビジョン（BOX1）

平成28年12月に策定、発表された大阪市ミュージアムビジョンは、大阪市の博物館群の経営形態を検討するうえで「博物館としての使命や要件、長年の活動実績を念頭に、取り巻く環境変化にも対応しつつ、都市大阪にふさわしい次代の博物館群（ミュージアム）として、今後おおむね10年でめざす姿とその実現に適した運営のあり方（ビジョン）を示すもの」として策定された。このビジョンはこの後に形成された地方独立行政法人大阪市博物館機構の「中期目標」および「中期計画」にも直接的に反映され、独法設立後の大阪市の博物館政策の拠り所となっている。

めざす姿として「都市のコアとしてのミュージアム〜大阪の知を拓き発信することで、人びとが集い賑わう都市を実現し、大阪を担う市民とあゆむミュージアムへ〜」と掲げており、都市としてのミュージアム群の位置づけを図る内容となっている。

博物館群をとりまく現状を「ミュージアムのあゆみと実績」（さまざまな専門

館、伝統と実績、優れた資料・作品、人材、成果の発信）「ミュージアムを取り巻く環境」（大型開発、外国人観光客、高齢化、学習ニーズの高まり）「都市大阪　伝統と市民力」（伝統の都市、市民のプライド）として整理しつつ、目標として「① 大阪の知を拓く」「② 大阪を元気に」「③ 学びと活動の拠点へ」の3項目をあげる（図1）。これらの目標は9つの戦略とさらに細分化された25のアクションプランとなっているが、個々の特色ある博物館の長所を活かしつつ達成を図るため、一律に全博物館に全項目の達成を要求するものとはなっていない。

図1 大阪市ミュージアムビジョン（大阪市）より
https://www.city.osaka.lg.jp/keizaisenryaku/cmsfiles/
contents/0000395/395635/vijon.pdf　2020年8月16日閲覧

ビジョンには同時にこれらを達成するための「アクションプランの要件」として、
・事業における継続性や専門人材の安定的確保ができ、戦略的投資ができること
・事業の効果的実施に必要な、機動性、柔軟性、自主性が確保・発揮できること
・経営と運営の一元化が図られ、中長期的視点を備えた事業展開ができる体制であること
などが掲げられ、独立行政法人への要件付与の必要性を明示している。

[3] ミュージアムへの参加を促す

　都市のミュージアムの活動が都市の文化を記録し、ともに創出していくことにあるのだとすれば、そこに必要なのは学芸員など博物館のスタッフだけではない。たくさんの市民の参加が必要になる。参加することにより博物館は「わが事」になり、街の歴史や自然が誰かがいっていることではなく「自分事」になる。

　自然史系博物館の場合、資料の収集も学芸員だけで大阪中くまなく歩けるわけではない。各地域に信頼できるナチュラリストが育つことで、広い範囲の自然を調べ、状況の変化に気づくことができる。過去の記録は地域でがんばってきた先達の協力により博物館に保管される。野外観察会や展示室での教育活動も、ボランティアをはじめとする市民参画が重要になる。ベテランの参加者はボランティアと名乗っていなくても、初めての参加者のよいロールモデルになる。見つけたものを周りに見せてくれたり、率先して質問する雰囲気をつくってくれる、そんな参加者がいるだけで、観察会は楽しいものになる。

　大阪市立自然史博物館では研究活動にも市民の巻き込みを大切にしている。詳しくない人でも参加できるようなツイッターでも参加できる調査、マニュアルに従って行う参加型調査、自分で観察できる人には報告・論文の指導、さらに探求を深めていく場としての研究サークルなど、多彩な段階で、普通の市民を研究へと誘う。このように、教育から資料収集、研究そして時には展示づくりに至るまで、市民参画のプロセスがある。

　こうした活動は、かつては博物館に通える人、つまりは地域の住民が中心にならざるを得なかった。しかし、SNSの発達は遠隔地住民とコミュニケーションを容易にした。さまざまな形での「参加」が生まれつつある。WebやSNSでの利用者も広く博物館ユーザーととらえるなら、彼らを単なる情報の受け手にするのでなく、どうやってシェアやコメントで博物館の発信に響き合う「プレイヤー」とするのか、さらには情報提供者として博物館の活動に参加させるのか、あるいは無関心層に対して将来の潜在的顧客として関心を植えつけるのか。博物館とのかかわりをつくるSNS上での活動は来館者に対するアプローチと基本的に同じである（佐久間2018, 金尾2019）。

遠隔地からの参加は、観光利用で博物館を訪れる人の「参加」にも道を開く。自宅に帰った後でもこの博物館にかかわりたい、と思わせるユニークな何かを与えられるかどうかなのは、近隣に住む住民であっても遠隔地であっても変わらない。展示室でのワークショップなどの学習活動や学芸員との質問のやりとりなど、観光利用でも十分に参加可能な学習活動はいくつもある。展示室での参加を、帰った後でもかかわりたい、という気持ちにつなげられるか。インバウンド対応は単なる経済活動ではない。博物館の立場からいえば、展示を楽しめなかった人を楽しめるように、展示室を「見て」終わりだった人に体験の機会を増やす活動だ。さらにいえば、出口から自宅まで博物館の体験をもち帰り、長くその記憶をとどめるたすけとなるミュージアムグッズ（フォーク＆ディアーキング1996, 和田・佐久間2017）を充実させる活動である。

　都市のミュージアムを、経済活動の主体である企業や産業界とどう関係づけるのか。すでに書いてきたように、社会教育施設として発展した博物館は文化産業、創造産業の一部としての連携機能が弱い。企業からの寄付や、ネーミングライツやスポンサーシップなどの博物館活動を支援してもらいながら企業ブランドの向上につながる活動の開発がまだまだ少ない現状にある。博物館への寄付が海外諸国に比べ未発達なのは税制や文化的背景だけではなく、企業にとり博物館への寄付がどのような「社会的なインパクト」（つまりは寄付の投資としての価値）を与えているのか博物館が指標化などうまく「見える化」できていないこと、逆に企業寄付を受けることで受けるデメリットを回避するための「寄付者のための行動規範」などの倫理規定が浸透していないために博物館・企業ともに二の足を踏んでいる部分などがある。SDGs対応に伴い急拡大する博物館の守備範囲に対応するため、税以外のサポートの回路を形成することは硬直化しがちな公立館の多い日本の博物館に急務でもある（佐久間2020b）。

　企業関係者やクリエーターがミュージアムを利用することで、新たなアイディアや会話が触発される。クリエーターであれば作品に、そうでなくてもあらたな事業の発送や顧客とのコミュニケーションにつながるだろう。ミュージアムを、企業の人材育成や自己啓発へ博物館を利用してもらうことを開拓

していかなければならない。文化産業関係者であればなおさらだ。企業の催事などに博物館という独特な雰囲気の場を活用するいわゆる「ユニーク・ベニュー」などの道もある。しかし、こうした利用についてはまだまだ開発・開拓途上である。現実には少しずつ「研究」が進んでいるといったところであろうか。

　創造産業を担うアーティストや作家の創意を博物館がどのように刺激しているのかを定量的にはかるのは難しい。アイディアを触発したり、意匠を借りることによるコラボレーションなど、ミュージアムが創造を刺激する力は少なくないはずだ。個々のクリエーター、作家のレベルでもそうした刺激は起こる。たとえば、博物館の所蔵品を描いた作品を発表をしているアーティストが居り、ミュージアムグッズとして開発されたたくさんの人気商品があるというのは否定しがたい説得力のある実例となるだろう。作家の作品に限っても、近年だけで小田隆氏、田中秀介氏、弘岡知樹氏などが大阪市立自然史博物館の資料を描いて作品を発表している。また、生き物の造形や魅力を重視するグッズ作家は多く、ミュージアムショップだけでなく大阪自然史フェスティバル（大阪市立自然史博物館・大阪自然史センター2009）や「いきもにあ」（https://www.equimonia.net/ 2020.8.16確認）など博物館周辺で大規模な催事が開催され、活況を呈している。

　博物館ではないが、大阪市立図書館が公開しているオープンデータを活用した商品パッケージやラッピングバスなどの事例も生まれている。同様の事例は歴史系・美術系の博物館などでもあるだろう（外丸2017）。ミュージアムのもつ、潜在的な文化力による産業刺激の力は大きい。

　都市がもつ特質、多くの人口を抱え、交流人口も多く、産業も発達しているという条件を活かすために、「参加する人びと」の輪を博物館が築くことができるかどうかが大きな課題だ。従来の博物館のものに比べても幾重もの広がりをもつだろう。

［4］社会的共通資本としての博物館

　かつて、日浦（1972）は地域博物館に言及して、大規模博物館のミニチュアではなく、地域の課題を取り上げ、狭くてもその分野では世界に通用するも

のとなるべきだ、と主張した。地域博物館として、その地域を語り、その課題を提示し、考えるヒントになる必要があるという提言は現在にも通用する。

　地域に根ざして資料を集め、学術という視点からこれを俯瞰して眺めることのできる博物館は、地域を見つめ直す、開かれた拠点として、ユニークな存在である。今日、さまざまな環境問題、そして貧困や人権を含めた社会問題は、相互に絡みあい、単純な科学的発明やリーダーシップだけでは解決が難しい。さまざまな専門分野の知恵を寄せあい、地域の合意形成の元で、順応的に解決を図る必要がある。これはごく小さな地域でも、国際的な環境問題の議論の場などでも同様である。持続可能な開発のための目標（SDGs）でも、多様な主体が参画して地域の問題を解決するトランスディシプリナリーな取り組みを大切にしている。2019年の国際博物館会議で打ち出されていた博物館のあり方は、この「対話の場」としての博物館のあり方を明確に意識したものであった（佐久間2020a）。

　詳細は別に譲るが、博物館は大学や研究所に比べても多くの人に開かれた機関となっている。町のなかの教育・文化機関としては小学校や図書館に次いで訪れやすい場所なのではないだろうか。さらに、そこにはその地域の状況を示す資料がたっぷり詰まっている。俯瞰的な視点を提供できる研究者としての学芸員もおり、外部の専門家ネットワークにもつながっている。研究者の側にとっても、地域の会合に参加するとなると敷居が高いところが博物館でのシンポジウムとなれば参加しやすい。そして行政関係者にとっても、博物館は決してアウェイな場所ではないだろう。博物館は多くの人にとってテーブルに着きやすい場所であり、かつ文化機関として話し合う雰囲気がある。施設のもつ雰囲気は落ち着いた対話を促したり、軽快な発話を促したりする。照明や内装だけでなく、施設の歴史や使命も含め、対話のための場は存在だけで貴重である。

　これは、逆に言えば「対話のための場」としての博物館が一朝一夕には形成し得ないことを意味する。博物館側、あるいは行政だけでもつくれるものではない。博物館の活動が地域に定着し、住民の側からも博物館の使い方、利用の仕方をよく理解したユーザーが育ち、博物館とはこういうものだという合意が、住民、専門家、行政を含めて形成されないと対話の場として成立

し得ないだろう。都市であれば、(話し合う課題にもよるが) 話し合いのメンバーに博物館を理解する企業関係者や文化交流関係者もほしい。

　自然史博物館においてもこうした対話の場づくりはまだ部分的、あるいは途上といった部分がある。2019年11月17日に開催されたシンポジウム「大阪湾の自然創生をめざして　今何ができるか　〜夢洲の可能性を探る〜」(加賀2020) は、大阪湾に浮かぶ人工島、夢洲の自然保護を考えるものであった。この人工島は埋立で造成された島でありながら、長年の放置によって大阪湾から失われた海辺の自然を部分的に回復しつつある。コアジサシが営巣し、シギ・チドリ類がわたりの途中に訪れ、自然に回復したヨシ原には好適な生息地が形成されたことにより、絶滅危惧種まで見つかるようになった。ただし、この島は2025年に予定される大阪・関西万博の会場であり、併せて整備が計画されるIR地区の開発予定地である。

　開発反対・カジノや万博まで反対、と強硬化しがちな案件であるが、博物館で行ったシンポジウムには自然保護団体だけでなく、行政関係者、都市内の自然を「グリーンインフラ」として活用することを重視する研究者、SDGsネットワーク関係者、アセスメント関係者など多様なメンバーに登壇いただき、多角的な対話をするシンポジウムとすることができた。会場からは「構図がわかりにくい」という声もあったが、簡単な結論が出る課題ではなく、まちづくり、グローバリズム、環境問題、防災、福祉など多面的な模索が必要なトピックであることが認知されただけでも一定の成果だと考えている。しかし、まだまだ「関心のある人が参加する」というレベルにとどまっており、自然や博物館に関心のない住民も含めた対話の場とするための道は遠い。

[5] 活動と歴史が築いた基盤

　大阪市立自然史博物館の現状を考えるうえで、65年にわたる大阪市立自然史博物館友の会の活動は重要である。当初、大阪市立自然科学博物館後援会として、博物館の充実を補助する専門家たちを中心としたグループであったが、次第に、家族皆で自然を楽しみ学ぶ裾野の広い会として、軌道修正を図っていく (瀧端2001, 2002, 2003, 大阪市立自然史博物館・大阪自然史センター2009)。小学生の子どもを連れた親子から、子離れした親が引き続き博物館を楽しむ

層、継続的に学んでいるシニアまで幅広い会員がおり、3世代を超えて曾祖父が会員だったという4代目の会員が誕生している。

　会の活動は評議員と呼ばれる20代から70代までの世話役20人あまりが学芸員とともに担い、さらに事業WGグループと呼ばれる若手が支える。2000年以降はNPO法人（大阪自然史センター）を設立し、会計業務やグッズの企画など経営面はそちらに移管したため、評議員は会員のための企画立案や観察会に専念できる体制となった。会員はおよそ1,500世帯。家族のうち1人が会員なら同居家族は会員扱いという制度なため、実数としては5,000人近い。これだけの母数がいるため、博物館が企画する行事は参加者100人超えも珍しくない。気軽な観察会のみならず、変形菌、コケ、ハエトリグモといった少しマニアックな講演会や観察会にもたくさんの人が集まる。博物館からすれば、自らの提供するコンテンツを欲するニッチマーケットをあらかじめ抱えていることになるし、また、博物館からの発信をまず受け止めて楽しみ、周りに伝えてくれる再発信の重要な回路でもある。口コミによる評判は昔から重要ではあるが、特にSNS時代には有効だ。そして、市民参加の項にも書いたように何回も参加している会員は、野外観察会や講演会で普段どおりに振る舞っているだけで、積極的な観察や質問など他の参加者のロールモデルとなっている。

　もっと長期的なロールモデルもある。職業研究者ではない友の会の指導者の大人たちは、市民科学者として多くの参加者たちにとって新鮮な姿を提供する。博物館の観察会で、自然に興味をもった子どもたちを導く先は、自然と共生して生きる社会人である。何人かは研究者になるかもしれないが、しかし、専門家育成のみが博物館の使命ではない。社会に出て職業をもち、それでも自然を愛し、自らのスタンスで探求する市民科学者のあり方は、「科学」を研究者だけに任せず自らが自然を読み解く視点をもつという点でも、また生活のなかに「自然の楽しみ方」を取り込んで暮らすという点でも、博物館ならではの人材育成の1つの形である。実際、現在の友の会評議員のなかにも小学生の頃から会員で社会人になって指導者としてかかわってくれているメンバーも何人かいる。同時に、友の会から大学教員、研究員、学芸員など研究者の道を選んだものも少なくない。どちらも学芸員の指導がよかったというつもりはない。友の会のコミュニティのなかで上下の世代間で教えあい、

引っ張りあい、同世代のなかで互いに励ましあいながら育っている（平田ら2014）。こうして指導者になった会員だけでなく、観察会や泊まりがけの合宿などで学校や職場、地域ともまた違う異世代間の交流や、家族ぐるみの付き合いもあちこちで生まれている。博物館とそのコミュニティはさまざまな人をつなぐ場にもなっている。

　たった1,500世帯、5,000人と思うかもしれない。しかし65年の間にはたくさんの卒業生たちがいるのだ。子どもが習い事で忙しくなったり、進学したりといったタイミングで退会する人も多い。なかには1年ほどで退会してしまう人もいる。それでもその人たちのなかに博物館で学ぶ、観察会などでの体験は残っているだろう。逆に昆虫から化石まで何でも扱う友の会に飽き足らなくなり、もっと専門的なサークルや研究会へ進む人もいる。何らかの形で、友の会を通過していった「卒業生」たちは数万人では収まらず、大阪府下を中心に十数万人を超えるだろう。こうした博物館との近さをもった人材の蓄積は、博物館が地域に参加を呼びかけ、対話の場をもとうとするとき、大きなアドバンテージとなるはずだ。

［6］これからの課題

　ここまで、都市の博物館が求められる活動、めざす役割について述べてきた。しかし、これから都市のあり方そのものも変容をしていくだろう。そのなかには、活動の前提にかかわるものもある。不十分な言及とはなるが、高齢化社会対応とデジタルミュージアム化について述べてみたい。

・超高齢化社会に向けて：今日、高齢化は過疎地域だけの問題ではない。大阪市域では2018年に25.8％であった65歳以上の高齢者比率は今後2045年には33.4％に達すると推計されている。

　過去、博物館において高齢者は余暇を活用してもらうために料金の減免をするなどサービスの「受け手」としての対象であったが、人口の3分の1を占めるカテゴリーにはむしろ積極的に活動の「担い手」としての位置づけにシフトしてもらうことが必要だ。高齢者を社会に参画させていくことは社会的な課題である。孤立しがちな独居世帯は増加しており、他社とのかかわりを保つことや知的活動へ参加することは福祉（well-being）の観点でも重要な視

点だと言われている。しかし、博物館だけで高齢者の受け入れ体制をつくることは難しい。これまで連携の少なかった福祉部局と博物館を含む教育部局との連携構築ができなければ難しいだろう。イギリスなどの高齢者政策などを参考に、新たな参加の回路づくりを今から準備しなければ間に合わないかもしれないという危機感を覚える（佐久間2019）。

・**デジタル化による地域を越えた新たな地縁**：すでにSNSなどでは個性ある博物館の周りには地域を越えてフォロワーが集まる傾向がある。現在の自然史博物館のフォロワーは博物館などでの活動に参加するリアルなフォロワーと、ネット上での活動にのみ触れているフォロワーが混在している状況だが、今後、デジタル空間上での活動が充実していくことにより、地域という概念はネット上では薄れていくのかもしれない。

　現実空間の博物館は、実物を展示し、体験の提供を重視し、実際に依拠する地域をもって活動する存在である。こうした属性をデジタル空間上でどのように活かしていくのか。体験や実物とのつながり、地域とのつながりをどのようにweb上に表現していけるのか。都市の魅力や体験を実際の来訪前にデジタル空間上であらかじめ見定めて、目的地を選ぶようなデジタルツーリズムも進みつつある。しかし博物館など文化コンテンツの発信は、博物館への直接の誘客よりも都市の魅力発信としての役割が大きいようだ。それであるならば、博物館のデジタルコンテンツ発信は都市全体の取り組みとしての位置づけを図り、投資していく必要があるだろう。バーチャル化していく世界のなかで、博物館のデジタル化戦略（DX）をどうしていくか、今後の都市政策上の重要な課題である（佐久間2020c）。

　都市は人、経済、交通の結節点として、過去もそして現在も多くのものを生み出してきた。それは歴史であり、美術であり、科学の営みであった。博物館はこれらを積分するように集め、伝え、俯瞰して体系づける装置である。そしてその活動が次の創造の源になるだろう。都市が活動的であれば博物館も充実するかもしれないが、逆に充実した博物館活動が活力ある明日の都市を造るのではないだろうか。博物館人としては、その力を信じている。

（佐久間　大輔）

〈引用文献〉

クリフォード．J.（2003）『文化の窮状―二十世紀の民族誌、文学、芸術』人文書院: 601.

フォーク．JH., ディアーキング．L.H.・高橋 順一訳（1996）『博物館体験―学芸員のための視点』雄山閣出版: 215.

平田和彦・岸本光樹・弘岡拓人（2014）「生態学への入り口として博物館が果たす役割―中学生、高校生に与える意識と経験」「日本生態学会誌」64（3）: 271-276.

日浦勇（1972）「人間と科学と教育の関係について」「博物館研究」44（4）: 1-4

伊藤寿朗（1993）『市民のなかの博物館』古川弘文館: 190.

加賀まゆみ（2020）「夢洲と大阪の未来のために今できること」「都市と自然」（518）: 8-9.

金尾滋史（2018）「博物館をとりまくSNS事情」「全科協ニュース」49（6）: 2-4.

木津川計（2008）『都市格と文化』自治体研究社: 236.

熊谷賢（2012）「陸前高田市における文化財レスキュー」「東北地方太平洋沖地震被災文化財等救援委員平成23年度活動報告書」東北地方太平洋沖地震被災文化財等救援委員会事務局: 226-230.

大西正文（1995）『都市格について―大阪を考える』創元社: 182.

大阪市立自然史博物館・大阪自然史センター編（2009）『「自然史博物館」を変えていく』高稜社書店: 127.

佐久間大輔（2011）「自然史系資料の文化財的価値: 標本を維持し保全する理由」「日本生態学会誌」61（3）: 349-353.

佐久間大輔（2018）「自然史系博物館をとりまく重層的ネットワーク―博物館のネットワーク」本間浩一編著『ミュージアムのソーシャル・ネットワーキング』（博物館情報学シリーズ3）樹村房: 83-138.

佐久間大輔（2019）「博物館が高齢化社会に対応するために必要な要件を考える」「Musa：博物館学芸員課程年報」（33）: 7-11.

佐久間大輔（2020a）「ICOMの指し示す自然史博物館の将来の機能」「金属」90（9）: 704-709.

佐久間大輔（2020b）「コロナ禍で博物館の受けた影響、見えてきた価値」「文化経済学」17（2）

佐久間大輔（2020c）「パンデミック後のミュージアムとデジタルメディア」『発信する博物館』小川義和・五月女賢司編、ジダイ社

瀧端真理子（2001）「参加・体験型博物館における学習者の主体性に関する一考察」「追手門学院大学人間学部紀」11: 105-129.

瀧端真理子（2002）「大阪市立自然史博物館における市民参加の歴史的検討（1）大阪市立自然科学博物館時代」「博物館学雑誌」27（2）: 1-17.

瀧端真理子（2003）「大阪市立自然史博物館における市民参加の歴史的検討（2）長居公園移転以降」「博物館学雑誌」28（2）: 1-22

外丸須美乃（2017）「大阪市立図書館デジタルアーカイブについて―オープンデータ化への取り組み」「専門図書館」（286）: 30-35.

和田岳・佐久間大輔（2017）「ミュージアムショップは売店でよいか？」山西良平・佐久間編『日本の博物館のこれから「対話と連携」の深化と多様化する博物館運営』大阪市立自然史博物館: 27-35.

2. 地域の価値を地域とともに探る
──住民とともに活動し、地域に成果を伝える

[1] 奇跡的に残された古代圃場

　三重県が設置した三重県総合博物館（MieMu）は、2014年4月19日に開館し、「三重の自然並びに歴史及び文化に関する資産を保全し、継承し、及び次代へ生かすとともに、地域社会を支える人づくり及び個性豊かで活力ある地域づくりに貢献する」ことを目的としている（三重県2013）。さらに、この目的のめざす具体的な姿として、三重県総合博物館は、次のビジョンを策定した。「三重の多様で豊かな自然と歴史・文化について、県民・利用者の皆さんとともに総合力を発揮して探究し、保全・継承し、広くその意義を伝えます。このことにより、三重の特徴と素晴らしさに気づき、多様な価値観のもとで、誇りをもって地域をよりよくしようとする人びとが集う活気ある社会の形成を目指します」（三重県総合博物館2016）。この目的とビジョンを達成するための三重県総合博物館の主な事業は、三重に関する資産について ①調査研究、②収集・保存、③展示、④交流創造（一般には教育普及と呼ばれている）することであり、これら事業の活動理念を「ともに考え、活動し、成長する博物館」としている（三重県2008, 2013）。本章では、三重県総合博物館の学芸員である筆者の北村が三重県松阪市の朝見地区を対象として実践した取り組みを紹介したい。

写真1 松阪市上七見町・下七見町・新屋敷町に残る条里制の古代圃場。写真中央の水路は非灌漑期の冬季も水枯れしない唯一の幹線水路（2016年7月19日筆者撮影）

写真2 非灌漑期の古代圃場。左の幹線水路は通年通水されるが、右の支線水路は非灌漑期には水がなくなる（2020年8月22日筆者撮影）

開館準備で、三重のあらましを紹介する「基本展示」（一般には常設展示と呼ばれる）を設計する時に、自然とともに生きる「人のくらし」を採用することになり、その中で米づくりを中心とした伊勢平野を取り上げることになった。主な対象地域として松阪市朝見地区を選んだ。選定理由は、平安時代頃の古代に整備された状態の用排兼用の素堀の土水路や1区画が109mの条里区割りの圃場（以下、整備年代類型「古代圃場」とする）が、三重県では朝見地区の一部の町丁（上七見町、下七見町、新屋敷町、大宮田町、古井町）だけに奇跡的に残っていたからである（写真1・2）。このことから、朝見地区は、面積約500haの圃場のうち、最も面積割合の大きい古代圃場（地区の62%）と、大正時代に整備された水田で平成に水路と一部農道の舗装工事が行われた圃場（地区の19%、以下、整備年代類型「大正圃場」とする）、2011年から三重県の経営体育成基盤事業として整備された圃場（地区の19%、以下、整備年代類型「平成圃場」とする）の大きく3つの歴史的な整備年代類型の圃場があり、それらに対応した人のくらしと自然を比較できる希有な場所である（高取ほか2020）。

［2］ 圃場の価値を探る調査研究

平野の圃場の生態的背景

　かつて平野は毎年の季節的な増水のたびに河川が氾濫し、浅く多様な流路やワンド、孤立水域（たまり）が自然につくられ消失する氾濫原湿地であった。水稲栽培が行われるようになると、氾濫原湿地は、人により水田や水路網の圃場が整備され、圃場への利水や定住する家屋を守る治水のため、川は堰や堤防を構築することにより流路が固定化され、管理されるようになり、平野の原生的な氾濫原はほとんど消失した。この平野の氾濫原湿地環境における人の利用の変化によって、自然更新による原生的な浅い氾濫原湿地に適応したミナミメダカやドジョウなどの水生生物は、環境更新を代掻きや泥上げなどの人為的な維持管理作業で代償する圃場を二次的な氾濫原湿地として利用せざるを得なくなった。圃場の"にぎわい"を構成する生物たちはこのような経緯で生まれた。

　圃場整備は、いつの時代も収量の増加と農業の効率化（農家の労働力の軽減）を目的とし、土木技術の進歩とともに、日々変化している。特に、平成圃場

のような現代の圃場整備では、水路は護岸の強靭化と排水能力向上のため、岸と底が頑強なコンクリート材で、かつ水深が深く設計されるようになり、水路形状は一様で単純なものとなり、ほとんどの場所で流速が早くなり、水田から水路への排水も高低差のある滝となった。さらに、非灌漑期である秋冬には、流水での摩耗による護岸の劣化や土砂等の堆積物の増加を防ぐため、水路にまったく導水されなくなり、また乾田化のため圃場は乾燥化した。その結果、原生的氾濫原が必ず備えていた流れが緩やかな場所やさまざまな場所へ自由に移動できる経路など湿地環境の多様な構成要素や機能がなくなり、氾濫原に適応した水生生物は定着・産卵ができなくなり局所絶滅し、全国的に減少している。

　松阪市朝見地区の古代圃場は、新しい時代に整備した圃場と比べ、原生的な氾濫原により近い構成要素や機能を保持している。そのため、大正圃場や平成圃場に比べて、淡水魚類の種数が多くなっている。以下には古代圃場にのみで生息が確認されたトウカイコガタスジシマドジョウ（高取ほか2020）について紹介する。

象徴的魚類「トウカイコガタスジシマドジョウ」

　トウカイコガタスジシマドジョウ *Cobitis minamorii tokaiensis* Nakajima, 2012 は、静岡県以西の東海、琵琶湖淀川水系、山陽地方、山陰地方に生息する種コガタスジシマドジョウの亜種（種の下位分類群）で、伊勢湾と遠州灘西部の流入河川の三重県、愛知県、岐阜県、静岡県のみに生息する東海地方固有の地域個体群である。2012年に新亜種記載され（Nakajima2012）、標準和名が提唱された（中島ほか2012）比較的新しい亜種である。種を新種・新亜種として命名・記載した時には、その根拠となる標本（Holotypeまたは完模式標本という）を指定し、それを誰でも閲覧できる収蔵先に収蔵し、収蔵先の標本番号を記載論文に記載することになっている。この亜種トウカイコガタスジシマドジョウの模式標本のうち、副模式標

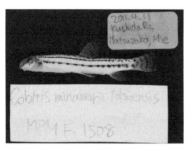

写真3　トウカイコガタスジシマドジョウの副模
　　　式標本（三重県総合博物館所蔵。筆者
　　　撮影）

本（Paratype）の1つが、ここ古代圃場の下七見町で筆者が2011年4月11日に採集した標本であり、三重県総合博物館に標本番号MIE-Fi1508（写真3）として登録され収蔵されている。この模式標本が発見された古代圃場は、トウカイコガタスジシマドジョウの産地として、生物分類学上においても貴重な場所であると言える。

　種コガタスジシマドジョウ（5亜種に分類）は、河川中・下流域や河川に付随する農業水路に生息し、わずかに流れがある砂泥底の場所を好む。繁殖期は5月から7月頃で、「浅い」小溝や水田などの高水温環境の湿地に移動して産卵すると考えられている（中島・内山2017）。ここ古代圃場のトウカイコガタスジシマドジョウも同様の傾向であることを、滋賀県立大学とともに調査し確認している（皆川ほか2013，2017）。本種が好む浅い湿地とその移動経路の消失および減少は、本種の局所絶滅や減少を引き起こし、2亜種は国レッドリストの絶滅危惧IA類（うち大阪府と京都府の淀川水系と広島県芦田川水系は絶滅の可能性が高い）、トウカイコガタスジシマドジョウを含む3亜種は絶滅危惧IB類に選定されている（環境省2020）。遺伝子の解析では、著者が採集した朝見地区の13個体を含めた三重県のトウカイコガタスジシマドジョウは、他地域とは異なる固有の遺伝子が見つかっている（伊藤ほか2020）。このことから、朝見地区のトウカイコガタスジシマドジョウは、人によって持ち込まれた集団ではなく、はるか昔（少なくとも2万年以上前）からこの地域に生息している集団である可能性が高い。トウカイコガタスジシマドジョウが、古代圃場から分散定着可能な位置にある松阪市朝見地区内の大正圃場や平成圃場においてほとんど確認できないことから、トウカイコガタスジシマドジョウは近年の圃場整備等の湿地環境の改修に対して脆弱であり、トウカイコガタスジシマドジョウが繁殖し生活史を全うできるここ古代圃場は、本亜種の保全上貴重な生息場所であると言える。

圃場の生物多様性と労働生産性の関係

　以上のように、古代圃場は生物（種）多様性で評価した生態的価値が高いことを明らかにしたものの、古代圃場において持続的に生産性を確保することや生物多様性を保全するうえで、適切に管理する労働生産性の視点から評価してみたいと考え、農家や営農企業の協力のもと、名古屋大学（主に大学院

生の村瀬由伎が現地調査を担当）とともに調査することとなった（髙取ほか2020）。

圃場の管理作業量や体制を明らかにするため、管理作業を実際に体験して作業した人数・時間・面積を記録し、さらに聞き取りやアンケート調査を農家、松阪市、朝見上土地改良区、朝見まちづくり協議会に対して実施した。なお、余談であるが、農家総代の方がアンケートに対し「宿題やったか」と農家組合員に協力・回収を呼びかけて、農家の皆さんが楽しそうに提出していたことが、とても印象的だった。その結果、個人農家1人・圃場面積10aあたりの労働時間は、古代圃場が最も高く23.1時間で、大正圃場20.3時間、平成圃場11.4時間と新しい年代の圃場整備ほど少なかった。以上の結果から、古代圃場は、新しい年代の圃場と比べると、生物多様性が高いものの、労働生産性は低く、管理に手間がかかることが明らかとなった（髙取ほか2020）。

圃場整備計画への参画と環境配慮施工の事後評価

朝見地区の平成圃場は、三重県による経営体育成基盤整備事業の対象地として、2009年度から2017年度に圃場整備事業が実施された場所である。この事業において、三重県環境影響評価条例に基づく環境アセスメントが実施され、この地域にミナミメダカなど2005年版三重県レッドリストに記載される希少種が生息していることが明らかとなり、これら希少種を本事業において環境配慮によって保全しなければならないことになった。筆者は、三重県農林水産部農業基盤室から環境配慮方法について相談され、これまでの松阪市朝見地区での既往研究（皆川ほか2012）や筆者の他地域での研究成果（北村ほか2021）を参考に環境配慮工法として魚類の越冬場を意図した水深を30cm（通常は15cm）にした合流マス等の深み（論文では「魚溜工」とも表現される）の造成を提案し、実際に施工された（写真4）。

写真4 水深30cmの合流マス（魚溜工）。ミナミメダカがたくさん生息する（2020年8月22日筆者撮影）

環境配慮施工された「深み」が魚類の生息・越冬場に寄与しているかを評価するため、滋賀県立大学が中心となり、生物相や物理環境のモニタリング調査を2014年から2020年

現在も実施している（皆川ほか2020）。その結果、環境配慮施工された「深み」は、通常施工のものより、生息する魚類の種数と個体数が多く、配慮効果があることが明らかとなっている（皆川ほか2015）。なお、平成圃場は、2019年度から農林水産省東海農政局の環境配慮施設の評価事業のモデル地区にも選ばれ、その調査も進めている。

[3] 地域の価値を地域に還元する

小学校での環境学習（交流創造活動）

　松阪市朝見地区内にある市立朝見小学校では、古代圃場の水路において、主に淡水魚類の環境学習を、1・2・3年生を対象に2009年から毎年春と秋に2回実施している。この環境学習の目的は、自然や生物を観察し、生命の大切さを学び、地域の自然環境を守ろうとする気持ちを醸成することにある。筆者は講師として参画している。環境学習の名称は「生き物救出作戦」である。古代圃場では、非灌漑期において、支線水路が水涸れしそこに取り残されたほとんどの淡水魚類は死滅するが、中央を流れる1本の幹線水路のみが通水している状況になり（176頁・写真2）、トウカイコガタスジシマドジョウやミナミメダカなどの淡水魚類は、その幹線水路で越冬していることがわかっている（皆川ほか2010, 2012）。学習では、①非灌漑期初期の秋に古代圃場の支線水路に生きものが取り残されているのを知り、②在来種を救出して校内で保護飼育し、③灌漑期の春に保護している個体を採集した支線水路に放流して戻す取り組みを体験する。この環境学習を通して、筆者は児童に地域固有のかけがえのない多様な生物を知って大切にする心をもってほしいと思っている。この一連の活動は、生物を保全する場合において「まだわずかな個体が生息地に残っているが、自力では集団が維持できない可能性が高い場合には、現存の集団の遺伝・生態的特性を最大限残すようなやり方で個体を加える」手法の実践例でもあり、「補強」と呼ばれる（日本魚類学会2005）。学習のうち②は秋に1・2年生が実施し（写真5）、③は春に1・2・3年生が実施している。

　環境学習では、前記①の目的の達成に向け、これだけは種名を覚えてほしいシンボル的な種を1種選定したいと考え、古代圃場の象徴的な種であるト

ウカイコガタスジシマドジョウを選んだ。種名が長いので、覚えてもらえる
か不安はあったが、児童全員が覚えることができた。学習で採集される在来
種であるミナミメダカやドジョウ、フナや、外来種であるオオクチバスやコ
イ、魚類ではないがアメリカザリガニ、スクリミリンゴガイも児童はよく種
名を覚えた。学習では、ほかの地域からもってきた生き物（外来生物）を絶対
に放してはいけないことをも説明したうえで活動の意義を簡単に説明し、体
験を通して地域の自然にやさしい生活を営んでほしいと思っている。また、
環境学習の様子は、毎回、夕刊三重新聞等に掲載されている。

写真5 市立朝見小学校の環境学習。水路に取
り残された魚類を救出する（2012年9
月13日筆者撮影）

写真6 2016年度朝見環境ポスターでまちづく
り協議会会長賞を受賞した作品（作：
岡田桜子）

　朝見小学校での環境学習の過程で、児童の家族にも「トウカイコガタスジ
シマドジョウ」が浸透し、さらに地域にも広く浸透していった。筆者がかか
わった当初の2009年頃は、地域に「トウカイコガタスジシマドジョウ」が生
息していることを、地域住民の多くは知らなかったが、2020年現在ではほと
んどの地域住民が知っているようになった。この毎年の継続的な小学校での
授業の実施により、トウカイコガタスジシマドジョウの地域への認知度は、5
年で約50％、10年でほぼ100％に達したと推測される（写真6）。

**　館外での展示活動**

　移動展示は、「みんなの博物館があなたの町へ」をキャッチフレーズとして、
三重県総合博物館の前身の旧三重県立博物館が2006年度から開始した事業
で、三重県内の文化施設や資料館を会場に実施している（北村2010）。 2010
年7月17日から8月22日に、松阪市文化財センターで移動展示「水の恵みと

ゆくえ～くらしと自然の関わりから考えてみよう！～」を開催し、松阪市朝見地区の古代圃場のくらしと自然についても展示し、観覧者1,439人に紹介した（写真7・8）。

　また、移動展示の関連事業として、松阪市の隣町の明和町の中央公民館で、8月5日に「淡水魚保全シンポジウム三重県明和町大会―水辺へのやさしい関わり方を求めて」を開催した。シンポジウムでは、上記の松阪市立朝見小学校の環境学習の成果を、児童がポスター発表を行った（写真9・10）。さらに総合討論では、「流量管理された川や農業用水路において、どの様にしたら淡水魚類の生物多様性を高められるか？」をテーマに筆者がコーディネーターとして参画した。この席では、松阪市朝見地区の住民から、非灌漑期でも自然環境のために農業水路に水を流す「環境用水」の取り組みを推進させようとの提案があり、参加者約300名の理解を得ることができた。

写真7・8 松阪市文化財センターでの移動展示（2010年7月17日筆者撮影）

写真9・10 環境学習の成果をポスター発
　　　　　表する朝見小学校の児童
　　　　　（2010年8月5日筆者撮影）

写真11 三重県総合博物館の基本（常設）展示の
　　　 中にある「伊勢平野の農村」のコーナー
　　　 （筆者撮影）

博物館での基本（常設）展示

　三重県総合博物館での基本展示の中において「人と生きものでにぎわう田んぼ―伊勢平野の農村」というコーナーで、朝見地区の古代圃場での農家の1年と、生き物が水路と水田を移動し湿地を利用している様子を、動画を交えて紹介している（写真11）。特に土の水路は、草刈りや泥上げなど手間がかかる維持管理を、農家が集まって共同作業する「出合」で実施し、みんなで和気あいあいと楽しみながら苦労して行っている様子をインタビューとともに紹介している。

研究成果現地説明会

　生物相や労働生産性の研究計画やその成果は、朝見地区自治会長会議や朝見土地改良区の会議等の場で報告を行っている。また、その場で地域の方にご意見をいただき、さらに現地での調査への協力をお願いしている。

農家の共同作業「出合」等への参加

　「出合」は、共用部の水路を主な対象として、5月と6月、7月の水路の草刈・清掃と農道の草刈・修繕（砂利敷）、および3月の水路の泥上げと年4回実施される（写真12）。調査の一環として農家の方に筆者も出合に参加させてほしいとお願いしたことがきっかけであるが、圃場の移り変わりと農家の苦労や交流の場の楽しさを肌で体感したいとの思いから、可能な範囲で毎年出合に参加し、休憩中に意見交換を行っている。その「出合」の時に、農家の方々が「筆者だけでなく研究者や若い学生も研究で、古代圃場に頻繁に来て、農作業も手伝ってくれることは、地域に活気がでて、とてもうれしい」とおっしゃっていた。

写真12 年4回実施される「出合」での幹線水路
　　　 の清掃と泥上げの様子（2012年3月4
　　　 日筆者撮影）

農家とともに実施する研究プロセスもまた、地域の価値を地域が理解するのを促進すると思われる。なお、地元新屋敷町の農家が新たに田んぼアートを2016年から企画し、外部の研究者や学生等が田植えや稲刈りにも参加して毎年実施され、交流の場にもなっている（写真13）。

写真13 農家による田んぼアート（松阪市新屋敷町。2016年7月19日筆者撮影）

[4] まとめ

　三重県総合博物館では、設置目的とビジョン達成の一環として、松阪市の朝見地区に残る古代の圃場のかけがえのない自然と歴史・文化の価値を、地域住民や松阪市立朝見小学校の児童、農村工学や都市計画、分類学、系統地理学などの専門家や学生、民俗学や歴史学等の三重県総合博物館の学芸員とともに、標本や資料、記録を収集して調査研究し明らかにしてきた。

　その成果の一部は、学術論文として公表された。そして、地元地域に広くその成果を伝えるため、地元の小学校における環境学習、地元文化施設での三重県総合博物館の移動展示や関連シンポジウム、地元自治会長会議等で積極的に公表してきた。さらに、三重県民にも広く成果を伝えるため、三重県総合博物館の基本展示において紹介してきた。さらに、これらの成果公表時だけでなく、当館学芸員や共同研究者、学生等が参加した調査や農家の共同作業の「出合」において、農家や地域住民との数々の交流もまた、地元に対して地域の価値の理解を促進してきたと考えられる。なお、地域の自然を代表する象徴的な種（ここでは「トウカイコガタスジシマドジョウ」）を決め、継続的に地元小学校でアピールし、児童が好きになったことは、地域が地域固有の自然を理解する助けになる効果的なツールになったと考えられる。

　これらを含めたさまざまな博物館活動によって、人々が自分の住んでいる地域や郷土について価値を知り、好きになり、誇りをもち、そして、より良くしようと思って頂けたら幸いである。そして、そのような思いをもつ人々が集い、価値を大切にして地域づくりをする活気ある社会と生物多様性の豊

かな国土になってほしいと願っている。

　博物館は人や地域社会にとって、ますます役に立つ場、対話しやすく利用しやすい場として変わっていこうとしているし、変わりつつある。うまく利用してほしい。

（北村 淳一）

〈引用文献〉
伊藤玄・古屋康則・堀池徳祐・向井貴彦（2020）「トウカイコガタスジシマドジョウの遺伝的集団構造」「魚類学雑誌」67: 41-50.
環境省（2020）環境省レッドリスト2020。http://www.env.go.jp/press/files/jp/113667.pdf（2020年8月1日閲覧）
北村淳一（2010）「移動する博物館—あなたの町に博物館がやってくる—」「Making of 三重の新県立博物館」Musee（ミュゼ）94: 24-25.
北村淳一・金銀眞・中島淳・高久宏佑・諸澤崇裕（2021）「福岡県久留米市の素掘りの農業水路におけるドジョウ Misgurnus anguillicaudatus の越冬場所」「魚類学雑誌」68: 23-28
三重県（2008）新博物館整備基本計画。https://www.bunka.pref.mie.lg.jp/MieMu/shinhaku/10484013377.htm（2020年8月1日閲覧）
三重県（2013）三重県総合博物館条例。http://www3.e-reikinet.jp/mie-ken/d1w_reiki/42590101006400000000/42590101006400000000/42590101006400000000.html（2020年8月1日閲覧）
三重県総合博物館（2016）「三重県総合博物館のビジョン」「三重県総合博物館年報」通巻1号（平成26年度）: 4. https://www.bunka.pref.mie.lg.jp/common/content/000644790.pdf（2020年8月1日閲覧）
皆川明子・中林真由・藪田暢也・饗庭俊・大久保卓也（2020）「排水路の魚溜工における施工後3年間の土砂堆積状況」「農業農村工学会論文集」310: 177-184.
皆川明子・長友里恵・北村淳一・原田一毅・山本達也（2017）「三重県の水田水域におけるトウカイコガタスジシマドジョウの繁殖期と水稲作期との関係」「三重県総合博物館研究紀要」4: 1-7.
皆川明子・髙木強治・須戸幹・小谷廣通・岩間憲治・金木亮一（2012）「非灌漑期の農業水路における魚類の越冬場造成の試み」「農業農村工学会論文集」281: 71-80.
皆川明子・髙木強治・樽屋啓之・後藤眞宏（2009）「早except米生産水田における魚類の移入と移出について」「農業農村工学会論文集」261: 315-323.
皆川明子・髙木強治・樽屋啓之・後藤眞宏（2010）「非灌漑期の農業水路における魚類の移動と越冬」「農業農村工学会論文集」269: 77-84.
皆川明子・田和康太・北村淳一（2013）「三重県の用排兼用水路における灌漑開始直後の魚類の分布の変化」「魚類学雑誌」60: 163-170.
皆川明子・山本達也・西田一也（2015）「農業排水路における魚類の越冬場造成効果の検証事例」「農業農村工学会論文集」297: IV9-IV10.
Nakajima, J. (2012) Taxonomic study of the *Cobitis striata* complex (Cypriniformes, Cobitidae) in Japan. Zootaxa, 3586: 103-130.
中島淳・洲澤讓・清水孝昭・斉藤憲治（2012）「日本産シマドジョウ属魚類の標準和名の提唱」「魚類学雑誌」59: 86-95.
中島淳・内山りゅう（2017）『日本のドジョウ　形態・生態・文化と図鑑』山と渓谷社
日本魚類学会（2005）生物多様性の保全をめざした魚類の放流ガイドライン。http://www.fish-isj.jp/info/050406.html（2020年12月22日閲覧）
高取千佳・村瀬由伎・宮脇勝・北村淳一・清水裕之（2020）「水田の歴史的類型による生態的環境と労働生産性の比較および維持管理シナリオの検討」「ランドスケープ研究論文集」83: 645-650.

3. 地域ミュージアムとアウトリーチ活動
——点から線、面への取り組み

[1] 大きな美術館から小さな美術館へ、そしてマチの小さな展示スペースへ
行かないと見られないということ

　美術館や博物館などの多くは、自館の所蔵作品をいつもその館ならではのテーマなどで常設展示する「常設展示室」をもっていることが多い。「この美術館ではこんな作品を見ることができます」といったような、美術館の顔となる作品があり、それを目当てに遠くから見に来るお客さまがいる。世界的に、あるいは日本を代表するような有名な作品を展示する特別展を見に行くのも美術館の1つの楽しみだが、各地に地方の特色ある館ができている現在、旅で訪れ、そこに行かないと見ることができない作品を目的として、地域の美術館を観光名所の1つの選択肢としてツアーが組まれることもある。

　一方、私が1998年から2012年まで勤務していた釧路市立美術館は常設展示室をもたず、大、小2つの展示室で、所蔵作品を展示することもあれば、他館からの借用作品を展示する特別展、もしくは企画展といわれるものを実施することもあった。顔となる作品も1点ではなく「釧路ゆかりの美術作品」というテーマで絵画から彫刻、工芸など、釧路生まれ、あるいは釧路で制作活動をしているなどさまざまなゆかりのある作家の作品全体をコレクションとして所蔵している。そもそも美術館を釧路市でつくろうとした大きな理由の1つが、何か核になる作品があって、それを公開するためというよりも、大都市にあるような大きな美術館に行かなければ見ることができない展覧会を、地方都市でも開催して市民に鑑賞の機会を提供するということにあった。あくまでも、所蔵作品を見せるというよりも、美術館という整った環境を整備することが目的で、他の館から「作品を借りて展示する」ことが設立当初の重要な部分であった。1992年の開館以来、内外の巡回展をはじめ、国立美術館や都道府県立の美術館などから作品を借用して展覧会を開催していた。貴重な美術作品をもってきて、展示できるだけの条件の整った施設をつくることが、釧路市にとって大きな意義があったのだ。

小さな美術館は大きな美術館のアウトリーチ活動？

　ここから考えてみると、地方都市にある小さな美術館の役割の１つが、まさに大都市の大きな美術館の「アウトリーチ活動」つまり、館外での鑑賞事業の１つの場となっていると言えるのではないだろうか。

　実際、釧路市立美術館では、設立当初から北海道立近代美術館の優れたコレクションを借用して展示する展覧会を開催して、多くの釧路市民が、300キロ以上離れた札幌まで行かなくても美術作品を見ることができるという機会をもつことができていた。他の美術館から作品を借用する、ということは展覧会を実施するうえで、しばしば行われている。他の都府県と少し違うのは、道立の中心となる近代美術館に、道内のどこからでも行けるという土地の距離感ではないところだ。北海道という大きな自治体で、その１番の中心にある大きな美術館からまとめて、しかもさまざまなテーマの作品を１〜２年に１度は借用していた時期があり、これは通常の他館からの作品借用とは回数的にも大きく違い、見方によっては定期的に行われる事業とも言えるようなものだった。また、企画内容の助言を受けるといったことも行っており、市立美術館の学芸員にとっては、道立美術館の学芸員から展示についてのアドヴァイスを受ける貴重な機会で、展覧会の開催中には観覧者に対して、講演会や講座を実施していただくなど、いま改めて考えると、実際には位置づけはしていなかったが、まさに「北海道立近代美術館から見たアウトリーチ活動」と言うべきものであったと振り返りながら考えている。

　釧路市立美術館は、このような北海道立近代美術館からの協力を得ることができたため、実に多彩な展覧会を開催すると同時に、展覧会に関する資料などもあわせて利用でき、小さな美術館では収集、管理できないような資料を提供してもらえる利点もあった。さらに紙の資料だけではなく、子ども向けの教育普及活動に力を置いていた北海道立近代美術館からの直接のノウハウを得て、地域の子どもたちに学校等での利用を促進するための事業の実施などに力を入れることができた。観覧者だけではなく、学芸員をはじめとする美術館職員にとって大きな意味をもっている。

　釧路市立美術館では自らアウトリーチを行うというよりも、アウトリーチの場を提供することによって、その教育普及活動を中心とする館の活動を充

実させていったと言えるのではないだろうか。職員はこうした展覧会の実施によって、アウトリーチとは反対に、とにかく子どもたちに美術館に来てもらい、解説やワークショップ、施設の裏側見学、ときには絵本の読み聞かせなどもとり入れて、展示している本物の作品を実際に見てもらおうと活動をすることができた。幼稚園、保育園の園児から小、中、高、大学生まで児童生徒あわせて、年間平均で2,000人もの利用があり、年間の総入場者数の1割以上にあたっていた時期があった。この人数の多さには、1つ重要な要因があり、釧路市立美術館が公民館施設である釧路市生涯学習センターという大きな複合施設の一部にあり、公民館事業に使用するためのバスを利用して、学校教育での利用を行っていたため、子どもたちを学校から送迎できたということである。クラス単位での校外への移動には、移動手段や時間が問題になるが、市の教育委員会として行い、費用と安全の問題を解決していた。

スタンプラリーを官民共同で

一方、美術館としては学校のために貸し切りにはできないので、静かであることが求められる展示室内で他の一般観覧者への配慮が難しいのだが、実際に子どもたちでにぎわっている美術館に対しては、一般の市民からも応援の言葉をいただき、「うるさい」という苦情もほとんどなかったくらいだった。学校から美術館までの送迎に使えるバスと、子どもたちを温かく見守る市民の応援の声は、こうした事業を継続するための大きな力となっていた。

とかく地方では、有名な作品が来ない、と言われることも多々あるが、ダ・ヴィンチのモナ・リザを展示できなくても、地域で鑑賞可能な作品を多くの子どもたちに見てもらうことで、美術館に行ったことがある人の割合を増やして、将来の鑑賞人口の増加につながればと考えていた。

こうした活動は採算度外視の、公立だから行える事業と言えるかもしれない。なにせ、釧路市立美術館では、大学生以下はすべて観覧料無料であったから、子どもたちがどんなにたくさん入場しても、入場料収入はゼロ円なのだ。学校の授業等での鑑賞の場合、入場料を無料にするところもあるが、釧路では個人的に来館しても子どもたちは無料だった。ここまでしても、展覧会を開催するだけでは、多くの鑑賞者を呼び込むことはできないものだ。特に子どもは学校の授業などで連れてきてもらえるが、家庭で保護者などに連

れてきてもらった際、保護者の方に観覧料を払っていただくことは非常に難しいことである。そこで、何かきっかけがあれば、足を向けてもらえるのでは、と実施して好評だったのがスタンプラリー。参加する一般市民からも好評だったが、地域の商店街や企業からも好評で、スタンプラリーの商品提供の協力などをしていただき、何年か続けていた。

その1つが、増田誠展のスタンプラリーである。

展覧会そのものが地域への貢献活動を行っているＮＰＯ法人が主体となって開催したもので、町の官民共同で実施した展覧会ならでは、まさに地域一体となって、アートを中心として展開させる「地域おこし」のパワーが感じられた企画だった。展覧会の企画当初からスタンプラリーの実施が検討され、実際にスタンプを集めたい、あるいは賞品目当てで、各所をまわり、そこにある絵画に目をとめる、そんな好循環が生まれ、さらには中心街活性化という視点からも、町中に人の動きを生み出すという効果があった。こんなきっかけで、初めて美術館に行ってみる、といったことも、鑑賞人口の広がりにつながっていくものではないかと期待できるだろう。

街全体が美術館——マチナカギャラリー

その後、私自身は釧路を離れてしまったが、さらに発展した形で、釧路市立美術館では、2012年より「マチナカギャラリー」という事業が実施されている。この事業は「『街全体が美術館』をコンセプトに、中心市街地の喫茶店やギャラリーでの展覧会を開催し、この期間を『マチナカギャラリー』として、気軽で身近な芸術文化の鑑賞機会を提供。また、各会場を回るスタンプラリーを開催し、街歩きのきっかけとし、中心市街地活性化の取り組みの一つとして開催した」（『マチナカギャラリー記録集』釧路市立美術館、2017年3月発行より）というものである。記録集は2012年から2016年までの5年分をまとめているが、2017年以降も続いている。当時、担当していた学芸員によると、「町の人と仲よくなる」ということが大変大事だと言っている。というのも、最初にはじめたころは企画自体が浸透しておらず、協力してもらうための苦労も多かったようで、それが5年以上も続けてくるうちに、かかわっている町の人たちと親しくなっていって、よい雰囲気の中で事業が実施されたという。2012年にスタンプラリーへの応募は151件だったが、2016年は610件ま

で増えている。地道な、とはいえ継続した地域と美術館をつなぐ活動はじわじわと広がっていくものといえるだろう。

どこでもよく行われている「スタンプを集める」というとても簡単な方法に見えるかもしれないが、年齢をこえて楽しめ、また、スタンプがなければ足を踏み入れなかったような場所を訪れることで、新しいアートとの出会いがあるかもしれない。スタンプラリーや学校鑑賞などのアートとの出会いのきっかけづくりのアイテムを増やすこと、そして子どもたちが美術館に来ていることを、他の一般の市民の鑑賞者がたまたま居合わせて見ていただくことで、こうした施設の教育活動を理解していただくことにつながり、とかく事業予算が削られやすい美術館などの中でも、こうしたバスの利用に関する費用を継続的に支出してもらうための理解を得られていたと考えられる。

[2] アウトリーチ活動の実際 ——「北海道立美術館」

出張アート教室

では、釧路市立美術館が作品を借用して展示していた道立美術館はどのような活動をしているのだろうか。

私は2018年から北海道立旭川美術館で勤務している。ここでは、いわゆるアウトリーチ活動として、全国的にもよく実施されている「出張アート教室」という事業を実施している。

出張アート教室の目的は「道立美術館等の教育機能や所蔵品を活用し、美術作品にふれる機会の少ない地域等における鑑賞機会の拡充や子ども達の美術作品への理解促進を図るため、学芸員が学校に作品を持参し、児童・生徒に実物を見せながら、わかりやすく鑑賞の手ほどきを行う」ということで、北海道立近代美術館、北海道立三岸好太郎美術館、北海道立旭川美術館、北海道立函館美術館、北海道立帯広美術館、北海道立釧路芸術館の各館がそれぞれ近隣地域（6館で北海道すべての地域を網羅）で毎年実施している。原則として小、中、高校などの授業時間で行うため、1講義45分という中で、美術館から運んだ作品を鑑賞し、ワークシートやノートなどに書き込み、児童・生徒の発表、学芸員による説明などを行っている。

博物館法第三条に明記されている「博物館の事業」では博物館資料は「豊

富に収集し、保管し、及び展示すること」となっており、あくまでも博物館という建物の中で事業を行うことが書かれている。そして、「保管」ということを考えるとき、作品を移動させることはダメージを考えると良好な状態で、保つことに反している側面がある。一方、「教育的配慮の下に一般公衆の利用に供し、その教養、調査研究、レクリエーション等に資するために必要な事業を行い、あわせてこれらの資料に関する調査研究をすることを目的とする（後略）」ことが定められている（博物館法第二条）。

　そこで、「出張アート教室」（写真1）では、学校までの作品の輸送は美術専用の輸送車を使い、美術品取り扱い専門業者による、作品の梱包、開梱を行い、細心の注意をはらって行っている。授業に参加する生徒の人数も40人程度を上限として、鑑賞時に作品に危険がないように実施している。

写真1「出張アート教室」留萌市立緑丘小学校での様子（2019年10月実施／旭川美術館撮影）

できること、できないことの折り合いをつける

　日本博物館協会が2012年7月1日に制定した「博物館関係者の行動規範」によると、「規範1貢献」として「博物館に携わる者は、博物館の公益性と未来への責任を自覚して、学術と文化の継承・発展・創造のために活動する」とある。この「未来への責任」に関して、解説が添えられており、「博物館は、過去と未来をつなぐ機関である。現在の利用者だけでなく将来の利用者に対する責務を有する。将来にわたって活用できるよう良好な状態で資料を次世

代に引き継がなければならない。そのために資料の活用と将来に向けた保存の折り合いをつけることが常に求められる」。

　つまり、活用と保存は相反しながらも、学芸員を中心に、資料（作品）の利用者は「折り合」う部分を考えなければならないという責任がある。ここが「アウトリーチ活動」を実施するうえで、状況に応じた対応を求められるところだ。

　そして、「折り合い」をつけるために、いくらでも予算が使えるわけではなく、費用対効果を考えることも重要ではないだろうか。実際、美術品専用車を1日借り上げて使用するだけでも数万円する。そこに作業員の人件費なども加わる。ここをバランスよく考えるためには、専門知識をもつ学芸員と、予算や教育の現場にかかわる人びとが両方の知識をもつ必要がある。できることとできないこと、これは予算によっても、また作品の状態によっても変わってくる。

［3］地方ミュージアムの増加がアウトリーチそのもの

アートギャラリー北海道

　本来よくいわれているようなアウトリーチ活動は美術館の所蔵作品を美術館に来なくても、こちらからもって行って鑑賞していただく活動と言える。とはいえ、前述のように、作品の保護の観点から館外へもち出すための条件を考えると、費用的に難しいところもある。

　しかし、北海道の現在の美術館の設置状況（2019年11月1日現在、北海道の登録博物館45館、うち「美術」での登録は13館、この他相当施設としての登録は21館）を考えると、各地域にそれなりの設備をもった施設が大小差はあるが、近年着実に増えている。ということは、こうした施設を利用して、より多くの地域に、多彩な施設が所蔵している多彩な作品をもって行って展示することで、多くの人びとに鑑賞の機会をもってもらえるわけだ。館相互のアウトリーチ活動といえるのではないだろうか。

　そして、現在北海道ではまさに道内の美術館のネットワークをつくり、情報の共有、そして作品の相互貸与なども視野に入れた「アートギャラリー北海道」という取り組みを行っている。この取り組みの趣旨は次のとおりだ。

「北海道内には、道立美術館のほか、個性的で多様なコレクションを収集・展示している公・私立の美術館や文化施設等が多数あります。また、北海道を訪れる観光客が近年増加傾向にあることなどから、各館のもつ資源をこれまで以上に発信・活用していくことが求められています。

　そこで、道内の美術館等が連携して、それぞれの施設や所蔵作品を相互に紹介し、鑑賞の機会や楽しみを増やすことをはじめ、ＰＲ活動や各種イベントに取り組むことによって、北海道全体をアートの舞台とし、美術館を訪れる人を増やし、地域ににぎわいをもたらすことを目指します」（「アートギャラリー北海道」展開方針、北海道教育庁生涯学習推進局文化財・博物館課、2017年10月より）

　インバウンドを含めた観光客誘致の側面ももち合わせながら、そこにかかわる地元への還元も大きく、「各道立美術館・芸術館は、「アートギャラリー北海道」を推進するため、子どもたちの芸術体験活動の充実など教育機能の充実をはかるとともに、各地域の若手作家など人材育成にも努め」るとして、道立美術館では教育活動の充実につなげる取り組みとして位置づけている。

　取り組みは始まったばかりで、今後、充実していくことが求められるが、うまく生かせると、これまでそこに行かなければ見ることができなかった作品を、違う地域でも見ることができ、それを繰り返すことで、道内さまざまな地域の作品を、さまざまな他の地域の美術館で見ることができるのだ。ここでも、展示する場所の温湿度の管理、万が一の火事に備えた消火設備の整備、そして、盗難などの危険から作品を守るための警備体制など、どこまでの管理が求められるのか、状況によって検討すべき課題はあるが、連携の効果を考えれば、広い北海道で充実した鑑賞機会を提供するための、広い意味でのアウトリーチ活動と位置づけられるだろう。

点から線、面への取り組み

　小さな美術館には、地味ではあっても価値の高い美術作品が所蔵されている。2019年に旭川美術館は、所蔵作品を中心にして、「七彩の美－旭川ゆかりの絵画」と題した展覧会を開催し、画家の小野州一の作品を展示したが、旭川美術館では晩年の作品を所蔵しておらず、貴重な絶筆の作品は「アートギャラリー北海道」の参加館の1つである富良野市アートギャラリーから協

力いただき、借用して展示した（写真2）。見応えのある作品で、富良野市と旭川市は近いので、見に行ける機会もあるとはいえ、画家の若い頃から最晩年まで、コレクションをあわせて1か所に並べてみることはほとんどない機会で、旭川市民にとっても、富良野市民にとっても小野州一を知るうえでは意義深い展示となったと考えられる。そして、作品の展示に加え、富良野市アートギャラリーの施設そのものの紹介コーナーを会場内に設け、富良野市に足を運んでもらうきっかけづくりとした。

写真2 北海道立旭川美術館「七彩の美－旭川ゆかりの絵画」会場にて、アートギャラリー北海道の連携館富良野市アートギャラリーより作品を借用・展示した（北海道立旭川美術館提供）

　これには「点」といえる一見地味な地域の美術館の活動が、地域間でつながって「線」となってひろがっていき、「地域を掘り下げる」こととなって「面」へとつながる効果を見出すことができるだろう。地域の人にとっては、自分の町でいつも何気なく見ていた作品が、他の美術館で展示されることで、その作品の意味合いを新たに発見する機会ともなる。
　インバウンドをはじめ、美術館が内外の観光の1つとしての活動を求められるなかで、逆に地元の人たちにとっては、地元に目を向け、地元のアートを見つめ直す契機となれば、よい意味での地域振興における循環が生まれるのではないだろうか。いまこそ地元を見つめ直す。そして、その魅力を外に発信していく。「アートギャラリー北海道」は観光と地域を結びつける、美術

館にとっての広い意味での「アウトリーチ活動」に位置づけられていけば、北海道として取り組む目的が見えてくるだろう。

　東西500キロ、南北400キロといわれる北海道という広い地域だからこそ、地域を掘り下げる距離と費用の困難さを解決していけば、同時に積極的なアウトリーチ活動による効果が大きいといえる土地であろう。公共交通機関も乏しい中、美術館に足を運ぶことは、特に子どもたちや老人たちにとって困難である。そうした移動が難しい人びとにとっては、地域にある小さな美術館や一施設で、さまざまなアートに触れ合える機会は重要といえる。一方、車の運転が自由にできる人びとにとっては、「アートギャラリー北海道」の事業として1年目に実施された「アートギャラリースタンプラリー」などをきっかけに、観光のドライブがてらあちこちのアートに親しむことがよいだろう。さらに美術館によく行く人たちにとっては、自分の地域にある美術と他の地域のアートの組み合わせで、普段、自分の地域のものだけでは気づかないアートの魅力に気づくことにつながる。アウトリーチがただ単に、美術館の出張、出前展示にとどまらず、各地に増えてきたさまざまな美術館施設の相互連携によって、作品移動に伴う課題を解決しながら展開していく。アートを通して身近な地域の中で、あるいは施設と施設の間で、人と人とのコミュニケーションが行われていくことが大事なのではないだろうか。

（関口 千代絵）

第7章

ひととまちの課題に寄り添う
ミュージアム

地域社会が抱えるひととまちの具体的な課題に、ミュージアム等の文化施設はどのよう応答していけるのか。現在、日本各地の地域が直面しているこの問題について、本章では3つの事例から迫りたい。人口減少と過疎化による地域の衰退や記憶の断絶。障がい者の自己実現と共生社会の実現。地縁にもとづくコミュニティの希薄化と、そのオルタナティブとしての新たなつながりの模索。ここでの目標は、大規模館とは別のやり方で地域に向き合う小さなミュージアムならではの堅実な活動から、公共文化施設のポテンシャルを見定めることである。

1. 成長と老いとミュージアム
──まちの老いと人びとの記憶

　明治時代以来、郷土博物館は地域と結びついて住民の生活や文化を扱ってきた。しかし、平成の大合併、指定管理者制度の導入などによる予算削減で、統廃合や事業縮小を余儀なくされた施設も少なくない。また、人口減少や高齢化が進むなか、活動の担い手が不足しており、地域における歴史文化の保存・伝承が喫緊の課題となっている。

　このような問題意識を踏まえつつ、筆者は2015年以降、北海道士別市朝日郷土資料室の活動について調査してきた。特に、同資料室のボランティア組織「知恵の蔵運営委員会」を中心とするインタビュー調査からは、まちの過疎化という現状に向き合うミュージアムの1つの可能性がみえてくると考えられる。そこで本稿では、これらの調査の成果に基づき、それぞれが後世へ残したい生活経験や資料室での活動に対する考えを明らかにする。

［1］郷土博物館の歴史的脈絡と現状

　日本では、明治30年代から大正時代にかけて、郷土資料の収集調査や資料室の開設が活発になった。また、昭和初期における農村恐慌のため、教育の破綻に直面した文部省は、第1次大戦後のドイツにおける郷土教育の成果を模範とし、教育の郷土化を促進するに至った。その結果、1930、31年には、学校郷土教育施設が急激に増加・普及している（伊藤1978: 108-138）。この時期の「郷土」という概念について、棚橋（1932: 13-14）は、「郷土概念は、一定の土地地域と云ふものが基礎になり、その地域における自然人文両方面の要素から、培われて漸次内的に発達成長したもので、強い郷土感愛郷土的感情が根幹を成して居る」と述べている。

　しかし、それ以降に満州事変、5・15事件、国際連盟脱退、天皇機関説問題などの事件が次々と続発し、日本は急速に軍国主義化していく。そのなかで、日本博物館協会の吉野楢三は、「国土愛は郷土愛から発展するものである。郷土愛に立脚した日本精神こそ、われわれが今日確立し闡明すべき真の

日本精神である」（吉野1935: 47）という論を展開し、郷土博物館を郷土教育を通じた愛郷精神や祖国愛の育成のための装置として位置づけられた。

戦後、「郷土」に代わる言葉として、アメリカから「地域社会（community）」という概念が導入された（新井1978: 23）。しかし、従来の「郷土」と新しい「地域社会」という2つの概念や実体の相違が区別されていないという指摘もみられる（後藤1979: 186）。

芳賀（1972）は「郷土」の概念について、地域史の観点から「地方文化への関心が深まったのは地域住民の生活文化の向上と自治意識の高揚、さらにはミニコミを中心とする草の根民主主義運動が展開されるに至ってからである。このような考え方は巨大都市、中央集権国家の中央都市を中心とする文化の普遍化に対し、地方の中小都市における地方的伝統の独自性を考えることによって、中央に管理された文化でなく地方独自の文化を育成して、地域住民の手で文化を守ろうとすることに深く根ざしている」と述べている。このように、郷土博物館は、中央集権的・政治史的な「中央史」の立場からでなく、土地に密着した「名もなき民衆の生活史」としての立場から構成されている（後藤1979: 195）。

さらに、90年代になると、伊藤（1993: 142）が第三世代の博物館像を提唱し、「社会の要請にもとづいて、必要な資料を発見し、あるいはつくりあげていくもので、市民の参加・体験を運営の軸とする将来の博物館像である」と述べたように、地域における博物館は保存、公開志向から「参加志向」への移行が必要であるとされた。それ以降、日本の博物館は市民参加論に影響され活動を展開している。

本稿で扱う事例は、専門学芸員が配置されていない郷土資料室であり、資料の収集・調査・展示、教育普及活動はすべて地域住民が主体となって行っている。資料の価値づけは、実際にそこに暮らしてきた当事者目線で行われていることが特徴である。

［2］北海道士別市朝日町郷土資料室

北海道士別市朝日町は、1949（昭和24）年に上士別村字上士別（現士別市上士別町）から上士別村字奥士別が分村して朝日村となり、1962（昭和37）年の

写真1 朝日町市街地（筆者撮影）

町制施行により「朝日町」となった。その後、地方分権の推進や少子高齢化という流れのもと、2005（平成17）年9月に士別市と合併し、士別市となった。

　朝日町では、1954（昭和29）年の台風15号によって発生した風倒木の処理がその翌年に開始され、それまで地元農家の冬季副業的な産業であった冬山造材が夏山造材に移行したことで専業化された。さらに1957（昭和32）年の岩尾内ダムの建設計画で労働者が転入したことで人口が増加し、1960（昭和35）年にはピークとなる6,754人（1288世帯）を記録した。しかし、1965（昭和40）年に岩尾内ダムの着工によって水没地となった似峡市街を中心に住民の転出が始まり、現在（2019年6月末時点）の人口は1,220人（684世帯）まで減少している（写真1）。

　朝日町郷土資料室は、1968（昭和43）年11月に完成した福祉センター内の図書館に併設した小さなスペース（3.6m×1.5m）に設置され、開拓時代からの農業・林業用具、生活用品などを収集し、展示を開始した。1970（昭和45）年には岩尾内ダムが完成し、朝日町は、市街地にあった北海道開発局の岩尾内ダム工事建設事務局の払い下げを受け、これを教育センターとして利用した。郷土資料の展示も引き続きこの施設の一角で行われることになったが、教育センターが屋内運動場に改修された1973（昭和48）年以降は、郷土資料は教育委員会の収蔵庫に保管されることとなり、収集活動は継続しているものの公開することができなくなった。

　その後、郷土資料室（以下、資料室と表記）は、道営中山間地域総合整備事業により2000（平成12）年に完成した地域活性化施設「まなべーる」に設置された。2002（平成14）年には朝日町の小学校校長として旭川市から赴任してきた石井征士氏の呼びかけにより、町民の協力のもとで資料室の公開に向けた資料の整理や、展示室の整備が開始された。同年に小学校長を定年退職した石井氏が資料室の管理者[1]となり、2003（平成15）年6月に一般公開され

るようになった。

　資料室には、先人の知恵と技術を活かした地元工場で製作された農・林業道具や生活用具などが数多く収蔵されており、「知恵が沢山収められている蔵」という意味合いから、石井氏の発案で「知恵の蔵」という愛称がつけられている。資料室は開室時から、「地域資源を次世代に伝承する」という理念のもと、以下の3つの基本方針を掲げている。

・開町の歴史を残す活動を通じで未来の町づくりへの指針となり
・資料を整備充実する活動そのものを町づくりの一環としてとらえ、町民の参加体制を確立する
・町民の町民による町民のための手づくり資料室とする

　開室後は町民に資料の情報提供を呼びかけ、協力した町民のうち了承が得られた105名を「知恵の蔵委員」として登録した。また、知恵の蔵委員によって2006（平成18）年7月に「知恵の蔵運営委員会」が発足し、資料室の運営、活用や展示替えなどのボランティア活動を行っている。現在は、毎週月・火曜日に資料室を開室し、小中学校の地域学習、市民の森野外展、ふるさと再発見の旅、あさひの昔の話を語る会など、それぞれの生活経験に基づいた幅広い活動を展開している（写真2）。

写真2 朝日町郷土資料室内の様子（筆者撮影）

[3]「記憶を記録に変える」から始まった収集・展示活動

資料室の開室当初は、町民に情報提供を呼びかけたものの、最初の1年間はほとんど情報提供がないという状況だった。そこで、2003（平成15）年9月からは毎月2回「知恵の蔵だより」を発行し、資料室の資料紹介や資料に関する情報提供の呼びかけを行った。高齢者が多い町であるため、新聞販売所の協力を得て、新聞折り込みで「知恵の蔵だより」を町内に配布した。

「知恵の蔵だより」第1号では、朝日町民の生活史、記憶を記録する資料室の姿勢について、次のように示している。

> 町村合併、過疎化、少子高齢化等激動期を迎えた今こそ、新しい町づくりの指針として、歴史の一ページを紐解き歴史に学ぶ時ではないかと思います。本日、平和で豊かな社会であるのも朝日町の開拓から百年、営々と築きあげてきた人間の力と技によるところが大きいと思います。その知識と技術を生活の知恵として苦労をしのいできた古老の方々のお話を聞きたいのです。そして町の財産として資料室に残しておきたいのです。この活動の中心は、この人びとの体で覚えている記憶です。その記憶を記録に変え、知恵の蔵委員としてご活躍を願っています。（知恵の蔵だより 2003）

知恵の蔵だよりを通して道具の使い方を問いかけたところ、町民からの反応が多く得られ、石井氏は当時のことについて、「うちにもあるよって言って、次々皆さんもってきてくれるようになったんですよ」と話した。

資料室に来てくれた町民には、道具にまつわる背景や使い方についての聞き取りを行い、記録を残した。また、情報提供や資料の寄贈に協力した町民は、資料室入り口の壁に顔写真、名前、寄贈した資料や得意分野を掲示し、「知恵の蔵委員」として紹介している。

朝日町の主要産業は農業であったが、農業者の多くは冬山造材を経験していたため、林業に関する話題が最も町民の関心を引きやすい。石井氏は、「朝日は農業が中心だったけど、実は農業よりも林業が一番中心だった。林業にかかわるものを（知恵の蔵だよりに）流すと、俺、冬山行ったときこんな違うよって文句を言いに来るんですね」と話し、さらに、「そうやって喋ってくれ

るってなったら、もう知恵の蔵の委員として活躍してくれる人に変わるんです」と、町民の当事者意識を引き出すための努力について語っている。また、「寄贈してくれた時にね、誰がどうやって使ったのかを聞いて、ここ（知恵の蔵だより）に載せるとね、その人は俺も協力してやったよって喜ぶんです」といい、協力した町民の喜びの反応も得られたという。

資料室の収集活動については、もう1つの特徴として「知恵の蔵だより」を通した資料提供の呼びかけがあげられる。資料室では広く町民に対して、家にあるものを処分する前に、物置や倉庫を見せてもらえるよう呼びかけを行っている。「知恵の蔵だより」には、次のような呼びかけが掲載されている。

　一　物置や天井裏に不要と思われる資料があった時、すぐにゴミとして処理せずちょっと目を通してください。残してあるという事は祖父母が生まれた時代に訳あって残してあった物だからです。

　二　資料としての価値は売ったら高いとか安いの基準ではありません。朝日町に住んだ人びとがその時代を共に過ごした道具や日常生活用品、そして古文書類です。高価な物は意外と残っているのですが、日常生活での消耗品のようなものがありません。

　三　引越をする、家を新築する等の時に大量の資料が整理されます。そんな時、知恵の蔵委員としての目で資料室にご一報下さい。すぐにお伺い、資料を調べさせていただきます。（知恵の蔵だより 2005）

広く町内に対して資料提供や古いものの価値を喚起することによって、町民のなかに資料室に問い合わせるという習慣が定着した。

知恵の蔵だより（2003）で「この資料室が願っているのは、都会にあるすばらしい施設にするのでもなく、数多くの資料を買い集めて、どこの博物館にも負けない展示をするのでもありません。朝日町に住んだひとり一人の生きた証としての歴史を過去から未来へ結ぶ糧として残すのです」と述べているように、資料室の展示は朝日町の生活史に着目し、朝日町ならではの歴史、出来事を展示することを目的としている。解説パネルには寄贈者から聞き取りをした情報とともに、当時の生活様子のエピソードも記載されている。

例えば、昭和7～10年頃、中谷菓子店の店主が町内の商店に声をかけ、広告料をもらって「広告煎餅」を製造・販売していた。中谷菓子店では煎餅の焼き型が保存されており、資料室では、現在の店主である中谷強氏が紙粘土で復元した広告煎餅を展示している（写真3）。この広告煎餅は、当時の市街地の商店を確認するのに重要な資料となった。中谷強氏の父（與次郎氏）の若い頃の、当時の菓子運送の様子を撮影した写真とともに、馬とのエピソードも添えられている（写真4）。

写真4　当時の菓子運送の様子を撮影した写真を添えた解説（筆者撮影）

写真3　紙粘土で復元した広告煎餅（筆者撮影）

［4］ 「知恵の蔵運営委員会」のボランティア活動に対する意識

　ここでは、知恵の蔵運営委員会のメンバーのボランティア活動に対する意識について、①知恵の蔵運営委員会の活動に参加したきっかけ②知恵の蔵運営委員会の活動を通して得られたもの③いままでの職業・生活経験の活用の観点から特徴的な話を述べる[2]。

　知恵の蔵運営委員会の存在意義については、次のような印象的な話があった。

　　　ただこうやって飾ってね。お客さんが見ても、何か何だか恐らくわからないと思うよ。今の子どもはね、昔の人はあるけど、わかるけどね。多少でも、僕たちが知ってる間、これはこうやって使ったんだよ、これはこういうもんですよっていうことを教えてあげるだけでもかなり違うんじゃないかなと思います。（男性80代）

この発言からは、実際に朝日町で生活してきた人たちが、次世代に伝えていく役割を担うという意識をうかがうことができる。

知恵の蔵運営委員会の活動に参加したきっかけ

知恵の蔵運営委員会の活動に参加したきっかけについては、「資料の寄贈・情報提供」「知人に誘われた」という回答が全体の85％（17人）を占めた。

資料の寄贈・情報提供をきっかけとして知恵の蔵運営委員会に参加したという回答については、「造材・造山」資料関係で石井先生に誘われた（男性80代）というものや、展示ケースや展示物の収集にかかわった（男性80代）、昔のお菓子のことを教えてほしい（男性80代）など、石井氏の誘いで活動に参加したという理由が多くみられた。これ以外では、「知恵の蔵だより」を通して、家にあるものを処分する前に、家庭訪問で物置や倉庫を見せてもらえるように呼びかけたことによる成果としてとらえられる話もあった。

　　うちのおじいちゃんがいろんな資料をもってるんですよ。それで、ここに岡崎コーナって書いて机を置いていろいろとしていただいたんです。それで、おじいちゃんが亡くなって、お父さんも亡くなって、整理してたんですよ。昔の書類とかね、農機具も少しあるし、火鉢とかもあるし、いろいろあるんですよ。それからね、おじいちゃんが戦争に行ったときの帽子とかを寄贈した。（女性70代）

また、知人に誘われて資料室の活動に参加したことがきっかけに、知恵の蔵運営委員会に入ったという事例もあった。そのなかには、野外写真展の手伝いをしたから誘われた（男性60代）とするもの、ふるさと講話の話を聞きに行ったら同級生から誘われた（男性70代）とするもの、「別なサークルの友達が先に知恵の蔵に入っていて、すごい楽しそうにやってたので、入れてもらいました」（女性70代）などがあった。

知恵の蔵運営委員会の活動を通して得られたもの

知恵の蔵運営委員会の活動を通して得られたものについては、「仲間づく

り・交流深化」という回答が全体の65％（13人）を占めた。

　知恵の蔵運営委員会の活動を通して、以前から顔見知りの人たちとの交流が深まったとする回答者が多くみられた。「普段しゃべらない人とも親密にしゃべったり、やっぱり人と人のつながりがいい」（男性60代）という回答や、「友達増えたよな。その前から知ってはいたけども、ここに来るようになってから、とくに親しくなったよな」（男性80代）とするものなど、知恵の蔵委員会に入ったことがきっかけで、以前は顔見知り程度であった人との付き合いが深まったと認識していることがわかる事例がみられた。

　また、「来てるうちだんだん懐かしくなって、来るたびに面白さがわかってきた」（男性60代）とあるように、最初は誘われて参加したが、活動しているうちに実際の内容に興味が湧いてきたという答えもあった。

　資料室の調査活動に参加することによって、いままで興味のなかった町の歴史に触れることができたとする事例もあった。

　　　朝日町の歴史に触れてることかな、今まであんまり興味なかったようなことな
　　　んか、岩尾内ダム工事で水没された町があるんだけどね、あそこを調べたりと
　　　か、だから結構朝日の歴史に触れるようなことが多くなったよね。（男性70代）

　さらに、「人に話しながら残していくことは知恵の蔵に入って、初めてそういうこともしていかないとならないと思うようになった」（男性70代）というように、知恵の蔵委員会とともに活動しているうちに後世への伝承に対する気持ちの変化が生じ、これまでに取り組んできた作業や物事の価値を再確認できたと述べる回答もみられた。

職業・生活経験の活用

　それまでの経験や技術を現在のボランティア活動に活用していると答えた回答者は90％（18人）であった。そのうち、「仕事経験」の活用に関する回答は、馬橇屋の経験をあげた回答者（男性80代）や、林業の経験を有し、北海道博物館学芸員の冬山造材の記録調査へ協力したことをあげる回答者（男性70代）がいた。また、営林署での経験を活かして、皆で森林鉄道の路線の修

正に取り組んだという話もあった。

　　一番真剣にやったのはね、森林鉄道、路線全部調べて。たまたまね、サン
　ライズホール[3]にあったんだけど、それがね間違えてる、とんでもない山の
　中走ってることになってた。それを修正した。最初入った頃からずっとこれ
　やってた。(男性70代)

「生活経験」に関しては、特に女性の生活経験の活用について、次のような
回答があった。

　　料理ですね。昔のこと、おばあちゃんから、私の母親から習ったこと、や
　っぱり昔のことを活かせれますね。山菜のつくるのもね、昔はこうしてたん
　だよねって。だから、そういう料理なんかすごくこの知恵の蔵に入って楽し
　みになりましたよ。(女性70代)

「趣味」から派生した活動では、植物観察(男性70代)と動植物の写真撮影
(男性70代)を活かして、市民の森で野外展を開催し、中学生に自然のことを
解説する事例が見られた。
　以上のように、朝日町の歴史を後世へ継承するという活動において、自分
たちの経験が必要であると認識していることがうかがえる。

[5]「市民の森」の整備活動

　知恵の蔵運営委員会がそれぞれの技術や経験を活かした活動の1つとして、
「市民の森」の整備活動、および2010年から毎年の夏に市民の森で開催され
ている「朝日の自然野外展」について紹介する[4]。
　資料室の裏山には市民の森という散策歩道がある。知恵の蔵運営員会では
散策を一層楽しんでもらえるよう、2010年から休憩ベンチの設置や東屋の維
持などの散策歩道の整備をはじめた。さらに、毎年の夏に「朝日の自然野外
展」と称し、散策路の東屋や沿道に知恵の蔵運営委員会が撮影した動植物の
写真や、町内の四季の写真、水墨画を展示する企画も行っている。市民の森

の散策歩道の一周距離は1,600mで、所要時間1時間30分ほどであり、登りやすいコースという理由から、より多くの町民に朝日町の自然の豊かさに親しんでもらうように活動に取り組んだ。

　市民の森の整備は、毎年の初春に知恵の蔵運営委員会のメンバーが集まって行われる。散策歩道に倒れた木の撤去や展望台の前の木の手入れなど、特に林業経験者が活躍している（写真5）。

　朝日の自然野外展の準備作業は、東屋のパネル組み立てから始まり、休憩所の杭打ち、パネル設置まで、知恵の蔵運営委員会の手作業で完成させた。（写真6）。

写真5
市民の森の展望台の木を手入れする様子（朝日郷土資料室提供）

写真6
朝日の自然野外展の準備作業（朝日郷土資料室提供）

　市民の森での活動において中心となった坂本勝己氏（男性70代）と岡田成治氏（男性70代）は、若い頃から朝日町の自然環境に注目し、動植物の写真を趣味として撮影してきた。岡田氏によれば、「市民の森は条件がいい、高い山じゃないが、植物の種類が多い、今でも毎年新しい植物を3、4種類見つける」と言い、たとえば坂本氏は絶滅危惧種であるモイワランが市民の森に生

息していることを発見した。モイワランは、根がなくキノコのように菌糸から生育する植物であり、2015年に旭川市北邦野草園園長の堀江健二氏に確認してもらったところ、北海道内では朝日町が北限であることが判明した。

朝日町の自然に着目した理由として、岡田氏は「資料室には生活用品や歴史資料がたくさんあるが、植物関係の資料が少ないので、将来のためには、調査して残していく必要がある」と話している。

このように、市民の森での活動を通して朝日町の自然の豊かさを町民に伝え、さらに記録として資料室に残していくように取り組んでいる。

［6］まちの老いと記憶の伝承

知恵の蔵運営委員会は発足して15年ほど経ったが、知恵の蔵運営委員会のメンバーのほとんどは、子どもの頃の戦争体験、戦後の再建期、職業としていた農業や冬山造材の経験、さらに農業・林業の機械化や岩尾内ダムの建設による経済成長を経て、人口の大量移出を経験した世代である。

知恵の蔵運営委員会の活動を通して、何を思って何を残そうとしているのかについて、石井氏は2005年に「朝日町百年の歴史たかが百年されど百年……町村合併により、朝日町は士別市の一部となりましたが、朝日町開拓の歴史はそこに生きた人びとの心に鮮明に残っています。又、町を去った方々の望郷の念は一年をとる度に強くなります」と述べていた（知恵の蔵だより2005）。また、2020年の聞き取り調査のなかで、現在朝日町に生活している子どもに対する思いについてこのような話があった。

> 今後生きていくうちに、自分の生まれた土地のことを頭に置いてほしい。必ずしも積極的な伝承が必要ではないが、でもいつかはこの土地のよさを思い出したり、戻ってみようかなと思えるような……。（男性70代）

まちの老いを念頭に置いて、資料室があることで、まちを離れた人がいつか思い出すことができるよう、あるいはまちを偲ぶ場所になるように活動に取り組んできた気持ちがうかがえる。

歴史学者ピエール・ノラは、記憶と歴史の二語の相反性について、「記憶は

思い出を神聖のなかに据えるのに対して、歴史は思い出をそこから追いたて、つねに俗化する。記憶は、それによって強く結びつけられている集団から湧き出るものである」と述べている（ピエール・ノラ2002: 31-32）。

　朝日町郷土資料室は、「記憶を記録に変える」という理念のもとで活動している。日本全体の歴史に置き換えると、英雄的な物語や歴史を変えたような出来事はないかもしれないが、私たちが自分のまちやこれまでの人生を振り返る際には、このような場所の存在が1つの材料になるのではないかと考えている。また、人口減少や地方の過疎化が進んでいるなか、今後の地域社会のあり方を考える時には、各地で残された「記録」を参考に、新たな地域社会像を見出せる可能性も秘めていると考えている。

（卓 彦伶）

〈引用・参考文献〉
朝日町郷土資料室「知恵の蔵だより」（2003年9月から発行）
新井重三（1978）「郷土教育と博物館—郷土博物館の心を求めて—」「博物館研究」(13): 21-24. 日本博物館協会
伊藤寿朗（1978）『博物館概論』伊藤寿朗・森田恒之編著、学苑社
伊藤寿朗（1993）『市民のなかの博物館』吉川弘文館
芳賀登（1972）『地方史の思想』日本放送出版協会
棚橋源太郎（1932）『郷土博物館』刀江書院
北海道上川郡朝日町（1981）『朝日町史』
北海道士別市（2008）『続朝日町史』
後藤和民（1979）『博物館と地域社会』広瀬鎮編、雄山閣
吉野楢三（1935）「青年の地方開発指導機関としての郷土博物館網の建設」「帝国教育」(671): 43-55. 帝国教育会
ピエール・ノラ編集、谷川稔監訳（2002）『対立』（記憶の場：フランス国民意識の文化＝社会史第1巻）岩波書店

〈注および参考文献〉
1　2011年以降は石井氏の後任者として、嘱託職員1名、臨時職員1名を配置している。
2　2015年に知恵の蔵運営委員会の20名に聞き取り調査を実施した。調査の概要は以下のとおりである。調査期間：2015年9月14日～18日、対象：知恵の蔵運営委員会に所属する20名、回答者属性：男性14名、女性6名、50代1名、60代2名、70代9名、80代8名。本節では、2015年の調査によって得られた内容から特徴的なものを抜粋して紹介する。
3　あさひサンライズホールは、1994年に開館した多目的ホールであり、市民演劇や演劇ワークショップなど参加型事業を数多く開催している。研修室、和室、視聴覚室、文化サークル室と図書館も併設されている。
4　2020年に再度知恵の蔵運営委員会の11名に聞き取り調査を実施した。調査の概要は以下のとおりである。調査期間：2020年3月23日～24日、対象：知恵の蔵運営委員会に所属する10名、回答者属性：男性9名、女性2名、50代1名、60代1名、70代2名、80代7名。本節では、2020年の調査によって得られた内容から特徴的なものを抜粋して説明する。

2. かたるべの森の美術館から
──日々創作され展示される障害者アート

[1] 障害者の作品を展示する美術館

　「かたるべの森美術館」は北海道旭川市の中心部より車で30分、人口6.300人ほどの当麻町にあり廃校になった伊香牛小学校を活用している。

　障害者の作品を中心に展示する北海道内初の美術館として、2010年にオープンし、館内には、展示室のほかにアトリエ2室、陶芸室2室、作品収蔵室、カフェなどを併設している。

　母体施設は社会福祉法人当麻かたるべの森（以後かたるべ）で、主な活動内容は、①かたるべの利用者が館内アトリエで創作活動を行う、②創作した作品を展示、保管する、③作品を2次利用したグッズの制作などである。

　アトリエで週2、3日開かれる創作活動に参加している利用者は20～30人程度で、美術の専門スタッフが2人、施設のスタッフが2、3人、創作活動のサポートを行っている。

　展示は、館内の教室3部屋を使って年に3、4本程度、2020年3月末までの時点で、37本の展示を企画してきた。

　館外からの展示要請も多く、当麻町の文化祭や剣淵町絵本の館、旭川や札幌のギャラリー、商業施設など、多い時では年に10本近くの展覧会を道内各地で開催してきている。

　ここでは、2002年からかたるべの創作アドバイザーとして創作活動にかかわり、その後「かたるべの森美術館」が開館し、2020年3月にかたるべを退職するまでの「かたるべの森美術館」での経験とそこから見えてきたことを通して、北海道で初めての障害者のアートを主に扱う美術館、また地方の私設美術館としての役割とその可能性について述べたいと思う。

[2] 創作活動と支援
日々創作される作品を展示

　「かたるべの森美術館」が一般的な美術館と大きく異なるのは、展示する作

品が館内に併設されているアトリエで日々創作されていることである。

その創作現場での気づきや問題意識が常に展示に大きく影響してきた。そのため、まずは「かたるべの森美術館」の創作活動について知っていただくことがとても大切だと考える。

私は、創作活動の支援を頼まれた当初、美術大学で美術を学び、多様な材料に触れていた学生時代の経験を使って指導し、彼らのよい部分を生かしながら作品のクオリティーを上げていくのが仕事だと考えていた。そのため、さまざまな手法をかたるべの利用者に提案し、作品の完成度を上げるためのアドバイスを行っていた。

その結果、作品はよくなり、それまで絵が描けないと思われていた人が描きはじめるなど一定の成果は上がっていったが、心の奥底ではしっくりこない感じが拭えない日々が続いていた。試行錯誤を繰り返していくなかで、構図、色、完成度などが気になり、私が行ったアドバイスが作品の面白さを消してしまうこともよくあった。

一方で、美術の常識を無視して、夢中で描き続ける作品ともいえない彼らの表現や創作行為そのもののなかに、私は情熱や輝きを感じるようになっていったのである。

描く自由と描かない自由

Aさんという女性は、ひたすら色を塗っている。表も裏も関係なく、画面を全部塗りつぶしても決して作品ができあがることはなく、色を塗り重ね続けるのである。

たまに新しいキャンバスや紙に描きはじめても、その前に描いていた絵もまだ終わってないといって塗り続けるため、なかには数年にわたって描き続けている絵もあるほどであった。

作品を完成させないAさんと作品を完成させて欲しい私の間でかなり長い間、さまざまな駆け引きやバトルが続いていたのである。

そんなある日、自閉症の作家である東田直樹さんの本を手に取る機会があった。そのなかの、

絵の具で色を塗っているとき、僕は、色そのものになります。目で見ている色になり切ってしまうのです。筆で色を塗っているのに、画用紙の上を自分が縦横無尽に駆け巡っている感覚に浸ります。（東田直樹『風になる～自閉症の僕が生きていく風景（増補版）』ビッグイシュー日本、2015）

　という一節が目に飛び込んできたのである。

　その文章を読んだとき、私の頭の中にはAさんのことが思い浮かんでいた。Aさんが筆やクレヨンで描いている様子は、まるで、Aさんの意識が画面の上をスケートしているように見えていたことを思い出したのである。

　そして、絵の具になって画面の上を滑り続けることがAさんの表現であり、その行為自体が作品といえるのではないだろうか。紙の作品が絵としてできあがるかどうかはAさんにとっては価値がないのだということに気がついたのだ。

　私は、Aさんの表現ではなく、表現の後の残り香のようなものをどうにかして手に入れ展示しようとしていたのである。

　障害者の強い行動癖やこだわりは問題行動とされがちである。しかし、美術の世界においては、そのことがむしろ魅力であり個性になることがしばしばあるのだ。

　Aさんのことに気がついてから、美術的知識や固定観念を抑え、まず彼らの行為を受け入れ、五感と想像力を駆使して、彼らと同じところに立って、彼らが見ているものを少しでも感じられるよう、共感できるように務めることが私の仕事になっていった。

　障害者は幼少時から、社会生活を営むために矯正されることの多い日々を暮らしている。だから、せめて、かたるべのアトリエの中でだけは、1人ひとりの自発的で自由な衝動が尊重される場であるように、彼らの魅力と力が思う存分発揮されるための場所になるようにと考えたのである。

　そのため、サポートは最低限とし、

①描く自由だけでなく描かない自由が許される場であること

②画材は一方的に与えられるのではなく、アトリエ内の一般的には画材でないようなものを含め、好奇心をもち自分で発見し使ってみることができる

空間であること

などに留意し、「場づくり」をしてきた。

　そこで生まれる表現が輝き、利用者が自信をもち、自発的にやりたいこと
を見つけ、夢中になって形にしていくことや障害はなくならなくても、障害
を乗り越えてやりたいことを実現させ、自信をもっていく姿を見ていくうち
に、私自身が、こう在らなければという感覚から解放されるような体験をし
たのである。

　その体験を通して、創作活動の場で起きていることをさまざまな人たちと
共有していくことで、障害者はケアされるだけの存在ではなく、社会の誰か
をケアする存在になると私は考えはじめた。

　こうした気づきは、いつも利用者がその行為をもって私に教えてくれた。

写真1 Aさんこと藤井咲作品展示風景
　　　「Its my rule 展」（著者撮影）

写真2 Aさん制作風景（著者撮影）

[3] 展示──美術館の枠からはみ出しても

　障害者は全員ではないが、自分の作品をセルフプロデュースすることがで
きない人がほとんどである。そのため、その役割を代わりに行う人が必要で
あると考えている。

かたるべの森美術館では、創作活動の現場の熱を展示室に再現すること、彼らの作品の魅力が最大限に引き出され、展示室全体から作者の存在を感じるような展示をと常に考え企画してきた。

　たとえば、創作のときに、1日中しゃべり続けている人がいる。「青い服の女の人すわってた」「おふろ洗ったかい？」独り言なのか、誰かに質問しているのかどちらとも取れる口調でしゃべりながら、Mさんは1日中、画面に殴り書きのようにしゃべっている言葉をそのまま書き続ける。その日の創作が終わり、Mさんが帰った後の残された画面には文字が幾重にも重なって書かれており、それはまるで模様か文字の陽炎のように見えたのである。

　そんな作品が何十枚、何百枚も溜まり、Mさんの作品の展示を考えようとと床に並べてみた。そこには、まるでMさんの日々の心の移ろいや揺らぎがそのまま映し出されているようであった。会話のキャッチボールがなかなか成り立たないMさんの心の中はわからない。けれども画面から感じる移ろい揺らぐ心模様に「ああ、私も彼女も一緒なんだ」と心が強く揺さぶられた瞬間であった。

　そのときの感動から生まれた展示は、コイル状の針金の上に作品を置き、それを床にたくさん並べるというものになった。人の動きや風で作品たちがゆらゆらと動くような展示である。そこからMさんの日々の声たちが立ち上がってくれたらと考えたのだ。

　かたるべの森美術館の展示では、作品が展示される空間と共鳴し、その魅力が最大限発揮されるように心がけてきた。日々、作品が生まれてくる創作の場を持つ美術館であることが、この美術館の最大の特徴であると最初に述べたが、長期に渡って作品がつくられる過程に立ち会うことで気づく作品たちの魅力もある。

　「そこのけそこのけてっちが通る展」「菊とお松のHAVE A GOOD DAY展」や「Its my rule展」や「My apartments展」などの展示においては、展示空間そのものに作家の存在を感じられるようにと展示を行ってきた。

　展示方法も自由な発想で実験的な演出で展示することもあり、いわゆる美術展の枠からはみ出していることもあると考えている。展示を見た人びとからは「元気をもらいました」「わたしも何か描きたくなりました」「展示の仕方

が作品にぴったりでした」などの感想が多く寄せられている。また、このような展示がユニークであると多くの外部での展示の依頼を受けてきた。私自身としては、手応えも迷いも感じているが、セルフプロデュースができない障害者の展示の仕方についての問題提起として、いつか議論できる機会をもちたいと思っている。

写真3 Mさんこと松嶋ひろみ作品展示風景「菊とお松のHAVE A GOOD DAY展」（筆者撮影）

[4] アール・ブリュットブームのなかで

障害者の表現の成果物

　近年、アール・ブリュット、アウトサイダーアート[1]と呼ばれるアートへの関心が高まるなか、東京オリンピックへ向け、さらにさまざまなアール・ブリュットの展覧会やコンベンションが開催され、広く一般の人たちの目にふれる機会も多くなっている。

　アール・ブリュット（の芸術）とは本来、フランス人画家ジャン・デビュッフェ（1901 – 1985）が提唱した「秘密、沈黙、孤独」をキーワードに既存の文化の影響を受けていない作品のことである。

　しかし日本においてアール・ブリュットの作品というとき、厳密にはジャン・デビュッフェの定義に則って選んだ作品ではない。アール・ブリュットという言葉自体、時代の変化や各国への広がりによってさまざまな意味が付随し変化をしてきた。日本でアール・ブリュットという言葉が使われるとき、そ

の多くが障害者によって制作されたものを指すことが多いように感じている。

　今後、日本におけるアール・ブリュットという呼び名の再定義、もしくは障害者芸術やその周辺芸術に対する新しい呼び方が必要だと思われるが、広く共通認識をもてる言葉を見つけることは簡単ではない。

　私は2015年発足した北海道アール・ブリュットネットワーク協議会の事務局の一員として北海道内の障害者の作品や創作現場の調査、展示などを行ってきた。実際に多くの作品に出合い、触れ合っていけばいくほど、アール・ブリュットとそうではない作品とは、どこにその線引きがあるのかと考えるようになっていったのである。このことは、これから長い時間をかけて検証が必要であると考えているが、ここでは便宜上かたるべの森美術館で展示し取り扱っている、主に障害者の表現の成果物としての作品をアール・ブリュットと呼ぶこととする。

アール・ブリュット作品の売買

　さまざまなアール・ブリュットの展覧会が多くなるにつれ、アール・ブリュットとして取り上げられる完成度の高い素晴らしい作品を見る機会が増えてきた。その一方で、なかなか展示するような場面に選ばれない作品も数多く存在している。

　かたるべの森美術館は、いわゆる完成度の高い作品だけでなく、完成度が低い作品や、作品とは呼べないようなゴミとして捨てられてしまうようなものであっても、自己表現として光り輝く何かを内包しているものとして展示し、光を顕在化させるように心がけ展示を行ってきた。そして展示される事で、彼らの作品は人々に感動をあたえ、鑑賞者を勇気づけてきたのである。

　こうした展示を重ねていくうちに「そもそもアートとはなんだろう？人の幸せとは？人間とは？」というような根本的な問いかけが、私たちスタッフの中に生まれてきた。

　それらの問いに対する答えを早急に求めるのではなく、かたるべの森美術館をさまざまな課題や疑問について、時間をかけて炙り出していくための装置として考え、問題意識をもちながら展示を続けていくことが大切だと考えている。障害者の作品をただ並べて飾るだけではなく、あらゆる角度から光を当てることでたち昇ってくるものを多くの人々と共有していくこと。そう

した経験を積み重ねていくことが大切だと考えているのである。

　その1つの方法として「長野ヒデコの絵本原画と佐々木伸夫絵本の原画みたいな絵展」や「純真〜10人のおじさん展」など、現代アートや絵本作家との共同展示、コラボレーションなども多く行っている。障害の有無にかかわらず、「表現」によって共鳴しあうボーダレスな展示を行うことで、相互に刺激的な場、創造的な空間をめざしてきた。

写真4
山本智子作品「もじもじ
ワールド＋BAAK展」
（著者撮影）

　そのような展示企画立案のためには、私たち展示者の光を発見する力、よく見て面白さを感じられる感覚、楽しむ力、共感する心など感性の成長が大切なのだと感じている。

　また、アール・ブリュットが広まるにつれ、アール・ブリュットの作品を売買する機会が増えており、かたるべの森美術館でも、作品を販売する機会が増えている。売り上げの一部はアーティストの収入となっており、そのことをモチベーションとする作家も多い。

　その地域でうまれたアート作品を地域の特産品として考え、たとえば当麻町のふるさと納税の返礼品として扱っていくなどの提案も行ってきた。

日本各地の特産品としてアートが扱われるようになると、日本人の生活の中にアートを飾って楽しむ文化が広がるのではないだろうか。

[5] 地域の中の美術館として

校舎を再利用した美術館

　かたるべの森美術館は、2005年まで当麻町伊香牛小学校として使われていた校舎を当麻町から借り受けて使用している。受け継いだ、地域の人たちにとって思い出深い建物が、新しい歴史をつくっていくとともに、再び地域の人たちが訪れ新しい思い出を重ねていく場所になるようにと考え活動してきた。

　アール・ブリュットや、アートになじみがない地域の人たちも気軽に美術館を訪れてもらえるよう、美術館内のカフェで、かたるべが所有している森で育ったブルーベリーでジャムをつくったり、カゴ編みのワークショップを行うなど一般の人も楽しめる活動を定期的に行っている。また、毎年夏には、お祭りの出店のように、ものづくりワークショップができるブースがいくつも並んだかたるべの森美術館祭を開催し、自分の手でものをつくり出す喜びを体験してもらう取り組みを行ってきた。

　このように、人々が美術館に足を運びやすい機会を増やし、美術館を認知してもらうことが、地域の美術館としての大切な役割の1つだと思っている。

共生社会のコンテンツとして

　当麻町では、生まれ育った町への理解と誇りをもってもらうために、小学4年生を対象に毎年町内のさまざまな場所を訪問体験する「少年ふるさと教室」が開催されている。その内の1回がかたるべの森美術館での創作活動と作品鑑賞である。

　ギャラリーツアーでは、それぞれの作品の解説をしながら、上手に描かなくても自分の発想で、できることをやり切ることが大事であると話している。障害者の作品が発する「自分以外の人にならなくていいんだよ」というメッセージを伝え、鑑賞後の、創作活動の時間に自由に創作を楽しんでもらうためである。

　美術館では毎月1回、誰でも参加できる「オープン創作活動」(現在は休止中)も開催してきた。子どもたちは最初、遠慮がちに創作しているが、手を動か

しながら想像力がどんどん膨らんでくると、アトリエが海賊船になったり、宇宙空間になったりしていくのである。かたるべの利用者や子どもたちは創作活動をしながら同時に、自分の世界を構築していくのである。自分の中の世界を創作活動を通して顕在化していく時、彼らの中では自己肯定感が高まり、自分で自分を育てるという状態に入っているのである。そして、それは生きる力の源を育てることにつながると私は考えている。

このようにかたるべの森美術館では、子どもたちに、学校や家でのお絵かきとは違う、心の解放と成長つながるような創作の空間を提供することを大切にしてきた。

また、展示と共に美術館内で行われるさまざまなアーティストのワークショップでは、障害者と健常者が同じ場を共有している。そんなとき、障害者の何気ない一言や態度が参加者の心をほぐし「いつもなかなか心を開いてリラックスできないのに、初めて心を開いて参加できました」という感想をもらうことがしばしばある。

写真5
鉄地河原勝彦氏による描き下ろし風景「そこのけそこのけてっちが通る」(作者撮影)

このような障害者の人間力に出合うとき、サポートされる側とする側という一方方向ではなく、相互に補完しあう理想社会を垣間見るような気がした。

ワークショップや、ふるさと教室、オープン創作体験を通して、子どもたちは「世界にはさまざまな人がいて同じ場に生きているんだ」という感覚をもちながら育ち、未来をつくっていく基礎を培ってくれると考えている。そして、その機会を提供することはかたるべの森美術館がもっている重要な使命の1つだと考えている。

かたるべの森美術館の資源は、作品や展示だけではないのだ。かたるべの利用者の創作スタイルや、彼らの存在そのものなのである。そして、その資源を使って社会貢献をしていくことで、美術館が地域にとっての資源になっていくのである。美術館の存在が、共生社会を実現するための1つのコンテンツとして、その役割を担えると考えている。

［6］障害者の創作環境を守る

アートの新しい価値観

障害者の作品を発表し、その魅力を知ってもらうこと、それは、障害者の創作活動の現場が守られるためでもある。

調査していくなかで、個人でひたすら描いたり、つくったりする行為を行う人がいる一方、施設内で独創的な力強い作品をつくっていた人が、スタッフの移動などにより創作活動の環境が守られなくなると、ぱったりと創作をしなくなってしまうような事例をみてきた。

障害者の創作活動を守っていくために作品を展示し、作品のすばらしさを知ってもらうとともに、それを支える人たちを育てていく活動も重要である。

かたるべの森美術館がある北海道上川地方は、昔からアーティストやクラフト作家、絵本作家、デザイナーなどさまざまなクリエイターが、いろいろな福祉施設で創作活動をサポートしてきた歴史があった。彼らが福祉施設に入り創作活動にかかわってきたことで、旭川近郊の福祉関係従事者には障害者の表現についての理解がかなり浸透していると感じている。

一般の福祉関係従事者にとって障害者の表現物は、ゴミにしか見えないことも多く、捨てられたりすることがよく起こった。しかしながら、同じもの

でもアートという観点から見ると、とても面白い独創的な自己表現に見えることがあるのだ。それまで見ていたものの価値観がひっくりかえる、それこそが、アートのもつ力である。

　福祉の現場にアーティストの目線をもち込むことは、「表現とは何か」ということを考えるきっかけとなるであろう。そしてそれは「生きるとは何か」「幸せとは何か」ということを、新しい価値観で見直すことにつながるのである。

　そのために、福祉従事者へ美術的サポートや展示スキルや考え方、創作活動、表現活動を行うことの重要性を伝えていくことは、単にアート的なセンスを磨くだけでなく福祉的にも新たな視点を獲得する機会となるのであろうと考える。

アートを超えて

　アートを通して障害者とふれあうなかで、アートを超えて存在と存在が出会う瞬間が訪れることがある。

　かたるべの森美術館のアーティストは、私と障害者という人間関係ではなくただの人間同士として共に生き、そこにいる幸せを教えてくれたのである。

　美術館のアトリエは、いつも「人間ていいなあ」と思わせてくれる、皆がそれぞれ自分でいられる、私にとってそういう場所であった。

　私は障害者が人々の心に革命を起こす力をもっていると信じているし期待している。

　私の心に変革をもたらしたようなさまざまな体験を広く共有していくことは共生社会を実現するための一歩だと考えている。

　アートのもたらす効用、価値はとても多面的であるから、この先まだ気づいていない新たな効用、価値が出てくるのであろう。

　そのために、かたるべの森美術館は創作活動を続け、展示をし、自分たちのあり方や作品に対する考え方などをさまざまな人と交流する、共有する場として発展していくことが必要である。

（菊地 雅子）

〈注〉
1　イギリス人美術評論家ロジャー・カーディナルが提唱、アール・ブリュットより広くプリミティブアートやフォークアートと呼ばれる作品も含まれる。

かたるべの森美術館展覧会リスト2010〜2020

年	展覧会名	備考
2010	「ARTIST IN FOREST KATARUBE〜私のいる場所、私がいる場所」	オープン記念展覧会・かたるべの森利用者30名位の作品展
	「第4回かたるべ・アンデパンダン展」	［出展者］障害者70名程、一般24名
	「秋野イサムさんとかたるべの森の仲間たち」	
	「かたるべ常設展」	
2011	「ぽんうえかるば展」	上川圏域アートネットワークウエカルバ主催
	「吉田幸敏です」	かたるべの利用者、吉田幸敏さんの初めての個展
	「Lifeキャッチャー」	ワイヤーアート作家川口秀文氏とかたるべの利用者能登行の2人展
	「第5回かたるベアンデパンダン展」	［出展者］障害者70名程、一般20名（10月末まで会期延長）
	「織の森」「和田佳奈さをり織り遺作展」	さをり織り展覧会
2012	「立体造形展〜陶芸からぬいぐるみまで〜」	福祉施設のあちこちに転がっている不思議な立体物を展示
	「埋め尽くしたい画家たち展」	
	「長野ヒデコ絵本原画と佐々木伸夫絵本の原画みたいな絵展」	絵本作家長野ヒデコさんとかたるべの利用者の佐々木伸夫さんの2人展
	「織の森2〜織の森からの贈り物」	福祉施設でおられている織物を布もの作家に提供し商品を作ってもらい展示即売
2013	「2013かたるベアンデパンダン展」	第6回目
	「宮國千枝　作品展」	沖縄県宮古島の精神障害者通所施設で働く画家の個展
	「室山泉と菅家正幸、そしてみなさん展」	かたるべの利用者2人展＋会期中、来館者が自由に床に貼った3m×5mくらいの紙に絵を描き残していくという展覧会
	「The カタルベ展」	かたるべの利用者31名の作品展
2014	「そこのけそこのけてっちが通る」	かたるべの利用者鉄地河原勝彦の個展
	「上杉克哉追悼展with能登行アフリカンシリーズ」	かたるべと交流のあった剣渕北の社舎の動物の絵が得意だった上杉とかたるべの利用者でやはり動物の絵が得意な能登との2人展
	「菊とお松のHAVE A GOOD DAY」	剣渕西原学園の菊地政司とかたるべの松島ひろみの2人展
	「あったからふる立体展」	
2015	「札幌ともにアート×当麻かたるベアート」	会期中かたるべの森美術館5周年記念斉藤徹・ジャンサスポータス・鉄地河原勝彦による「コントラバス×ドローイング×ダンス・テツとてっちジャン」を開催
	「かたるんびにいランド〜ビッグサンダーマウンテンはないけれど〜」	岩手花巻市るんびにい美術館との作品展
	「北海道発!!こんなアート見たことないっっ!!展」	北海道内の福祉施設12団体3個人のアール・ブリュット展
	「かたるべ常設展2015〜2016」	
2016	「純真〜10人のおじさん展」	障害あるなし関係なく一心不乱に創作するおじさんの展覧会
	「オホーツクからはじめまして」	キュレーター研修の一環としてかたるべの森美術館での展覧会を実際に企画する。「北見とむての森の伊藤栄一氏による企画展」
	「It's my rule」	普段なかなか作品が展示されない、自分独自のルールを厳格に守りながら表現活動を行っている3人の展覧会
2017	「もじもじワールド＋BAAK展」	文字を使って表現する人たちと、ボーダレスアートサポート釧路のアートスタンプラリーの出品パネルの展示
	「My apartments」	
	「Roots Roots Roots」	「北見とむての森の伊藤栄一氏による2回目の企画展」
2018	「気長に行こうよ!〜うるさいよ〜いいから描きな展」	かたるべの利用者が自分の作品を自ら展示する
	「シと西展」シッポファーレ×とむて×西原学園	
	「織って塗って貼って」	ひたすら織る、ひたすら塗る、ひたすら貼るという3人の展覧会
2019	「アール・ブリュットを巡る旅」	アール・ブリュットとその周辺でサポートし続ける作家の両方を展示
	「だるま森のヘンテコ大博覧会」	総合工作芸術家だるま森＋えりこさんを招いての展覧会、ワークショップ
	「Make art more LOVE」	かたるべの作家たちのこれまでとこれから

3. ミュージアムがつなぐコミュニティ
──地域の中で、地域を越えて

[1] 個人作家の存在を未来につなぐ

　本郷新記念札幌彫刻美術館は、1981年に札幌の宮の森に開館した。札幌生まれで全国に野外彫刻を設置した彫刻家、本郷新（1905〜1980）の旧アトリエ兼ギャラリーを記念館、そして美術館としての開館を機に新たに建設された本館、これら2棟の建物から当館は成る。

　1人の芸術家の名前を掲げ、そのコレクションを核として活動を展開する個人美術館として、当館はまず、約1,770点にのぼる本郷新の作品の保存と展示、調査研究を通してこの芸術家の顕彰を行うことを使命としている。さらに、本郷新の遺志を継ぎ、若手作家の育成に努めること、そして近年は、彫刻に限らず、デザイン、工芸も含め広く立体造形の魅力を普及することにも努めている。

　本書のテーマである地域ミュージアムはいかにあるべきかという課題を考えるにあたり、当館の活動を次の3つの観点から紹介したい。最初の節では、札幌の閑静な住宅街、宮の森という地域コミュニティ、すなわち地縁による人々のつながりのなかで展開してきた学校教育と美術館教育の連携に焦点をあてる。次に注目したいのは、本郷新の作品によって形成されるもう1つのコミュニティの存在である。生前、精力的に全国各地の公共空間への作品設置を引き受けた本郷新が制作した作品は、地域的なつながりを超えて人びとを集わせる力を、いまなおもっているのである。作品の存在によって生み出される人々の紐帯には、地域的、地縁的つながりにも勝るとも劣らない強さがある。このように当館と本郷新の作品をめぐる現在について概観したうえで、最後に未来に向けた取り組みへと視点を移す。本郷新という作家の存在を次の世代につなぐという使命において、現代アーティストとのコラボレーションにミュージアムは活路を見出せるという可能性について、ふれることとしたい。

［2］ 地域コミュニティの中で―学校教育と美術館教育の連携

　当館は以前より、近隣の小学校から徒歩で行ける美術館として親しまれてきた。「総合的な学習の時間」の学習指導要領において、地域の素材や学習環境を積極的に活用することの重要性が示されるようになったこととも関連して、美術館の利用頻度は向上し、双方の関係性も密になっていった。

　そうした流れの中で、学校側のミュージアム利用としてシンプルな見学にとどまることなく、共に学習プログラムを練り上げる活動例も出てきた。たとえば、徒歩5分の距離にある札幌市立三角山小学校の場合、3年生の総合学習のテーマを「彫刻美術館探偵団」と位置づけ、1年を通して10回以上来館し、学習を深めている。ここで行われるのは、本郷新はどのような人物だったのか、あるいはどのような作品を制作したのかという地域に縁の作家を知るための学習から、美術館職員の仕事内容といった職業体験の要素がかかわるテーマとともに、展示がどのような工夫のもとつくられているのかという点にまでおよぶ。最後には、児童たちは自分たちでつくった粘土作品を「子ども学芸員」となって展示する。

　この活動は学校によるミュージアム利用の一環であり、学校側の指導案をベースに美術館が要望に応え、時に提案をするというスタイルの教育連携である。その一方で当館では、周辺の学校とともに、より創造的な事業をつくりあげるプロジェクトを近年実施している。

　2017年から開催の「わくわく★アートスクール」という一連の事業である。小中学校と美術館が主催となり、札幌近郊に在住のアーティストを招き、児童と作品づくりを行ってきた。アーティストの想像（創造）力に直にふれ、共に制作することで子どもたちにアートと美術館を身近に感じてもらうことが事業の眼目である。学校で制作し、美術館で展示作業にもかかわり、その後、すべての参加校の児童、生徒たちの作品を一堂に集めた合作として完成した展示を鑑賞する。子どもたちは、普段接することのないアーティストの登場に興奮し、さらに自分が制作した作品が共同制作作品として展示されると、その喜びようは想像以上だった。

　展覧会は一般に公開され、制作、展示にかかわった子どもたちはもちろん、保護者や地域住民の来場がある。教育事業であると同時に、現代アーティス

トによるアートプロジェクトでもあることから、現代アートファンの来館も
目立つ。

写真1 完成した展示を鑑賞する子どもたち

　この事業は、開始当初より単発のイベントとして、学校の授業カリキュラ
ムに位置づけて実施してきた。カリキュラムへの組み入れによって、学校で
の学びと美術館教育が地続きになり、総合学習や図画工作の時間を組み合わ
せながら継続的に事業を実施していく道筋がひらけた[1]。

[3] 作品がつなぐ人の輪―形成される新たなコミュニティ

　美術館が位置する地域における活動を紹介したが、当館の周りには、いわ
ばもう1つの「地域」なるものが存在している。それは、作品のもとに集う
人びとによって形成される新たなコミュニティである。

　本郷新の野外彫刻は、全国約80か所に設置されている。1960年代から1970
年代にかけての野外彫刻ブームの時勢に乗り、さまざまな作品を手がけた。北
海道内に限ってみても、明治改元から100年を数える1968年前後に、「北海道
開拓百年」を合言葉のようにして、記念碑建立の依頼が本郷新に次々と舞い
込んだ。江別の「不死鳥」や白糠の「太陽の手」、旭川の「風雪の群像」には、
北海道へやってきた人びとの苦悩と、生き抜こうという気概が表現された。

　一方、札幌市の近郊、石狩浜に建つ「石狩―無辜の民」は本郷新自身のたっ
ての希望を発端に、紆余曲折を経て、多くの人びとの熱意に支えられて設置

に至った作品である。それゆえに、作品の設置にかかわった人びとの紐帯は強く、時を経てなおそのつながりが、作品のもとで可視化される。

写真2 本郷新「石狩—無辜の民」

「石狩—無辜の民」は、本郷新の代表作で15点からなる「無辜の民」シリーズのうち1点を、2メートルの大きさに拡大制作した彫刻である。手足が強ばったように伸ばされ、頭から胴体までを布で縛りつけられた人体には痛々しさがにじむ。ヒューマニズムをテーマとした本郷新の人間存在に対する思いが込められている。

1978年に北海道文化賞を受賞した本郷新は、その御礼としてこ

写真3「結い—本郷新『無辜の民』と石狩浜」献花の様子

の作品を北海道に寄贈し石狩町（当時）に設置する方向で調整が進められた。元々の「無辜の民」シリーズは、1969年から70年にかけて中東やアジア諸地域での紛争で虐げられた人びとに心を寄せて制作された。拡大された作品が石狩浜に置かれるにあたり、作品には北海道の開拓期の人びとの苦難と悲しみを慰める慰霊碑の意味合いが新たに託された。

しかし、台座の設置費用をめぐって生じた行き違いから本郷は寄贈を取り下げ、そのまま没してしまった。そうした状況のなかでも、石狩ライオンズクラブを中心に本郷の作品に強く共感した人びとによって広く募金活動が行われ、遺族の了解を得てようやく1981年に除幕式が行われた。

それから37年を経た2018年、「北海道命名150年」がしばしば話題にのぼるこの年の8月5日に、「石狩—無辜の民」を囲むイベントが催されることとなる。「結い—本郷新『無辜の民』と石狩浜」と題されたこの会では、開拓期の人びとの慰霊碑である本作の周りに集い、北海道の来し方とこれからに思

いを馳せることが企図された。

夕刻から始まる第1部のセレモニーでは、参加者1人ひとりによる献花がなされ、遺族による本郷の言葉の朗読、アイヌユーカラ朗誦などがしめやかに行われた。石狩の海に夕日が落ちるなか、第2部は、場所を近隣のカフェラウンジに移し、「本郷新『無辜の民』を語る会」が開催された。生前の本郷を知る作家の方や、設置交渉当時の町職員の方、ご遺族と、数珠つながりに次々と続くスピーチでは、オーラル・ヒストリーとして貴重なエピソードの数々が披露された。この会はまさに、いわゆる地域的なつながりとは別種の熱意にあふれ、作品を介した結びつきによって成り立つ集いの場、コミュニティであった[2]。

［4］本郷新を未来へ継ぐ―新たな作品の中に

ここまで見てきたように、当館には、日常の活動のフィールドである文字通り地続きの地域コミュニティに加えて、本郷新の作品が生み出すもう1つの「コミュニティ」が存在する。最後に本節では、本郷新の残した作品それ自体を享受し鑑賞することとは少し異なる、未来へ向けた試みについて若干の紹介をしたい。

本郷新の作品を収蔵する美術館として、この芸術家を歴史的にとらえ、いかなる時代に生き制作したかを明らかにし、調査研究や展覧会の開催などを通して検証することはもちろん重要である。しかしそれに加えて、今の私たちとの接点を本郷新という人と作品の中に見つけていくこともまた、その名と芸術を未来へ継ぐためには不可欠だろう。それには、現代アーティストとのコラボレーションが鍵を握るように思われる。

たとえば、2019年の「わくわく★アートスクール　ほんごうしん・じゅりん」では、美術家の磯崎道佳（1968〜）の発案により、本郷新の作品を出発点としたアートプロジェクトを展開した。学校では本郷新の彫刻のポーズをまねる「ほんごうシン体操」で作品を体感し、次にお気に入りのポーズをとった等身大の自分の姿を紙に写し取った作品「本郷新な私」を制作。そして近隣の小学校3校で制作した作品すべてを集めた大きな森、「本郷新・樹林」を美術館の中につくりあげた。

本郷新の彫刻のポーズを全身で再現し、その身体を紙になぞるという、いわば形の複製行為は、過去の作品を再解釈するプロセスを象徴的に示しているのみならず、作品を趣向新たに鑑賞し直すヒントにあふれている。

　また、新型コロナウイルスの余波により中止となった第3回札幌国際芸術祭（SIAF）では、彫刻家であり彫刻研究者でもある小田原のどか（1985～）に作品制作を依頼することとなっていた。芸術祭での作品発表は叶うことがなかったが、実現したであろう作品制作のアーカイブが残された。小田原は、近代の日本彫刻がたどった特異な軌跡をテーマに、戦後に数多く公共空間に現れた女性裸体彫刻などをとりあげて当時の社会状況を再構築しながらそれらの意義を「言葉」によって問い直す論考と、過去の作品への「形」による批評としてのアート作品、両方を発表している。

　学芸員や研究者による言葉に依拠した検証のみならず、今を生きるアーティストの造形による応答は、私たちに新たな驚きを与え、本郷新の作品に新鮮な目を向ける契機となるだろう。

　こうした活動のために不可欠なのは、当然ながら本郷新の作品に加え、ス

写真4 完成した「ほんごうしん・じゅりん」のなかで

クラップブック、写真アルバム、手帳、手紙など、自身が残したさまざまな「記録」である。本郷新は、海外から家族にあてた手紙に「（この手紙は）いつか貴重な記録になるだろうから」と明記しているように、作家として自らが

歴史化されることに並々ならぬ関心を抱いていたようだ。実際、調査を進める者は、作家のその緻密な仕事ぶりに多く助けられている。作品ごとに集められたスクラップ記事やアルバムは、当時の作品評価を再構成する貴重な資料であるし、海外から送られた手紙には、本郷が海外作品の何を吸収し、何に反発したか、そして戦後の民主主義のなかで自らを思想的にどのように位置づけていったのかを知る手がかりがここかしこにある。

　現在当館では、これらの資料のデジタル化を札幌彫刻美術館友の会を中心としたボランティアと共に行い、より活用しやすい形に整理を進めている[3]。多様な記録の断片は、新たな言葉や造形によって、再構築されるのを待ち構えている。

[5] かかわりあいから生まれる新たなコミュニティの可能性

　人の一生のように、美術館のライフコースというものを試みに考えてみたとき、当館はどの段階にいるだろうか。生前の本郷新と親交をもつ関係者が直接的に館の運営に携わっていた時期、それが当館の始まりの時期であったとすれば、時代を経るにつれ、本郷新とその生々しい記憶は否が応にも薄れていく。開館以来、40年の年月のなかで当館は、記憶が拠り所となった時代から、記録を読みとく時代へ、ゆっくりとその歩みを進めてきたように思われる。

　記録を探り、記憶にふたたび息を吹き込む作業を、アーティストや研究者、ボランティア、学芸員などさまざまな背景をもつ人がかかわりあいながら行うにつれて、ここにも、新たなコミュニティが生まれていくのだろう。

（山田 のぞみ）

〈注および参考文献〉
1　本郷新記念札幌彫刻美術館編（2019）『わくわく★アートスクール：記録集 2017・2018』札幌市芸術文化財団
2　結い―本郷新「無辜の民」と石狩浜の会（2019）『結い―本郷新「無辜の民」と石狩浜 抄録』（下記 URLでPDF版をダウンロード可能http://www.city.ishikari.hokkaido.jp/soshiki/hisyokoho/39856.html）
3　山田のぞみ（2020）「本郷新研究の深化のために―資料公開の現状とこれから」「札幌彫刻美術館友の会会報 いずみ」No.70

第8章

地域社会と学芸員

本章では、地域社会に入り込み、人びとにはたらきかけるミュージアムと学芸員の仕事に焦点をあてる。地域の住民は、誕生や死、転出入によって不断に入れ替わっていく。学芸員も、もちろん、転入して新たに地域の一員になったり、それぞれの人生のなかで別の地域に転居したりする。そのようななかでミュージアムなどの文化施設は、さまざまな人が出会い別れるライフコースの交差点になりうるだろう。なお、4本の論考はいずれも北海道の事例を扱うものだが、各館の取り組みからは、地図を俯瞰するだけではとらえ切れない、地域ならではの事情や課題の濃淡がみえてくるに違いない。

1. 写真が出逢いをはぐくむ町
——「写真の町」東川町

[1] 写真文化首都・東川町

　東川町文化ギャラリーは、東川町民の方をはじめとした創作発表の場、写真など優れた芸術・文化作品の展示を行い、多くの方に鑑賞していただける場として1989年11月3日に開館した。以来、現在まで、1985年から開催している「東川町国際写真フェスティバル」（通称：東川町フォトフェスタ）の授賞式を行っている「写真の町東川賞」の受賞作家作品展会場として、国内外の著名な作家の作品を展示し、写真の町のメインとなる施設として運営している。

　東川町文化ギャラリーがどのような施設なのかを説明するうえで欠かせないのが、東川町の写真の町づくりについてである。そこでまずは写真文化首都「写真の町」東川町について説明したい。

　本町は明治28（1895）年、開拓の鍬がおろされ、水田農業を基幹産業として「お米と工芸、観光の町」をキャッチフレーズに発展してきた。昭和38（1963）年から全国に先駆けて圃場整備事業がはじまり、大型水田化が進められた。事業が終了する昭和59（1984）年に開拓90年を迎えたが、この頃の課題は「本町の素晴らしい風光明媚な自然環境を未来永劫にわたって守り育てること」「観光客が年々減少傾向にあること」等であった。当時は、九州の大分県からはじまった一村一品運動が盛んになり、地域のブランド化が積極的に取り組まれているという状況が背景にあった。本町にも米、家具、観光など「一村一品」として売り出すことのできるものはあったが、新たな世紀に向けて他の町にはない「町民が参加して、後世に残し得る町づくり」を模索していた。

写真1 東川町文化ギャラリー

　そんな時、「東川は写真の被写体とな

る美しい景観がたくさんある。それらを活かすことのできる写真文化を地域振興の核にすることで、町全体が強い発信力を持つ」という写真の町構想が提案され、昭和60（1985）年）6月1日（写真の日）に、自治体として初めて文化で町づくりを行おうと「写真の町」を宣言した。以来、2020年で36年目を迎える。また、30年を迎えた2014年3月、私たちのまわりにある大切なものを「写し、残し、伝える」こと、その心を大切にした写真文化の中心地として、写真と世界の人びとをつなぐことを目的に「写真文化首都宣言」を行った。本町で世界中の写真に出逢い、世界中の人びととふれ合い、そして世界中の笑顔があふれるように、私たちのまわりにある大切なものを写し、残し、伝えることの決意を示し、新たな写真の町づくりに取り組んでいる。

［2］ 東川町国際写真フェスティバルと写真甲子園

　36年という長い年月を、一貫して写真を中心に据えて町づくりを行ってきたことに関しては、先人たちの生半可ではない覚悟と持続してきた熱意が感じられる。それは本当にかっこうよく、心から尊敬できることであると思うし、自賛になってしまうかもしれないが、先人たちの思いを受け継いで継続してきた強みが、今日になってさまざまな分野で実を結んできていると思っている。町民の1人として私自身も、いまでは「東川スタイル」という言葉で表現されるほど、町のイメージができてきていると感じる。とはいえ、36年目を迎えるこれまで、順風満帆に写真の町づくりの取り組みが行われてきたかと言うとそうではない。

　「写真」を町づくりの中心においたことには、いくつかの積極的な理由があった。たとえば、「東川町は大雪山国立公園を有し、北海道の主峰『旭岳』や北海道文化財の名勝として指定されている『羽衣の滝』等の自然を有しているという、優れた自然景観に恵まれている」「写真映りの良い住環境づくりにより、町民の完成や創造性を引き出せる」「写真は、生涯学習に活用でき、コミュニケーション活動に役立つ」「写真は、人間のあらゆる文化や生活にかかわっていくことができる」などの理由である。

　しかし、実際のところ写真の町宣言の年に開催された東川町国際写真フェスティバルでは、まだ町民と写真とのあいだに距離があったように感じられ

る。写真の町東川賞受賞作家はもちろん、さまざまな写真界のゲストが訪れ、全国から写真愛好家が集まり、道内外からのボランティアの方々の大きな助力により運営される。そこに、東川町民も参加し、出逢いと交流の場を提供しているという認識だったのだ。東川賞受賞作家作品展の展示作業やイベント運営のため、全国から集うボランティアスタッフ「フォトフェスタふれんず」が町民とのかかわりをもっていたため、当初から応援してくれる方々はいたが、生活の中に写真が浸透していない町民にとって、ことに専門的な写真の話や写真展に関しては、自分たちとはどこか別の場所で行われているイベントというイメージをもってしまうことは否めない状況にあった。「文化」で町づくりといっても、具体的にどのような経済効果をもたらすのか、という疑問や、反発も少なくなかった。町外に向けてのアピールも大切であるが、東川町に暮らす町民にとってもメリットが感じられるものでないと、町づくりは成功したとは言えない。

そんななか、写真の町宣言から10年経った1994年、東川町国際写真フェスティバルの一環で、高校生向けの写真イベントとして開催された「全国高等学校写真選手権大会」（通称：写真甲子園）が、「写真の町」と町民との距離を近づけるきっかけとなった。全国からこの写真甲子園をめざして東川町に集った高校生たちが、写真を撮りながら東川町をはじめとした近郊の風景や人と出逢い奮闘し、審査委員に叱咤激励されながら成長していくという一連の大会風景に「写真のことはよくわからないが、一生懸命頑張る高校生たちを応援したい」という思いから、町民たちがそれまで以上にイベントに参加しだ

写真2 東川町国際写真フェスティバル

した。町民有志で構成される写真の町実行委員会 企画委員会で提案された町民宅へのホームステイや町民が選ぶ特別賞などが大会運営において写真甲子園に出場する高校生と町民をつなぐきっかけとして大きな役割を果たし、企画委員をはじめとした町民の写真の町への意識向上にもつながったと言える。

[3] 写真甲子園に魅せられて

　私自身のことについて話すと、大阪出身で大阪の高校の写真部に通っていた私は、第12回写真甲子園（2005年）本戦大会に近畿ブロック代表として出場した。高校卒業後は、大阪の大学の写真学科に通いながら、写真甲子園のボランティアスタッフとして東川町を訪れた際に出逢った東川町民に魅了され、東川町に移住し職員となった。

　はじめはただ写真甲子園という大会が大好きで、1年のうちの1週間東川町に滞在し、写真甲子園にかかわっている人によくしてもらうという、人の温かさに触れたくて毎年通っていただけであったつもりが、大会運営を行う東川町職員の疲れがにじみ出た、でも真剣な表情で運営について話し合っている背中がとてもかっこうよく見え、「私もあの中に入りたい！」と思うようになった。しかし当時の私は東川町そのものについて考えたことはほとんどなかった。私が惚れ込んでいた写真甲子園は、そこに東川町の人がいて、もちろん写真があって、それで世界が回っているという単純なものであった。それが、町のスタッフの人たちの、あのかっこういい大人たちの仲間になりたいと思い出してからは、1年中、東川町の人たちと過ごしたいと思うようになった。

　となると、東川町に住むしかない。そのためには、東川町のことをもっと知らなければならない。そんな思いがきっかけとなり、大学の卒業制作で写真を撮影するために東川町を訪れ、夏の大会期間中以外の東川町の雰囲気も味わい、本当に住みたい場所かどうか検証を行うこととした。東川町に住むための事前調査として、撮影を依頼した被写体の方に「東川町ってどんな町ですか？」「東川町っていい町ですよね！」などと話しかけ、町民の方から町についての正直な意見を聞き出すこととした。この質問をすると、驚くことにほとんどの方の第一声が「いやぁ、ここは何もない町だよ」であった。「田舎だしね。大阪から来たんだったらびっくりするでしょう」

写真3　写真甲子園

写真4 写真少年団

とも言われたが、そのあとには決まって必ず、「でもね、自然は素晴らしいんだよ」「お水やお米は、本当においしいよ」「農作業していて、ふと見上げると大雪山がすごくきれいでね。その前を白鳥が飛んだりすると、見とれてしまうんだよね」「人はみんなやさしいね」というような言葉で東川町を紹介してくれた。町職員ならともかく、町民1人ひとりが、自らの言葉で自分の町に対する想いを話し、その言葉どおりに生活をしている。撮影をすればするほど、東川町という町の魅力を感じた。

　そこからは周りの方々のたくさんのサポートで移住が実現し、現在は東川町文化ギャラリーの学芸員として、東川町国際写真フェスティバルの運営やギャラリーの企画展示等の業務を行うほか、東川町幼児センタープレスクールや東川小学校の写真ワークショップ、クラブ活動、東川中学校文化部との写真活動、東川シニアクラブ写真教室、ひがしかわ写真少年団といった写真の普及活動を行いながら町民の方とのかかわりをもつことにも力を入れている。なかでも写真少年団は、東川町に移住した際に「野球少年団」「バレーボール少年団」「サッカー少年団」といった地域の少年団活動が盛んで、地元ではあまり見られなかったこともあり印象的だったのだが、「写真の町なのだから写真少年団があってもいいのでは」という話を町民の方と話している時に発言したことがきっかけで2013年に設立された。いつか東川町民が写真甲子園に出場し、ゆくゆくは東川賞を受賞するような作家が出てくるようになれば、という野望もある。それはまだ少し先の話としても、いまは写真の町に生まれた子どもたちが、自分たちの町が写真の町ということを意識し町の取り組みを知り、誇りをもち、少しでも彼らの世界を広げるきっかけになることができればと思っている。写真が好きで集まった仲間と一緒に過ごす居場所にもなればいいと思っているが、いまのところ気づけば私自身の居場所になっているのが現状である。とはいえ、彼らの将来が楽しみでしかたない。

［4］ 写真がまちをつくり、まちと共に歩む

　写真の町東川賞受賞作家の方々には、オリジナルプリントの寄贈をいただくことが受賞の際の条件の1つとなっている。そのため現在約2,800点の東川賞コレクションが収蔵されている。このコレクションの保存・公開に関することも大きな仕事の1つである。ここで、東川町に関連する受賞作家、飛彈野数右衛門さんを紹介したい。

　飛彈野さんは大正3（1914）年東川に生まれ、14歳の時にカメラを手にしてから生涯写真を撮り続けた。44年間務めた東川町役場勤務時代には、「弁当箱とカメラは忘れたことがない」と自身でも言っていたように、どこへ行くにもカメラをもって東川とそこに住む人びとの移り変わりを記録し続け、2001年、87歳の時に第17回写真の町東川賞特別作家賞を受賞した。飛彈野さんは2008年12月にご逝去され、これまでの功績を讃え2010年の第26回写真の町東川賞から、飛彈野数右衛門賞を創設した。飛彈野さんの功績は写真の町の歴史を語るうえで欠かすことのできない大きな存在である。しかし、ただ純粋に写真を撮ることが楽しく、撮影した写真を無償でプレゼントすることが何より嬉しかったという飛彈野さんは、生涯アマチュア写真家を通し、自身が生まれ育った東川と、家族と、そこに住む人びとを愛し、日記帳のように日々を記録していた。

　飛彈野さんの写真は、自身が言っていたように飛彈野さんの「人生記録」なのだが、現在では歴史的資料としても重宝され、東川町の歴史を語る、「町の記録」となり、写真の町の貴重な宝となっている。写真甲子園も今年26回目を迎えるが、いままで本戦大会で撮影されてきた東川町の

写真5 第17回写真の町東川賞特別作家賞 飛彈野数右衛門——シリーズ『昭和の東川』より「薪の前に立つ、腕白少年たち」

風景や人びと、その何気ない写真たちは、いま見直してみると撮影当時の状況を表し、記憶が写真となって現在まで残っている。これは飛彈野さんの写真同様に、東川町の写真の町の取り組みを表す立派なアーカイブとして未来につないでいく必要があるのではないかと思っている。

　写真甲子園がきっかけで町民のあたたかさを知り東川に移住し、学芸員として仕事を行ううえで東川賞やフェスティバルの運営で写真の奥深さや楽しさを知り、写真を通じて町民の方に助けていただきながら事業を行い、信頼関係を育むことができている。今は東川町文化ギャラリーの学芸員として写真をきっかけとしたさまざまな町の取り組みにかかわり、文化ギャラリーから写真を楽しみ身近に感じてもらうような企画を発信し、少しずつかも知れないが、町民の方にとって写真が身近なものになってきている気がして、それがとてもうれしい。

　自分だけが特別な存在だ、と思っていたのだが、実はそうではなかったというのはよくある話であろう。たとえば、自分にだけ優しくしてくれているのかと思っていたら、実はほかの人にも同じように優しくしていたという事実を知る。こんな心情は、誰もが経験したことがあるのではないだろうか。しかし東川町は、みんながそれぞれ個性を尊重しあっているため、誰もが特別な存在、物語の主役になれるような気がする。これが、住みはじめてわかったことの１つである。自らの人生をしっかりと歩んでいる、かっこういい大人が多いのだ。本気で何かを訴えたら、誰かが応えてくれる。そんな安心感や心のつながりがもてる町なのである。

　最後に、東川町文化ギャラリーは本稿執筆時点の2020年秋、開館以来初めての大規模改修・増築工事に取り組んでいる。収蔵庫の拡大等運用面の機能向上が目的の１つではあるが、増築部分にラウンジが新設されたり、東川賞の常設展示が行えるようになったりと写真の町の交流・発信施設としての強化が、利用者にとっての大きな利点になるであろう。2021年２月、リニューアルオープンする東川町文化ギャラリーを、写真を楽しみ、たくさんの出逢いをはぐくむ場所としたい。

（吉里 演子）

2. 地域にかかわる“人”に応じた楽しみを
——小川原脩記念美術館の場合

[1] 地域住民と観光客

　筆者が小川原脩記念美術館に採用された2012年から8年間、ミュージアム勤務者として、地域住民のひとりとして当館を「観察」してきた。主観中心の事例の記述とはなろうが、地域ミュージアムとしての現状を紹介したい。

　当館のある倶知安町は北海道の南西部、日本海寄りのニセコアンヌプリなどを主峰としたニセコ連山と蝦夷富士こと羊蹄山とに挟まれた山間部に位置し、海抜176メートル、日本海からの季節風を受け、冬季の降雪は12メートルにおよび、長期積雪は平均的に2メートル前後となる。これらの気候、環境による豊富で軽やかなパウダースノーが好条件となり、ウィンターリゾートの中心都市となっている。農産物についても、冷涼な気候から主に馬鈴薯の畑作が中心となっている。2005年に人口1万6,000人を下回ったが、以降1万5,000人規模を15年間維持している。2015年の国勢調査では、町の総人口15,018人、年少人口（0〜14歳）が2,125人（14％）、生産年齢人口（15〜64歳）が9,097人（60.5％）、老年人口（65歳以上）が3,708人（24.6％）だが、そのうち高校生、大学生などにあたる15〜24歳は986人（6.5％）と少ない。大学や専門学校といった進学先がないためと思われる。併せて同国勢調査から産業構造についてもみてみると、第1次産業709人、第2次産業925人、第3次産業5,957人となっており、大まかに農業が1割、建設製造で1割未満、サービス業が8割を占める。第3次産業のなかでも割合が大きいのはリゾート関連もあり飲食宿泊業が14.7％、医療福祉が13.9％、北海道の機関である後志総合振興局をはじめ官公庁の出先や自衛隊駐屯地もあることから、公務が15.8％と他を上回る。この公務従事者が美術館、美術教育への関心が高い印象がある。転勤による入れ替わりもあるものの、利用者のなかでもリピーターとなる人が多い。空間的には市街地とスキー場を中心としたヒラフ地区という大きく2つの地域があり、異なる地域性をもち、住民の意識にも違いがあったように感じるが、ここ10年くらいで境界は薄らいでいる。ヒラフ地区の従

事者であっても居住地は市街地であることが多くなっているようだ。

　このような背景から、当館の利用者を把握する際には、観光客と地域住民に分けて考えていきたい。観光客は北海道内の他市町村、北海道外、または日本国外からの来訪者がいる。北海道内では、札幌圏から車で2時間という絶妙な近接性によって、圧倒的に札幌方面からの来訪が多い。倶知安町は全国屈指のウィンターリゾート「ニセコ」の中心地であることも、観光客が来館者の多数を占める理由となっている。当館の羊蹄山を望む恵まれた立地、景観（写真1）は観光資源として評価されることが多い。

　また、地域住民とは、職住を倶知安町あるいは近隣町村に置いている人々のこととしたい。そしてこの地域特有の現象として、特に積雪期である冬季に、来訪者、地域住民ともに海外からの来訪・移入者が非常に多い。外国人住民数と当館の来館者[1]をみてみると、2016年には住民数457名（人口のうち3.0％）、来館者131名（年間来館者数5278名のうち2.5％）、2019年には住民数547人（同5.0％）、来館者341名（同5619名のうち6.1％）と増加傾向にあった。

写真1 小川原脩記念美術館外観

[2] 美術館運営を支える人たち

　まず、当館の特徴を、地域ミュージアムの学芸員と利用者のかかわりに着目しながら紹介し、課題についてまとめたい。当館は郷土の画家・小川原脩（1911〜2002）の作品を収集・展示する美術館として、小川原脩の油彩画約700点を所蔵。また、地域の美術動向を発信する役割も担う。小川原脩の調査研究、収集に基づいた企画のほか地域作家のグループ展を中心とした展覧会を

実施する。教育普及事業として美術分野では鑑賞会、造型教室、美術史レクチャー、他分野では映画観賞会、コンサートを開催している。展覧会、普及事業は学芸員が担うが、学芸員は1〜2名の体制が続いている。これまでに3名の学芸員[2]が携わっており、それぞれに地域住民の利用者とのつながりを構築している。重複や引継ぎがないことが、学芸員が入れ替わることによって密着型の利用者が美術館からも疎遠になるなど、継続性の課題となっている。

　勤務者を含め、長期的に役割を担って美術館に携わる人もいる。勤務者は学芸員、事務職員、施設管理職員、受付職員がいる。勤務とは異なる形でかかわり合いを継続している人には、友の会、ボランティアグループの方々がおり、開館以来20年の長期にわたって美術館にかかわる人が複数名存在する。このなかには受付スタッフや資料整理作業の補助員として勤務者の経験をしている者もいる。地域住民としてかかわりをもっていた人が、美術館に寄り添い、そして居住地の移動、定年退職などの事情によって地域から離れ、来訪者へと変化している。

［3］ さまざまな世代と向き合う

　次に、利用者ライフコースの視点から、地域ミュージアムとしての当館の役割と、現状について述べる。この町に暮らしていると、どんな場面で美術館と交錯するかを、地域住民利用者の世代別に整理していきたい。

- 幼児：幼児を対象に含む造形活動ワークショップへの参加など家族での利用がある。このワークショップは地元保護者、幼稚園、保育所などで周知されている。
- 小学生：分校を含め5校あり、学校の授業利用や、絵画コンクールの展示を見に家族での訪問がある。生活科の授業では地域学習で来館するほか、学校へ学芸員が出向き「郷土の人」として小川原脩について講話をする機会もある。また遠足の休憩地点にもなるなど、比較的接点がある。
- 中学生：1年生美術科「鑑賞」において訪れる学校利用が継続して行われている。ほか、職場体験学習での利用もある。
- 高校生：普通科と農業高の2校があり、どちらも数年おきにインターンとして訪れるが、利用はほぼないに等しい。また、高文連の地区大会を担当

する年には美術部の来訪があるものの継続性はない。

- 働く世代：公官庁では美術館での研修が企画されることがある。また、スキーインストラクター、飲食店に勤める海外からのリゾート従業員がシーズンイン直前、シーズンオフ直後に来館し、じっくりと鑑賞し美術館スタッフと交流する場面がある。
- 子育て世代：教育普及事業、キッズコンサートや絵画コンクールなど子どもの付き添いとして来館している。
- リタイア・シニア世代：女性はコンサートや講座に常連として訪れるほか、サロン的空間として数グループが自主的に持ち寄りお茶会などを楽しんでいる。男性でも美術講座へのリピーター参加があり、この世代では毎週の訪問があるなど繰り返し利用するようになる人が多い。

また、世代別に分けにくいグループとして、美術作家による来訪・利用がある。展覧会出品を契機とした作家同士、作家と利用者の交流がなされている。画家・写真家・陶芸家・書家など、近隣町村を含め地域在住の美術作家は20数名と多く、20歳代〜80歳代にわたりゆるやかな結束をもつ。

若年層への美術鑑賞・造形活動の機会の提供、学校教育の支援、リカレント教育、生涯学習の提供の場としての役割を果たすほか、もっと気軽に交流を楽しむお茶の間のような空間としても認識され機能しているようだ。

［4］子どもたちと美術館との接点をつくる

ここからは、多岐にわたる利用者属性のなかから、筆者が主な担当となっている地域の子どもたちを対象とした事例を2つ紹介したい。どちらも年に1度の実施ではあるが、継続性をもっており、対象者やその保護者・学校関係者には認知されている。

中学生の鑑賞授業

倶知安町内の中学校は町立倶知安中学校1校で、町内4つの小学校（分校を含めると5校）から集まる。各学年4学級、1学級は30名程度で推移している。2014年から19年まで、すでに6年間継続しており、その間、担当教員は2度変わっているものの、1年生の美術科での事前授業1時間、来館2時間、学芸員を派遣する事後授業1時間と、4時間分の構成は変わらず確保されている（写真2）。

写真2 倶知安中学校鑑賞授業（2018年度）

写真3
小川原脩「群れ」（1977年、
油彩・キャンバス、162.0×
130.3㎝、小川原脩記念美術
館蔵）

　小川原脩作品については、70年という長い画業のなかでさまざまに作風が
変遷するが、東京美術学校（現・東京藝術大学）での修練によるところの大き
い、しっかりとした技量に支えられた作品となっている。小川原の歩んだ時
代背景、人間性、冷静な視線によって生み出された絵画には、その時々の社
会が映し出されており、いま現在の私たちにとっても示唆に富んだものとし
て受け止められる。例えば、小川原の画業を代表する作品「群れ」（写真3）を

鑑賞する際、大きく2つの方法からアプローチする。1つは、絵画のなかで見えたモノ、見つけたモノを発言し、グループ内で視点を共有していくことで、何が描かれているかを発見していく対話による鑑賞方法[3]である。この作品の場合、1匹の犬、集団の犬、二者の距離感、濃紺の背景などについて言及し、次第に使われている色彩や1匹ごとの表情など詳細な部分の発見へと展開する。もう1つは、描かれた背景を考慮して鑑賞する方法である。小川原脩は、1930年代よりシュルレアリスム絵画に傾倒し、福沢一郎らとともに美術文化協会に加わった。しかし太平洋戦争のさなか、若手ながらも陸軍報道部に抜擢され従軍画家として中国へ渡り戦争記録画を制作した経歴をもつ。そのために戦後、かつての画家仲間からの責任追及や疎外を受け心に傷を負った。郷里を離れることなく、人を描かずに動物へと対象を置き換えているものの、自らの経験と重ね合わせたそれらの作品は、社会のなかの「個」と「群れ」の有り様を我々観るものに突きつけてくるのである。このような背景を学芸員が語ってから、子どもたちは改めて作品に向き合う。

　以下、授業後の感想文の記述内容である。

• 鑑賞の仕方について

　これからは、描いた人と自分の見方も違うだろうし、他人の意見も聞きながら「こういう見方もできるのだな」と考えたいです。／題名や、絵の細かいところを見て想像したら、もっと面白い。「絵って面白い」と実感することができました。／1つひとつの作品にたくさんの思いがこめられているのがわかった。そういう感情が伝わるところが、とても面白かった。／これからは、絵がいつごろ、どんな考えで描かれたのかを考えて見たいと思いました。

• 小川原脩について

　時代のながれにのって絵を描いていたから、流行に敏感なのだと思いました。／私から見ると、全然様子が違う絵でも、小川原脩さんの独特な描き方や色づかいが、その絵その絵ににじみ出てるいという共通点があると思いました。／繊細な人だから、絵も繊細で上品な絵に仕上がっていると感じた。

• 自身の変化について

　美術館見学で、もう少し時間がほしかった。／人1人の生き方だけど、色々な考え方があることがわかった。何年かたったりしたらそっちのほうがいい

とか、考えが変わってその繰り返しだということがわかった。／自分で自由に見ることに集中しすぎて、みんなの考えを聞いたりしなかったことが残念だった、気をつけたい。／これまで美術館が好きではなく、授業もはやく終れと思っていたけれど、行ってみたら良い感じだった。もう嫌ではなくなったので、いろんな所へ行って美術品を細かいところまで見て楽しみたい。

　さらに、小川原脩晩年のアジア旅行について、描いているときの心情について、もっと知りたいという感想もあった。担当教諭からは、「作品や作家についてだけではなく、自分自身の考え方にまで思いを至らせている生徒がいたことに驚き感心した」「授業後、さっそく友人と誘い合い美術館へ出かける生徒がおり、普段美術に関心がないように思えても、興味をもち、行動に出る積極性があった。自分の気がついていない興味関心に目を向けるきっかけとなった」という意見がでていた。授業後に二通りの鑑賞方法で楽しかった方に挙手をしてもらっているが、どちらかに偏ることもなく、また両方に手を挙げる生徒もいることから、楽しい経験としてとらえられているようだ。

造形活動ワークショップ

　幼児、児童とその保護者が主な対象の造形活動ワークショップは、2015年から19年の5年間で計8回実施し、美術館のイベントとして定着、認知されてきている。実習室がないのでロビーを会場とするため、気軽に参加できる開放的な雰囲気となることや、作品化と展示の効果から満足度が高いと感想をいただいている（写真4）。

写真4
造形活動ワークショップ（2015年度）

札幌の美術家・宮崎むつ氏に講師を務めていただいている。宮崎さんは倶知安で小・中・高校生時代を過ごし、当時中学の美術教師をしていた故・因藤壽氏（現代美術家）の指導を受け美術の道を志した。小学校の教師として子どもたちを指導、研究を重ねながら自身でも制作活動を続けてきた。美術の面白さを知る機会を得た倶知安町で、今の子どもたちに造形活動の楽しさを伝え恩返しをしたいと、講師を引き受けてくださっている。

事前の申込不要、時間内であればいつでも参加できるスタイルで実施しており、参加者数の実績は、初回の2015年は61名、2016年は59名、2017年は66名、2018年には92名と参加者は年々増える傾向にあり、少なくとも60名程度が参加するイベントとなっている。毎回保護者や一般来館者など大人も参加している。同じ子どもが「むつ先生に会いに来たよ」と複数回参加、保護者が年少の兄弟や友人を連れて再び参加するなど、リピーターや口コミによる人気がある。

造型活動の内容は、色画用紙やペン、クレヨンといった扱いやすい画材を使って画用紙に貼ったり描いたりする制作を中心に行っているが、「○がいっぱい」「たのしい町になあれ」「バケツの中は花いっぱい」といったタイトル、線を引く、円を描くといった簡単な作業から取り組みはじめ、イメージを膨らませる仕掛けがなされている。幼稚園や学校の授業のような時間の制限がなく、自分のペースで、自宅で取り組むよりも豊富な画材を使いながら作品を仕上げていく姿からは、参加者の充実した活動の様子が見て取れた。

完成次第、各自の作品は青い大きな色画用紙で額装され、会場でもある美術館ロビーに展示されていく。自分が制作しながらも、次々に展示されていく他の参加者の作品からも刺激を受ける。展示された自分の作品と一緒に写真撮影、後日家族と連れ立って見に来るなど、展示によって満足度が上がっている様子がうかがえる。

まだどちらも事例も取り組み開始から10年も経過していないため、長期的な反響はまだ見えてこない。しかし、サケの稚魚放流ではないけれども、幼年期から思春期までの美術館体験を重ねる機会が町民にあることが、将来的に利用者となって回帰するようにと願っている。公共文化施設としての利用のされ方や存在意義、町民から求められている姿は「お金をつかわずに、丸

1日中、子連れで、飽きない、ゆっくりできる、車なしのアクセス」といった若い世代からの注文もある。利用しない人からは「絵を見るなんて難しい、芸術なんて自分に無縁、楽しくない、美術館は緊張する」との声も聞く。美術館は「わざわざ来る」というアクションを求めている。そのため、行ってみたい、行くのが普通、という感覚をもってもらうよう働きかけが必要だろう。前述したような小学生・中学生からの美術館経験を促し、「誕生日だから、美術館に行こう」「美術館でデートしませんか」など気軽な過ごし方の呼びかけ、地域内での情報発信者と連携するなど、できることはまだありそうだ。

(沼田 絵美)

〈注および参考文献〉
1　当該年度の外国人居住者数は倶知安の統計2019年版(倶知安町住民環境課調べ)に拠った。外国人の来館者数は、受付スタッフがカウントした数である。
2　小川原脩記念美術館は町立の施設であり、勤務者は役場職員である。学芸員3名は①当初は文化財担当として着任、開館の1999年から2014年まで美術館に在籍、学芸員・館長職・社会教育課長、再任用により非常勤学芸員を務める。②2012年〜現在まで在籍、非常勤学芸員(筆者)。③2014年〜現在まで在籍、館長職を務める。
3　筆者は山崎正明(北翔大学)講師による研修講座(後志教育研修センター、2017年)で「対話による意味生成的な美術鑑賞」の紹介を受け内容を見直し、実践している。山崎氏の薦める「対話による美術鑑賞」は上野行一(2014)『風神雷神はなぜ笑っているのか—対話による鑑賞完全講座』光村図書出版株式会社、に詳しい。

3. 人と人がつながる場
──苫小牧市美術博物館の教育普及活動から

[1] 地域と共にあるミュージアム

　2013年に開館した苫小牧市美術博物館は、人口約17万人の北海道苫小牧市にあり、博物館、美術館、そして埋蔵文化財調査センターという3つの機能を有している。当館の前身である苫小牧市博物館および埋蔵文化財調査センター（1985〜2013）は、自然、歴史、考古の分野を専門としてきた。苫小牧市美術博物館は、ここに美術部門を新たに加え、既存の施設にギャラリースペースの増改築を行い、開館したのである。

　当館は、市民の要望に支えられて生まれた、苫小牧におけるはじめての「美術館」である。しかし、地域にとって全く新しい存在として開館したわけではなく、博物館が地域とかかわりながら積み重ねてきた活動をもとに、展開するものであった。博物館と美術館の両機能をもつ「美術博物館」として出発した当館は、美術館としての事業を新たにはじめるとともに、博物館のこれまでの事業も継続させながら、地域へのかかわりをより強くしていくことを試みている。

　ここでは当館の教育普及活動のなかから、旧博物館時代から続けられてきた活動と、リニューアル後にはじめた活動を取り上げる。特に、参加者と博物館、そして参加者同士のかかわりが、地域の中でどのような働きをしているかということに焦点をあてながらみていきたい。

[2] ミュージアムにおける学びの経験

　具体的な事例をみていく前に、まずは教育普及活動のもつ可能性について、いくつかの議論を参照しながら考えてみたい。

　博物館と教育のかかわりについて、田中梨枝子は、教育を「学習者の行動に価値変容をおこさせようとする意図的な試み[1]」であるとしたうえで、「受動から主体へと段階的に鑑賞者が変容し、最終的には鑑賞者が主体的に学ぶようになる[2]」ことが理想のかたちであると説明する。また、小原千夏は、近年

の博物館教育の考え方として、次のように示している。それは、来館者は「博物館で知識を与えられ受け取るだけの受動的な存在ではなく、あらかじめ知っていることと新しいことを関係づけ、自分の中で意味を構成していく存在」であり、博物館が利用者に知識を注入するのではなく、利用者自身が「意味を作り上げていくこと」をめざすという考え方[3]である。さらに、小川義和は、博物館では人と資料との相互作用によってその教育的機能が発揮されるとし、博物館教育を考えるには、双方向的な視点が必要であるとする[4]。そして、博物館側と来館者側の、展示や資料を介したコミュニケーションの意義を示す[5]。

　このような議論からは、博物館におけるモノ（資料）と人とのつながりが、個人の有する知識や経験と応答しながら推しはかられる営みであることが示される。あるいは、博物館での経験とは、モノと人との双方向的なコミュニケーションを通じて、自らの内に新しい意味を構成していく能動的な学びである、ともいえるだろう。

　近年の博物館では、モノと人とのかかわりに加え、人と人とのかかわりを生み出す活動を展開する事例も少なくない。広がりをみせる教育普及活動の現場では、博物館と参加者という二者の関係ではなく、さまざまな個人や団体と協働する教育プログラムも行われている。たとえば、美術館ではアーティストと協働したプログラムが数多く行われており、いまや美術館の代表的な教育普及活動の1つといっていいだろう。美術館がアーティストと主体的にかかわる教育的なプログラムの実践をみていくと、教育普及活動における、主催者と参加者の双方にかかわる視点がみえてくるように思われる。

　こうした実践に対して、たとえば参加型アートやアートの社会的関与の問題に関する研究で知られるクレア・ビショップは次のように指摘する。アーティストが行う教育プログラムの実践は、形式や媒体にかかわりなく、芸術それ自体を教育の1つの在り方として考察することが必要であり[6]、プロジェクトが「教育エンターテイメント」や「教育性の美学」に陥ってしまわないためには、アーティストが芸術それ自体と、社会領域の双方に対して対峙すること─臨場的にそこにいる参加者と、事後的に存在する鑑賞者たち、の両者に向き合うこと─から目を逸らすべきではない[7]というものである。ビショップの議論は、美術館での教育プログラムを前提とするものではないが、

参照できるものであろう。

　一方で、イギリスのテートギャラリーが1990年代に理論化した「WAYS IN TO LOOKING AT ART[8]」という考え方では、美術館の教育的な活動がもたらす経験について、より直接的に1つの姿勢がはっきりと示されている。それは、美術館での教育的な経験が、展示作品の解釈を発展させ、その形態はディスカッションやディベートを中心とした能動的な性質を備えたものを主とするというものである。そしてその根底にある考えについて、「視覚芸術をその生涯にわたって価値あると評価し続けるようなものであるならば、美術館の中で『実物（ほんもの）』の作品と一緒にいられるという経験が本当に魅惑的でないはずがない。そう私たちは合意しているのです[9]」と示す。

　美術館では、作品そのものの配置や、他の作品のなかでの位置づけ、展示環境とのかかわりなど、さまざまな要素が作品にかかわっており、こうした作品のみせ方、語り方の違いによって、「実物（ほんもの）」の作品と過ごすという経験は多様なものとなるだろう。美術館で経験される知的で感性的なよろこびは、日常的な空間とは異なる場所ならではのものではないかと思われる。教育普及活動は、そうした経験との出合いを後押しするために、日常と非日常の間をゆれ動く存在といえるかもしれない[10]。

［3］ 参加者とのかかわりあいのなかで

地域学を積み重ねる

　以上のような教育普及活動の可能性を踏まえつつ、ここからは苫小牧市美術博物館の2つの事例を取り上げたい。

　「苫小牧市美術博物館大学講座」は、リニューアル以前の1986年から続く事業である。毎年の受講生は、平均年齢が70歳代で、募集人数の100名を超える150名強で実施している。講座の目的は、「地域の皆様の知識欲に応じるとともに、郷土苫小牧について学び、より深く理解すること」としている。講座は、自然、歴史、考古、芸術の分野から、地元苫小牧や北海道について学ぶことを趣旨とし、これに沿って館の学芸員と、ほかの博物館や大学、在野の研究者などの外部講師が講演を行っている。このような、毎月150人以上が集まる講座を、約35年間続けているという事例は、全国的にみてもそれ

ほど多くないように思われる[11]。

　毎年の最終講でとるアンケート結果によれば、受講生が自然、歴史、考古、芸術の各分野に対して幅広く関心をもっていることが示されており、たとえば、印象に残った講義や、今後も講義を期待する内容に関する選択式の回答では、各分野に対する数値にはほとんど差がない。しかし注目すべきは、どの分野であっても、地元を掘り下げるような内容を求める声が多く、災害に関することや現在の街並み、身近な生き物や現象など、日常生活のなかから関心が引き出される内容に対して高い満足感が示されているということである。ここには、1つの分野に対する専門的な学びというよりは、自然や歴史、文化などの幅広い視点によって、地元に対する包括的な知見を得たいという意欲をみてとることができるだろう。学ぶ動機に関する自由記述をみると、生まれ育った場所であるからという意見と、地元ではないからこそ知りたいという意見が散見される。いずれにしても、今住んでいる場所のことを深く知りたいという思いが、多くの受講生の学びの動機になっているのだと考えられる。さらに、彼らの多くが長年にわたり継続して受講し続けており、20年以上継続している受講生も少なくない。このことは、さまざまな分野の講座への出席を続けるうちに、新たな興味が喚起され、さらに深く地域のことを学び続けたいという思いにつながっていったととらえることができるだろう。アンケートにみられる「知りたいことや興味が時代とともに変わり、もっと知りたくなる」という声も印象的である。

　大学講座は、その名が示すように、学校を模した形式で運営しており、市教育委員会教育長が「学長」を、館長が「副学長」を務め、講座の節目には入学式と卒業式を行っている。一定の回数出席した受講生には、卒業証書を授与し、「学士」「修士」「博士」の「学位」を授与し、卒業式には、卒業生代表による証書授与式も行われる。各学位の取得要件は、1年間に7回以上の出席で「学士」、3回の卒業で「修士」、「修士」取得後に2回の卒業で「博士」となる。もちろん、これは学校教育法に則したものではなく、演出的な要素であるが、入学式と卒業式への高い出席率と会場の様子からは、受講生たちが毎年のこのささやかな演出を楽しみにしていることがうかがえる。

　ここで、長年学び続けてきた受講生と博物館との関係についても考えてみ

たい。自館の学芸員自身が講座をもつことは、日々の調査研究の成果を発表できる貴重な機会であり、受講生からの活発な質疑は、学芸員自身の新たな知見につながるといえる。地域の自然や歴史、文化について長年にわたり幅広く学んできた受講生たちは、博物館にとって、まさに共に地域に対する学びを積み重ねていくパートナーであるといえるのではないか。

　昨今、ウェブを通じて、第一線の多様な研究にふれられるようになってきた。しかし、定期的に博物館に集まる大学講座の現場では、講座の前後にコミュニケーションの時間が生み出され、そのことも学びの動機の1つにつながっているように思われる。集まることで生まれる議論や、講師と受講生との直接的なかかわり合いは、豊かな「苫小牧学」への可能性につながるのではないだろうか。こうした学びの在り方は、これからも博物館と地域の関係に根差していくように思われる。

教育現場へのアウトリーチ活動から

　次に、当館がリニューアル後にはじめた美術部門の教育活動について取り上げる。「みゅーじあむinスクール」は、地域の小中学校を対象にした教育プログラムで、リニューアルオープンの年である2013年にはじめたものである。これまで当館では、社会科の授業の一環として昔の暮らしや地域の歴史を学ぶ郷土学習の継続的な実施により、社会科教育との連携が行われてきた。しかし、図画工作および美術については、個別の相談に応じるにとどまるものであった。そこで、美術館機能の設置にともない、市内の小中学校を対象にした美術の鑑賞教育にかかわるプログラムを検討することとなった。そして、プログラムを特色づけるものとして、同時期に美術館で紹介する出品作家の協力を得ることとした。以上のような経緯から、地域の学校に出向くアウトリーチ活動[12]としての教育普及プログラム、「みゅーじあむinスクール」が実施されることになった。

　同プログラムでは、作家を学校に派遣すること、学校を会場に招聘アーティストの作品を鑑賞することの2点を活動の柱とした。招聘するアーティストについては、市内もしくは近郊の市町村に在住し、プログラムの実施期間中に館内で作品展示を行う作家に依頼してきた。ここには、芸術鑑賞に対する興味関心を喚起することに加え、地域の芸術活動に対する関心の創出と、来

館を促すことへのねらいがある。

　初年度は、鑑賞コースと体験コースの2種類を設定した。プログラムの内容は、招聘アーティストである金属工芸家で彫刻家の藤沢レオ氏によるアイデアをもとに、館と作家の間で具体的なものにし、募集の際に学校へ提示した。鑑賞コースでは、個別の作品の鑑賞とスライドトークを行い、体験コースでは、グループワークを伴う「墨ひとしずく」と「階段の向こう側」という2種類の内容を設定した。「墨ひとしずく」では、5〜6メートルにつないだ半紙の上に、筆で墨をたらし、クラスごとに作品を制作、鑑賞し、表現の違いなどについて話し合った。「階段の向こう側」では、藤沢氏がつけた名前をヒントに、校舎内の階段を探すというワークショップを行った。

　翌年からのプログラムは、コンセプトと概要をアーティストと検討し、具体的な内容は開催校の決定後に、学校からの要望や意見を聞き取りながら検討していった。たとえば、石彫家の田村純也氏を招聘した2014年は、制作を追体験しながら石という素材の多様性に触れてもらうことをテーマに、大理石と御影石の石版を使ったモザイク壁画の制作を行い、完成作品を館内に設置した。また、ガラス作家の高臺大介氏を招聘した2015年は、作家と子どもたちとの対話に重点を置き、作品の背景にある物語を考えることを手掛かりに、光や音が生まれる作品、グラスや花器などの日常生活に溶け込む作品を鑑賞した。

　この事業は、美術館・学校・アーティストの3者がかかわるものであるが、内容の検討からプログラムの実施というプロセスを重ねることで、それぞれの立場がみえてきたように思われる。そのことを整理するために、2016年に、過去3年間の開催校の担当教員と招聘アーティストに対しアンケート調査を行った[13]。そのなかで特に印象的であったのが、「出会い」に関する声である。

　担当教員へのアンケートでは、「本物の作品と触れること」や「作家との出会い」についての多くの意見がみられた。なかでも、子どもたちがはじめて「美術家という方に接する機会」を得たことで、興味関心が刺激される機会になったという意見が散見された。さらに、子どもたちだけではなく「自分たちも体験することにより、難しく考えこむことなく進められていたのでよかった」などの声もみられた。

一方の招聘アーティストの意見からは、「子どもたちとの出会い」が、彼らに対する刺激的な経験の創出につながっていたことがわかった。子ども向けのワークショップなどで講師を務めた経験がそれぞれ異なるなかで、アンケートでは、招聘アーティストの全員が事業実施後に心境の変化があったと回答した。そのうちの1人は、教育現場と美術館の間にアーティストがいることで、両者の関係性を「緩やかに崩す」ことができ、その必要性を強く感じるようになったと答えた。また子どもたちとの出会いに対しては「自分の想像を超える子どもの想像力に感心した」や「子どもたちから肌で感じる時代性やその頃にしかもち得ない感性にもう少し触れてみたい」などの意見もみられた。

　この事業は、美術館・学校・アーティストがそれぞれの立場からかかわり合いをもちながら進めてきたものである。このような実践を通して考えてみると、作家にとっての芸術にかかわる活動は、生きることそのものの問題であり、教育現場における美術の授業は、主体的に物事を思考し表現する力を養うためのものであるようにみえる。一方の美術館にとって作品にかかわるということは、日常生活のなかでの経験とは異なる場をつくりだすことのように思われる。美術館が展示室を離れ、異なる立場からの芸術に対するまなざしに直接的に触れることは、美術館の役割や在り方への再考を促す機会ともなるだろう。そして、主催者—参加者という枠組みを越え、各々が主体的にかかわりあうことは、そうした異なる視点がゆるやかに交わる場の創出へとつながっていくのではないだろうか。

[4] 年齢や属性を超えて

　実践を通して改めて認識することは、さまざまな年齢や属性の人びとが直接的にかかわりあうところに、教育普及活動の大きな意義があるということである。そして、参加者同士の主体的なかかわりあいの場においては、主催者である博物館も参加者と直接的にかかわりあいをもつことができるのである。このことは、博物館が自らの役割や機能に対する考えを深め、地域にかかわる人びとと共にコト・モノを積み重ねていくあり方への模索にもつながるのではないだろうか。

（立石 絵梨子）

〈注および参考文献〉

1 今村信隆編（2018）『博物館の歴史・理論・実践3―挑戦する博物館』藝術学舎: 320.（田中梨枝子執筆分）

2 Ibid.: 322.（田中梨枝子執筆分）

3 小原千夏（2015）「博物館教育の目的に関する多層的考察」鷹野光行・青木豊・並木美砂子編『人間の発達と博物館学の課題―新時代の博物館経営と教育を考える』同成社: 115.

4 Ibid., 小川義和「新時代の博物館教育を考える―博物館教育論を事例に－」: 79-80.

5 Ibid.: 81.

6 クレア・ビショップ（2016）『人工地獄　現代アートと観客の政治学』、大森俊克訳、フィルムアート社: 410.

7 Ibid.: 414.

8 「WAYS IN TO LOOKING AT ART（アートを見るための道筋や入り口を意味）」は、鑑賞のための枠組みの呼称として日本では「アートへの扉」と訳されるとしている。（奥村高明・長田謙一監修（2012）『美術館活用術　鑑賞教育の手引き』美術出版社: 52.）。なお、奥村高明（2015）『エグゼクティブは美術館に集う―「脳力」を覚醒する美術鑑賞』（光村図書出版株式会社: 101）では、「アートへの扉」が鑑賞活動を手助けするもの一つとして紹介され「この考え方は2005年頃のもので、現在、テート美術館ではあまり用いられていない。」と注釈する。

9 奥村高明・長田謙一監修（2012）『美術館活用術　鑑賞教育の手引き』美術出版社: 52.

10 このことについては、山内祐平・森玲奈・安斎勇樹（2013）『ワークショップデザイン論－創ることで学ぶ』（慶應義塾大学出版株式会社）で示されるワークショップへの考え方も参照できる。まず本書では経験学習の形式を、学校教育で提供される授業を指す「公式な学習（Formal Learning）」、日常の経験の中から意図せず得られる学びである「インフォーマル学習（Informal Learning）」とし、その中間にあたるものを「ノンフォーマル学習（Nonformal Learning）」として示す。そして、ワークショップを「創ることで学ぶ活動を主軸としたノンフォーマルな経験学習の様式」と定義し、学校教育で行われる問題解決型授業や、日常生活の中での経験学習とは異なる、「一定の構造をもちながらも自主的に展開されている経験学習プログラム」としてとらえる（pp.12-16.）。

11 いわゆる「市民大学」といわれる学習運動の草分けに、信州・遠山で政治学研究者の後藤総一郎が1977年から行った遠山常民大学があり、各地でみられる「地域学」の先駆けであるといわれる。（鈴木眞理・青山鉄兵・内山淳子編著（2016）『社会教育の学習論－社会教育がめざす人間像を考える―』学文社: 38.（内山淳子執筆分）

12 「アウトリーチ」に関する研究としては、財団法人地域創造が2001年に「アウトリーチ活動のすすめ」、2010年に「新[アウトリーチのすすめ]－文化・芸術が地域に活力をもたらすために」で報告をまとめている。地域創造によると、アウトリーチという用語には「一方通行的」なイメージもあるため、海外では「エデュケーション・プログラム」「コミュニティ・プログラム」という用語を用いる傾向も強まっているという。

13 調査の結果は、次にまとめた。福田絵梨子（2017）「学校を会場にした美術館の教育普及プログラム実施の可能性について―苫小牧市美術博物館の「みゅーじあむinスクール」（平成25年〜平成28年）の取り組みから―」「苫小牧市美術博物館紀要」第3号、苫小牧市美術博物館.

4. ライフコースの交差点で
――札幌文化芸術交流センター SCARTS の活動

[1]「思いがけない出会い」を差し出す

2018年10月、札幌市中央区に開館した札幌市民交流プラザ（以下、プラザ）は、本格的なオペラ・バレエ公演に対応する多面舞台を有した札幌文化芸術劇場 hitaru、充実したリファレンスサービスを誇り「課題解決型図書館」を謳う札幌市図書・情報館、そして本稿で取り上げる札幌文化芸術交流センター SCARTS（以下、SCARTS）からなる複合文化施設である。

SCARTS は、「一人ひとりの創造性をささえる」「あたらしい表現の可能性をひらく」「すべての人に開かれたアートとの出会いをつくる」という3つのミッションに基づいたさまざまな事業を行うアートセンターであり、物理的にはプラザの1、2階を占める複数の多目的スペース（SCARTS コート、SCARTS スタジオ、SCARTS モールA・B・C）を管轄している。SCARTS スタジオを除き、ほとんどが扉のないオープンなスペースであるという空間特性と、文化芸術を広く一般に普及する役割を担う側面から、集客事業の大部分を無料で実施している。

札幌市の都心部に位置し、地下鉄駅直結というアクセスのよさも手伝って、プラザには劇場での音楽鑑賞や、図書館での読書や調べもの、SCARTS での展覧会観覧など、施設側が「公式に」提供するコンテンツや機能を享受するために訪れる人びとはもちろん、レストランやカフェで食事やおしゃべりを楽しむ人たち、ベンチに座ってお弁当を広げるオフィスワーカー、パブリックスペースのテーブルに参考書を並べて勉強に励む学生など、さまざまな目的をもった人びとが往来し、思い思いに時を過ごす。

開館から2年が経過するなかで、こうしてそれぞれの日常生活のひとときにプラザを訪れた人びとに向けて、「未知のものとの思いがけない出会い」を差し出すということが、SCARTS の重要な機能の1つなのではないか、と次第に思うようになった。あらかじめ予定を組み、ときにはチケットを事前に買い求めて、目当てのものを見聞するためにミュージアムや劇場に出かけて

いくという言わば王道の「芸術鑑賞」とは異なり、SCARTSでは、ある目的で立ち寄った人が、意図せず何らかの作品や表現に遭遇してしまう、ということが起こりうる。

　こうした「思いがけない出会い」のありようについては、事業アンケートや、展覧会場の監視スタッフの報告などからうかがい知ることができる。例えば、2020年の夏、SCARTSでは岡田利規率いる劇団チェルフィッチュによる「チェルフィッチュの〈映像演劇〉　風景、世界、アクシデント、すべてこの部屋の外側の出来事」を開催した。演劇の上演でもあり映像インスタレーションでもある実験的な作品だが、一切の予備知識をもたず通りがかりに足を踏み入れた人が、合わせて約1時間にも及ぶ複数の「映像演劇」をすべて観て、思わずスタッフに感想を漏らしていった、というようなエピソードを会期中幾度か耳にした。こうした想定外の「出会い」がいままでにどのくらいの人にもたらされたのか、数で測ることこそできないが、目的外の寄り道に誘われ、心惹かれる何かに出会ってしまうという体験が、ここでは確かに起こっている。

　この「寄り道型」とでも言うべき鑑賞体験は、「観覧料を支払って展示を観る場所」として広く一般に認識され、ほとんどの人が「展覧会を観に行く」という確固たる目的をもって足を運ぶ通常のミュージアムでは起こりにくいだろう。プラザが複数の機能・スペースを有し、そのそれぞれの利用を目的とした来館者が交錯する複合施設であること、また、一部の来館者にとっては休憩、勉強といった日常生活の場でもあることが、この体験を可能にしていると思われる。

[2] 「ライフ」のためのキュレーション

　SCARTSはコレクションを有するミュージアムではなく、事業で扱う分野も美術に特化しているわけではない。そのため筆者も、博物館法に定められた博物館施設の専門職としての「学芸員」ではなく、「キュレーター」という肩書きのもと、美術展の企画などに従事している。さしあたり、「展示」の機能を有しているという点で、ミュージアムに類する文化施設としてSCARTSを位置づけておきたい。

写真1 コロなか対話の広場

「あたらしい表現の可能性をひらく」というミッションに基づき、先進的・実験的な表現を扱う展覧会をアーティストとの協働により組み立てていくことが、SCARTSの基本姿勢の1つである。そうした観点に加えて、筆者が担当した展覧会においては、いわゆる「アートファン」だけではなく、先に述べたような別の目的でここを訪れた人の寄り道を誘うために、「これはあなたや、あなたを取り巻く世界についての展覧会です」というメッセージを発しようとしてきた。アート固有の高度な文脈を決して否定するものではないが、その文脈を理解しない人であっても、言わば生活実感のなかで、自分自身の「ライフ」に関係のあるものとして受け止められるような普遍性をもった作品を提示することを、展覧会のキュレーションの際に常に意識している。

　たとえば、2020年8月から9月にかけて、グループ展「ことばのいばしょ」を開催した。SNS上に日々大量の言葉が氾濫し、さまざまな分断や不寛容が前景化している今日の状況を背景に、「交流」を謳うこの施設において、人と人とのコミュニケーションの最も基本的な手段である「言葉」のもつ力をポジティブにとらえ直すことが本展の趣旨である。詩をモティーフとした折笠良のアニメーション作品、現代の詩歌からインスピレーションを得た版画作品などの展示とともに、仙台市を拠点とするアートユニット「小森はるか＋瀬尾夏美」によるコロナ禍という状況を正面からとらえた作品の展示を行った。この展示では、突然の緊急事態下で自粛生活を余儀なくされた東京在住の3人の若者たちの語りで構成される新作映像の上映に加え、ウイルスの感染拡大防止のために多くの人の居場所であった公共空間が閉鎖されてしまったことへの問題意識から、SCARTSのオープンスペース（SCARTSモールC）に人びとが集うことのできるテーブルを備えた「コロなか対話の広場」（写真1）を設えた。広場を構成する要素の1つとして、自粛生活が始まった2020

年4月5日から瀬尾夏美が毎日SNSに投稿し続けた「コロなか天使日記」の
うち30点を展示（写真2）。鉛筆で描かれた天使のドローイングに、自粛下の
日々の出来事や感情を記した短いテキストが添えられた。テキストの内容は
作家自身の思考や彼女が見聞きした他者の言葉がもとになっており、多くの
人がそのなかに「私のこと」として共感をおぼえる言葉を見つけただろうと
想像される。

写真2 瀬尾夏美「コロなか天使日記」

　また、この広場には日本で初めて新型コロナウイルスについての報道がな
された2019年12月31日から2020年8月21日までの国内外のニュースや
SNS上の話題をつぶさに記録した「コロなか年表」（写真3）を展示し、来館
者にも付箋を使って追記してもらえるようにした。会期中、この期間に起き
た個人的なできごとを記した付箋が徐々に増えていった。「（自粛生活で）“ぼっ
ち”になってしまった」と書かれた付箋の横に、「私もです」という付箋が添
えられる。一方、「家で植物を育てはじめた」というような、制限のなかでの
新しい生活の楽しみも綴られる。せっかく入学したのに通学できない苦渋を
吐露する大学生のコメントがあるかと思えば、いつもここで勉強している高
校生のものと思われる「○○くんと付き合いはじめた」と弾むような言葉も
並ぶ。「来館者」という言葉で一括りにできない、2020年のある時期を生き
た多様な個人のささやかな、しかしリアルな声が、ここでは物理的な展示の
一部として可視化されていたのだった。

小森はるか＋瀬尾夏美の仕事は、筆者が「あなたについての展覧会」と先述したときの「あなた」が実に多様であるということ、抽象的に語られる「来館者」が、まさしくさまざまなライフコースの途上にあって、別々の人格をもち、それぞれに異なる生活を営む個人個人の集積であるという単純な事実を思いのほかありありと示してくれた。同時に、天使の絵と言葉を順番に丹念に観ていく鑑賞者の姿や、年表に残された1つひとつの言葉を目にするにつけ、見知らぬ誰かの言葉に触れ、見知らぬ誰かに向けて言葉を発することのできる場があるということが、近しい人との間でもこの未知のウイルスとの向き合い方をめぐって衝突が生まれかねない状況のなかで、ある種の「救い」と言って大げさなら、「息抜き」のようなものになり得ていたのではないかと思われた。

写真3 コロなか年表

　こうした展示のありようは、ミュージアムが価値の認められた作品を展示する、あるいは展示することによって作品を価値づけるという従来の啓蒙的・権威的な役割を超え、今日の人びとがおかれている状況に応答しながら、どのように場所をひらき、作品や表現を通してどのように個々人の「生」とかかわることができるのか、人びとがミュージアムのなかでどのように一個人として「在る」ことができるのか、その可能性を考える端緒となるだろう。

[3] アートを介した人と人とのつながり

　文化施設と人びとのかかわり方ということで言えば、SCARTSには、一般の来館者とも職員とも異なる立場でこの場所を拠点に活動する「SCARTSアートコミュニケーター」の存在がある。東京都美術館と東京藝術大学が連携し、「年齢や職業の異なった多様な人びとが協働して、新しい公共的空間と人びととの関わり方を考える」[1]ことを目的として2012年にスタートした「とびらプロジェクト」を先行事例として参照し、「一人ひとりの創造性をささえる」というSCARTSのミッションに対応するアートコミュニケーション事業の枠組のなかで、プラザを拠点に「アートと市民をつなぐ」活動を担う市民チームである。

　従来的な「ボランティア」とは異なり、施設の側からの依頼によって何かしらの活動に従事する「サポーター」ではなく、メンバー各々の関心や意欲に基づいて、自分たちで活動をつくる「プレイヤー」であるということが大きな特徴だ。むしろSCARTSのスタッフが、彼らの創造的な活動の実現を支援する役割を担う。任期は3年間で、ここでの活動を終えたあとは、それぞれのコミュニティのなかで自分たちの活動を展開してもらうことを想定している。活動の基盤となるコミュニケーションについての考え方や、作品鑑賞、文章執筆などについて学ぶ講座があり、「対話による鑑賞」の手法を用いた作品鑑賞プログラム、ウェブ上での美術展・演劇・コンサート等の鑑賞レポートやアーティストへのインタビュー記事執筆など、いくつかの定番の活動のほかに、彼らの自主企画によるワークショップや勉強会等が行われている。

　文化芸術をコンテンツとして消費するのではなく、言わばより能動的な鑑賞者として、作品の意味や価値を深く掘り下げ、それを人びとと共有する場をつくる「アートと人をつなぐ」役割をアートコミュニケーターが担う一方、この事業には「アートを介して人と人がつながる」という重要な側面がある。現在、20代から70代までの年齢も社会的な立場もさまざまな50名弱のアートコミュニケーターが活動しており、アートという共通の関心事によって関係が結ばれている。

　活動をかたちづくっているのはメンバー間の「対話」であり、彼らはよく話をする。職場とも学校とも家庭とも異なる、上下や利害のない人間関係のなかで、たとえばあるひとつの作品について語り合うことを通して、互いの

価値観をフラットに差し出し、受け止め合う。何か企画を遂行するのは「仕事」ではないので、誰かのリーダーシップや目に見える成果よりもむしろ、プロセスのなかで起こるコミュニケーションそのものに価値をおく。また、メンバーには学生もいれば、企業などに勤めている人、専業主婦、小さな子どもがいる人など、さまざまな立場や事情があり、そうした人びとが手探りで協働するなかで、他者への想像力が育まれているようにも思う。とびらプロジェクトではこうしたゆるやかなつながりを「文化縁（アート・コミュニティ）」[2]と呼び、多様な価値観を認め合うこうしたコミュニティは、さまざまな課題を抱える社会のセーフティネットとして機能しうるものと位置づけている。

　ここでもやはり、一方的に作品の価値を提示するのではなく、アートコミュニケーターを介したより能動的な鑑賞の場をひらき、アートコミュニケーター自身が作品や仲間との出会いを通して異なる価値観にふれ、視野と想像力を広げていく場として機能する、そうした文化施設の可能性を見ることができるだろう。

［4］新しい価値観に出合う場所として

　本稿で書き連ねてきたことは、開館して間もないSCARTSという場所におけるいくつかの試みと、そこで筆者が目の当たりにできた断片的な光景に過ぎない。

　しかし、さまざまなライフコースの途上にある人びとが交差するこの場所が、作品や表現、あるいはそれにかかわる他者を通して新しい価値観に出合い、自身の生を振り返る場となり得ることをまずは確認できたように思う。めまぐるしく変化する社会状況のなかで、文化施設は常にその存在意義を問われ、役割を更新していかなければならないだろう。日々この場所で生まれる光景に目を凝らしながら、ここでできることは何なのか、考え続けていきたい。

（樋泉 綾子）

〈注と参考文献〉
1　稲庭彩和子・伊藤達矢（2018）『美術館と大学と市民がつくるソーシャルデザインプロジェクト』青幻舎：13.
2　Ibid.: 262.

第9章

文化拠点とまちづくり
―北海道東川町の事例から

近年、地域の新たな文化拠点への期待が高まっている。確かにかつては、博物館や図書館、文化センター等の施設が別個につくられ、各々が固定的な機能を果たしてきた。しかし今日では、ハードとしての公共建築を超え、さらに既存の施設の枠組みをも超えた次世代型の文化拠点の試みが登場してきている。本章では、北海道東川町を例に、地域全体を巻き込みながら知を共創していくような、動的なプロセスとしての文化拠点像が描き出される。狭義の芸術・文化に活動を限定せず、産業や観光、教育や福祉と連動しつつ進んでいく文化拠点のあり方は、これからの地域社会を予見するための示唆にあふれている。

1. 文化拠点とは何か?

　文化拠点と一口で言っても、その定義は明確になっているわけではなく、施設を整備しようとした時にも場所により、組織によりさまざまな解釈が存在する。例えば、静岡県では紆余曲折しながら県立中央図書館を移転し、多様な機能を複合化した「文化力の拠点」を整備することを計画している[1]。そのなかで、拠点となる施設の位置づけは、「多彩な交流機能として新たな人や活動に出会う場」としており、その機能や活動のイメージは、

・さまざまなタイプの閲覧席やラーニング・コモンズ、カフェなど
・大学や企業、市民団体等と協働・連携した講座・イベントの開催

　などと位置づけられている[2]。静岡県だけでなく「文化交流拠点」、「文化創造拠点」という呼び名で図書館、音楽ホール、美術館、生涯学習センター、博物館などを核施設として複合化した公共施設を整備するというプロジェクトが全国のさまざまな市町村で計画・立案、実施されている。

　一方で、文化庁が推進する「文化芸術創造拠点形成事業」は、文化芸術立国の実現を見据え、地域の実情を踏まえた特色ある文化芸術による地域の活性化など、全国の地方公共団体が文化事業を実施するための文化施策推進体制の構築を促すことを目的として立案された。地方公共団体が専門性を有する組織（域内の文化芸術の振興を図ることを目的とする文化事業団体等）を活用した文化芸術政策の企画立案・遂行、地域の文化芸術活動への助成、調査研究等を実施する体制の構築を促進する取り組みを対象としたものである。

　以上のように、国や地方自治体の施策からは、文化拠点とは、「拠点」を施設と理解し、その整備を考えることを主眼としたもの、もう一方で、「文化拠点」で行われる「文化活動」に重心を置き、その活動を支援するものと大きく2つに分かれていることが見てとれる。そして、そのどちらも「文化拠点」というものを活動の器となる施設（ハード）と活動（ソフト）として総体的にとらえ、その総体が必要であるという立場に立っているものとは言い難い。つまり、文化拠点というものが指し示す像はクリアになっているわけではないようだ。

2017年に北海道大学の遠友学舎で文化人類学者の今福龍太氏、詩人の吉増剛造氏を招いて、「北海道というバナキュラーな風景」[3]というタイトルで北大キャンパスを題材として風景に込められた意味を議論する機会があった。

筆者が冒頭にキャンパスの価値を都市形成の観点より論じた。それに対して、今福氏が提示した土地がも

写真1 北大遠友学舎で開催された「北海道というヴァナキュラーな風景」（2017年9月14日 撮影・北海道大学Terrace提供）

つ「横断性」と「十字路性」を手がかりにして、キャンパスに潜む土地としての意味が、いかに横断的に時代、地形、気候、空間の成り立ちなどさまざまな領域につながっているのかを喝破した。それを受けて吉増氏は、北大のキャンパスには、海底の窪地のような場所がいくつもあり、その窪地は、生命の起源まで遡ることができるもので、キャンパスの計画を考える場合、それくらいの時間軸とスケールをもって考える必要があると応じた。

細かにその内容を示す紙幅はここにはないが、3者によるプレゼンテーションで「思いもかけないことが提示」され、それぞれの「思考が展開し」、聴衆も含めてそこに集まった人びとがそれぞれ「ものの見方の会得」した時間と空間が出現した。

このような体験ができることはあまりないが、新たな知を体験的に得ていくこのプロセスは、「文化拠点」がそこに立ち現れたからできたことだと言えるのではないかと思うのである[4]。それがなぜ文化拠点だと言えるかというと、上記のような3つの要素（ものの見方の提示、思考の展開、新しい見方の体得）が存在することで、新たな知が創造されたからである。それは、単に文化的であると位置づけたものが開陳された空間がある場所（公共施設）とはまるで違う。

すでにある一定の評価を受け、「文化的なるもの」として位置づけられているものが展示されているだけでなく、そこへやって来た人びとが思いかけないことを体感し、それが結果的にその人びとの生きる知恵につながっていく。そのような作用がある場所こそが文化施設ではなく、文化拠点と言えるので

はないだろうか？　そのような場所は、狭い意味での文化を発信するだけでなく、その場所での出会いや体験が、人びとに他の意味をもたらす可能性をもつ。

　これは、筆者が体感的にその時考えたことであったが、それを1つの仮説として、ここでは「文化拠点」とはどのようなものなのか、何をきっかけにどのような考えのもとに生成されていくのか、そして、実際にどのようにしたら創りだすことができるかについて解題していきたい。

2. 地域がもつ公共施設の課題

　冒頭で文化拠点の有様には、その機能をどのようにもたせるのかという主に建築などのハードに関連する事項と、どのような活動を行うのかというソフトに関連する事項があると述べた。これら2つは、どちらか1つがあればよいのではなく、双方が互いに影響を与えながら、その作用によって文化拠点が形成されていくことをめざすプロセスと考え方こそが求められている。これは、文化拠点を過去の遺産のアーカイブではなく、将来の地域のための資産として位置づけるために、必要不可欠なアプローチなのである。

　少子高齢化や人口減少などの社会現象は、地方都市にいくほど影響が著しい。人口減少による財政基盤の弱体化に伴い、既存の公共施設をどのように維持管理、あるいは社会の状況に合わせて再編、新築するかという公共施設マネジメントは、地方行政の喫緊の課題である。一方で、今まで整備されてきた公共施設は、教育、福祉、文化、スポーツなどそれぞれの分野でのニーズとそれに対応させるための社会サービスを実現するために、個別対応的な整備を優先してきた。その結果、重複する機能が存在したり、利用率が低下した施設が発生している。しかも自治体の財源不足で整備や再編自体にもなかなか手がつかない実態が浮き彫りになっている。さらに、このような量の問題だけでなく、社会ニーズの多様化や市民生活の質の向上に適応するといった質の問題を考慮した再編計画となると、その計画論的方向性を定め、実践できている事例はきわめて少ない。持続的な都市経営が前提となる将来のまちづくりに向けて、総合的な地域経営の視点にたった公共施設の再編や地域

の生活環境の質を向上させる施策は、きわめて重要な課題である。

　このように拠点となりうる地域の公共建築をみた場合でも、そこには大きな問題が横たわっている。文化拠点という内容に関係する問題と拠点という公共的な空間というハードにかかわる問題とを同時に解いていける方策がなければ、地域における文化拠点は成立していかないであろう。そこで、以後は文化拠点形成のプロセスを事例をもとに明らかにし、文化拠点の本質にせまっていきたい。

3. 文化によるまちづくりが変える地域のマネジメント

　東川町は、北海道中央部の上川盆地、大雪山麓に位置し、北海道最高峰の旭岳も町域に含む豊富な森林資源と優れた自然景観を有する地方都市である。人口は、8,380人（令和2年1月時点）

写真2 東川町の遠景[5]

で、農業、木工業が基幹産業の町である。北海道で初めて景観行政団体の指定を受け、独自の景観計画をもち、美しい景観づくりを行ってきた。

　大きく社会状況が変化する中で、地域のコミュニティを健全な形で維持発展させるためには、全体を総合的にとらえたまちづくりの考え方と実行のための戦略が求められる。例えば、地域のコミュニティの拠点となってきた既存の公共施設の再編を考える際に、現在の社会情勢の中では、どうしても維持管理や財政的問題を優先して考えていくケースが多い。しかし、現在は、このような状況だからこそ、将来に向けた持続的な地域経営をめざすために、地域の人びとが本当に求めるコミュニティハブとは何かという根本的な問いに立ち返るチャンスなのである。もちろん、そのためには、さまざまな分野を横断的に見て、それらを連携させることでたえず地域全体を考えた総合的な施策にしていく知恵が求められる。

［1］ 東川町の戦略

　1980年代、当時多くの市町村がモノを取り上げ、地域おこしを展開していた中で、東川町は、文化によるまちづくりをめざして「写真の町」というスローガンを掲げ、まちづくりの大きな柱とした。1985年にスタートした東川町が主催する国際写真賞である「東川賞」は、毎年国内外の作家を約450人のノミネーターが候補者を推薦し、最終的には審査で決定する。

　1994年に第1回が開催された写真甲子園は、全国の高校写真部・サークルを対象とした全国大会で、東川町で行われる本戦では、予選から選抜されたチームが3日間東川町や周辺市町村で撮影した作品が審査され、獲得ポイントを争う。この運営には地元や北海道外からも高校生サポーターが参加し、町民、町が協力して行われる。

　これらの活動は、町民に自分たちの町がもつ魅力を再発見させることになり、その重要性や価値に気づき、それを資源としてどのように守っていくのかという意識を植えつけた。また、町民自らがボランティアで活動にかかわり、高校生のホームスティの受け入れ先になったりしたことで、町外や世界から来る人びととのさまざまな交流が生まれた。それが、彼らに社会的な活動にかかわることと、自分たちの日常の生活は社会や世界にシンクロナイズするものであることを体感させたのである。

［2］ 公共施設マネジメントに大きな意味をもたせる──フェーズ1[6]

町の小学校をどうするか？

　東川町の中心部にはどの地方都市にもあるように公共施設が集中して立地しており、その中には老朽化し、建て替えなどの更新時期を迎えたものが存在した。特に、小学校は築約60年の校舎が使われており、老朽化における問題は顕在化していた。

　東川小学校は、地域の発展とともに多くの人材を育ててきた。その敷地は、中心市街地の中でもいちばん中心に位置し、しかも明治32（1899）年の東川尋常小学校開校以来120年もの間、東川町の初等教育の中心であった。一方で、昭和36（1961）年に木造校舎から鉄筋コンクリート造に改築された校舎は老朽化が激しく、また、将来的に縁辺部に立地する小学校を統廃合する可

能性もあり、小学校の改築と校地の利用はまちづくりの点においても重要な課題であった。

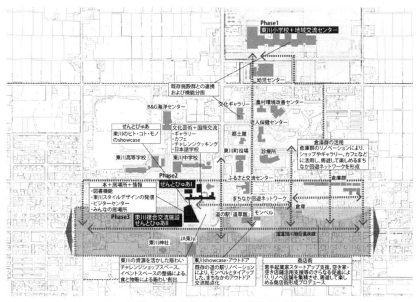

図1 東川町中心市街地のまちづくり戦略（筆者作成）

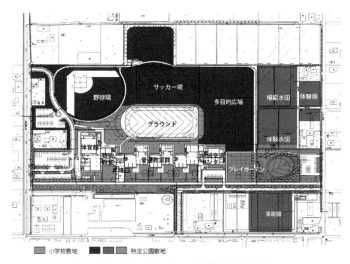

図2 東川町中心市街地のまちづくり戦略（筆者作成）

そのようななかで、町は、市民や学校関係者、学識経験者ら（筆者ら）による検討・推進委員会を設置し、度重なるワークショップを経て計画立案を行った。

総合的なまちづくり計画としての位置づけ

　写真の町で培われた町民が公共的な活動に参画する土壌により、学童保育や社会教育といった教育活動に住民も参画することが、町ぐるみで子どもたちを育てることにつながるというコンセンサスが形成された。そこで、小学校と社会教育活動の拠点を複合化し（地域交流センターと呼称）、その活動を充実して行えるように、現在地ではなく中心市街地縁辺部に全面移転する基本計画を立案した。また、中心市街地に残る旧校舎は、町がめざすまちづくりの拠点として再生させることとなった。

　「町の将来を担う子どもたちの地域ぐるみでの教育」には、参加する町民がもつそれぞれの得意分野での教育活動が不可欠である。そのために、地域が築いてきた農業・木工業などの主力産業、景観、自然、人材などの地域資源を十分に活かす必要がある。そこで、小学校と地域が参画する学びの機能をもつ複合建築に境界なく敷地を連続して、体験水田・畑、果樹園での食育活動の場や野球場、サッカー場、プレイパーク、多目的広場などのスポーツ系施設を組み込んだ特定地区公園を整備する計画とした。

小学校は新しい記憶をつくる場所

　新小学校の建設用地は、主要公共施設が集中する中心市街地と農業振興地域との境界部分の約4.2haであるが、周囲を約8.6haの公園用地がまったく境界なく連続し、全体では約12.8haとなる（計画当初。現在は公団用地が拡大し、約20haになる）。北側には地域の主要景観要素である大雪山連峰が聳える太古

写真3 水田景観・農業グリッドを利用した配置計画（筆者作成）

から続く風景と、その周囲には120年以上の歴史をかけ開拓され、今なお人びとの営みを支える水田の風景が広がる。

　子どもたちの記憶に地域の重要な景観である大雪山などの風景を定着さ

せることを狙い、大きく東西に伸びる平屋の構成とした。そのことで、学校生活のそれぞれの場所やシーン、1日や季節のなかで、風景が微細に、また時には大きく変化することを体感することができる。そのために、一般的な小学校校舎では行わない北側に大きな開口部を取り、学年ごとのワークスペースから、異なる方向への視界や連続的かつダイナミックな風景を見ることができる。

　一方で、子どもたちのスケールと小学校の空間とをマッチさせるために、自由に領域をつくることができ、かつ視線を遮らない、高さ120cmの可動家具を併用したオープンタイプの普通教室とワークスペースという一体空間と2学年ごとの雁行した空間構成によって、大きなワンルームのような空間の広がりと個々の領域の独立性を両立して子どもたちの居場所をつくり出している。

写真4 北側に大きく開いたワークスペース[7]

写真5 移動式家具による教室とワークスペースの柔軟な領域構成

　ワークスペースには、北側に大きく開いた集成材格子トラスの大屋根がかかり、雄大な風景を目の当たりにすることができる。子どもたちの活動が多様になるワークスペースは、それを阻害しないように1〜2本の鉄骨柱だけで屋根構造を支え、サインと家具デザインを一体化した体感的なサイン計画で、わかりやすさと同時にさまざまなアクティビティが同居する「街」のような広がりをもつ学校空間を構成している。

　教室棟の基本構造は、普通教室の屋根までの高さを鉄筋コンクリート造とし、それより上は、北海道産カラマツの集成材による格子トラスと斜材を利用した鉄骨柱による構成で、軽量化を図ることで耐震性を向上させると同時

写真6 サインシステムとしてデザインした家具
は、子どもたちの居場所になる

に、ワークスペースの空間的広がりを確保した。北側に開いた大屋根には、十分な吸音材を充填し、教室間の遮音効果を高めつつ、大きなハイサイドライトで明るく、外に広がる風景がとびこんでくる。

教室と廊下の間に壁がないオープン型を採用することによって、普通教室は南北2方向からの十分な自然採光を獲得した。また普通教室の南面には十分な長さの庇を設け、日射を適度に遮蔽することによって夏季の室温上昇をコントロールする。大屋根で構成された大きな気積をもった空間によって、普通教室周辺の自然換気を重力換気で行い、エネルギーロスを抑えている。

床面は、体育館も含めほぼ全域が二重床になっており、床下を利用した暖房換気システムを採用し、適度な柔らかさをもつ床は足腰への負担を軽減する。暖房設備は機器を床下に設置して床面グリルによる循環、温風吹き出し暖房であるが、床下空間自体が暖房ダクトを兼ねてオンドルのような輻射暖房効果を得て床面全体を暖める。これにより均質な室内温度の確保と、壁面に暖房機器が出てこないために、子どもたちが活動しやすい空間を実現できた。

建設過程での地域の参加

東川町は家具産業が農業と並んで主力産業の1つであり、町内には、家具作家や家具工場の集積がある。建築というハードの中で使われる家具、備品も重要な要素である。子どもたちが最も多くの時間使用する教室の机、椅子を東川在住の家具デザイナーと協働してデザインし、それを東川の家具工場に制作を依頼した。さらにこのプロジェクトになるべく多くの町民が参加し、地域の人びとによっ

写真7 1年ごとに進化する子どもたちが参加する
壁面アート

て教育が支えられているということを目に見える形にすることを企画した。町在住のデザイナーの参画により子どもたちの創造力が培われることを狙い、小学校のさまざまな場所に、子どもたちの感性を刺激するアートを設置するというアートコンペを建築施工中に実施した。地域の作家によるさまざまな造形に手を触れ、体感し、さらには制作に参加する仕組みである。

選定された作品には、6年間の小学校の思い出を図案化し、それを多面体の木製ピースの一面に描いたものを組み合わせて壁面に並べていく壁面アートがある。子どもたちが継続的に参画できるアートワークとして、開校後も学校教育の図工の時間に組み込まれて、デザイナーが直接子どもたちを指導するという展開を見せている。子どもたちに対する創造性へのメッセージは、地域のデザイナーがつくる家具やアートに学校生活の中で、ごく自然に直接触れることで体感され、記憶されるのである。

小学校機能を拡張した拠点を運営する

このように複合公共建築である小学校と地域交流センターの建設中よりスタートした子どもたちへの教育に地域が参画していく活動は、それをより確固なものにしていくために仕組みづくりが行われだした。

小学校と社会教育、コミュニティ機能が入った複合公共建築の運営を具体化していくために、建築の基本計画を策定した直後から「東川小学校等の学社連携推進会議」(後に、学社連携推進協議会となる)が発足した。ここでは、学校教育と地域の力を利用した子どもたちの教育支援を行う社会教育を連携させて、地域の人びとが提供する多彩な教育プログラムを行う体制がつくられた。その実践空間が、小学校と地域交流センターの複合公共建築であり、さらにそれらと特定地区公園の双方を連携・連動させた構成であり、多彩な教育ニーズへの対応と、多世代の交流をめざした。

学社連携推進協議会は、全町で子どもたちの教育を総合的に支援するために、東川小学校、町内小中学校、道立高校、専門学校、地元企業、NPO、住民組織、学識経験者(筆者)で組織された。協議会は、プログラムの企画立案、実施、既存社会教育事業との連携を行う企画委員会、専門部会などで構成され、町内協力者、協力団体からの支援を受けながら、学社連携の教育プログラムを立案した。

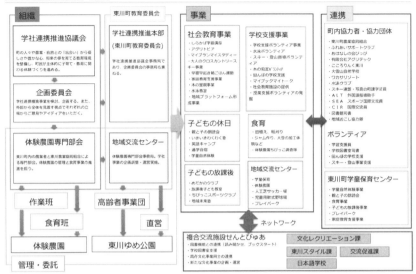

図3 学社連携推進協議会の組織構成と活動の連携（町教育委員会資料に筆者加筆）

地域と協働する複合公共建築の運営

　学社連携による教育プログラムの中で特に重視されているのは、町の基幹産業である農業の大事さや意味を体感する取り組みである。東川小5年生の総合的な学習の時間で行う学校田での米作りの実習学習があるが、田植え、草取り、稲刈り、収穫米を用いた調理と1年を通じた大がかりな取り組みの

写真8 公園内にある水田での米づくり

企画・運営を学社連携推進協議会が協働している。

　さらに学社連携推進協議会では、東川小学校以外の小学生も対象とした食育体験プログラムとして、水田実習、公園内の果樹園での果樹収穫、畑での野菜収穫、新米試食会、親も参加する収穫物の加工など多彩に展開する。農業の第一線で働く若手農家の積極的な

協力を得てこれらのプログラムは実施されているが、公園内の水田における米の収穫量は、町の小中学校全体の給食で消費される半年分を賄う量になっている。単に教育プログラムの充実した実施という枠を超え、町の給食事業の重要な財源になっており、町の財政面にも大きく寄与している。

写真9 若手農家の協力による農業体験

持続的な活動の継続

最近特に活発に活動しているのは、学社連携推進協議会の中に組織された「体験農園専門部会」である。2015年3月に設立され、農と食のプロフェッショナルである町内の農業者、農業協同組合（青年部、女性部）および部会の目的に賛同する22名で組織されている。特定地区公園にある模範水田、学校田、体験畑、果樹園を一体的に管理・運営している。これら体験農園は、「東川町だからできる」教育環境の一環であり、給食用として町内の小中学校に食材を提供、農業体験や環境教育および食育の機会を子どもたちに提供、余剰生産物の販売を通じて流通を学ぶ機会の提供、そして各事業実施を通じて多世代交流を図るというものである。

小学校、中学校の学校田での授業の支援のほかに、体験農園専門部会主催のプログラムは、観察・作業体験として田植え、ハスカップ、ベリー類収穫、トマト、ジャガイモ、さつまいも収穫、幼児センターの幼児への体験支援、稲刈りなど一年中プログラムは続く。食育事業としては、親子食育体験として、ジャムづくり、漬物づくり、味噌づくりなどを行う。

これらに事業には、幼児センターの未就学児や学童保育の子どもたちの参加が活発で、食の大事さや農業の大切さが自然と子どもたちに浸透していくような取り組みに成長している。

[3] 公共施設マネジメントに大きな意味をもたせる―フェーズ2[8]

小学校（学びの場）が文化の発信基地になる

小学校・地域交流センターの事業が進行するなかで、もう1つの課題である

【めざすべき姿】
多くの人が集い、誰もが生き生きと暮らす文化あふれる写真文化首都の創造
プライムタウン～人と自然が織りなす輝きの大地 ひがしかわ～

【基本目標1 ひとの流れ】 人々が集う 写真文化首都の 創造	写真の町の推進	フォトフェスタ、写真甲子園、 写真文化振興、国内外交流
	文化を通じた多様な 交流の創出	芸術・文化アーカイブスの構築、 外国人留学生招致、芸術文化振興ほか
	地域資源を生かした魅力ある 観光地の創造	体験型観光推進、町内循環創出、 観光地施設整備ほか
	移住・定住、 U・Iターンの推進	移住定住プロモーション、 民間住宅を活用した定住支援ほか
	応援住民の拡大	東川株主拡大、東川エコプロジェクト、 出身会連携

【基本目標2 しごとづくり】 豊かな暮らしと文化 を生み出す しごとづくり	地域資源を活かした しごとの創出	地域特産品開発、起業化支援、 企業誘致ほか
	はたらく人の育成	芸術・文化アーカイブスの構築、 デザインスクール、インターンシップほか
	地元産業の育成	野菜ハウス団地構想、営農担い手 育成支援、後継者育成ほか

【基本目標3 結婚・出産・子育て】 こどもの 笑顔あふれる まちづくり	結婚やこどもを持つ 希望を叶える	次世代まちづくり連絡協議会事業、 不妊治療等支援ほか
	安心安全な 子育て環境の創出	保育体制充実、中学生まで 医療費助成、二世帯居住推進
	健やかなこどもと 親の成長を支える	子育て支援、少人数クラス、 地域資源を生かした体験学習ほか
	郷土を思う 気持ちを深める	東川産材学習机活用、 地元産物の給食利用による食育ほか

【基本目標4 まちづくり】 誰もが安心して 生活できる まちづくり	時代にあった生活基盤の 維持・確保	防災施設整備、除雪体制充実、 町道、橋梁の整備・長寿命化
	いきいきとした 暮らしの応援	野菜ハウス団地構想、高齢者の 活動支援、地域活動支援ほか
	美しい郷土を 次世代につなぐ	地下水保全、環境保全、 新エネルギー・自然エネルギー活用ほか
	広域的な 取り組みの推進	広域連携による取組の推進、 定住自立圏構想の推進ほか

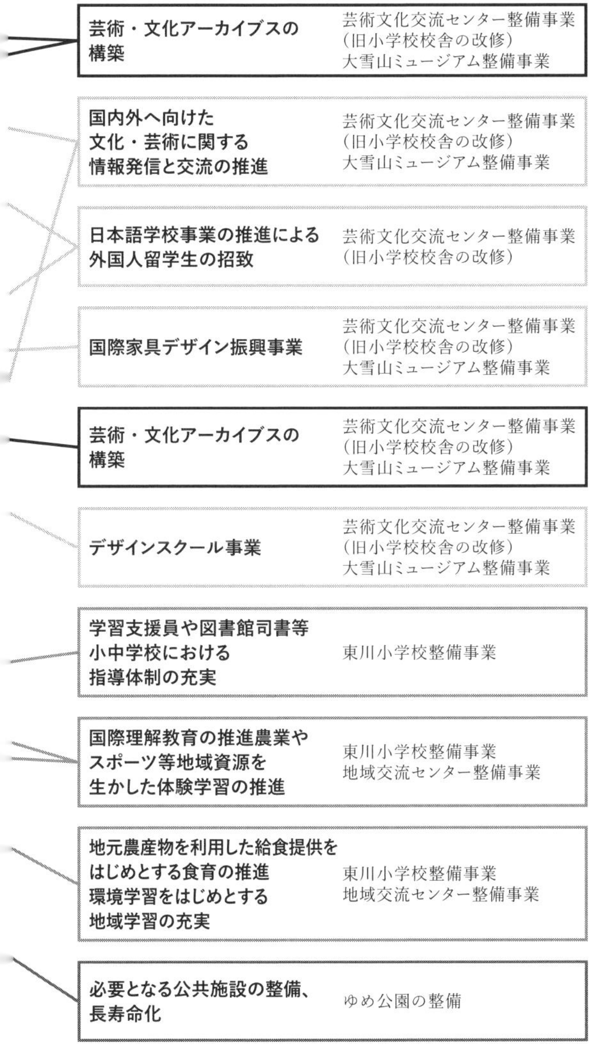

旧小学校の校舎と用地をどのように活用するかについて、いよいよ計画立案が求められた。事業計画の初期には、旧小学校校舎と用地の活用は、町がめざすまちづくりの拠点としての位置づけといういささか抽象的なものであった。

しかし、この時期になると①既存の専門学校で行っていた日本語教育の受け皿を拡大し、日本語教育による外国人留学生の獲得と交流人口の増加、その生活・産業面への波及効果の実体化など教育施策を超えた取り組みの実現、②商工会、観光協会や商業者、市民からの要望として中心市街地の活性化や住民の交流拠点に寄与する小学校移転跡地の再整備という2つの大きなまちづくり課題が浮上した。

このような大きな課題を背景として、2015年に地方創生の総合戦略を立案した。総合戦略は、①ひとの流れ、②しごとづくり、③結婚・出産・子育て、④ま

図4
東川町の地方創生総合戦略と小学校・地域交流センター・せんとぴゅあの建設事業の位置づけ（町資料に筆者加筆）

芸術・文化アーカイブスの構築	芸術文化交流センター整備事業（旧小学校校舎の改修） 大雪山ミュージアム整備事業
国内外へ向けた文化・芸術に関する情報発信と交流の推進	芸術文化交流センター整備事業（旧小学校校舎の改修） 大雪山ミュージアム整備事業
日本語学校事業の推進による外国人留学生の招致	芸術文化交流センター整備事業（旧小学校校舎の改修）
国際家具デザイン振興事業	芸術文化交流センター整備事業（旧小学校校舎の改修） 大雪山ミュージアム整備事業
芸術・文化アーカイブスの構築	芸術文化交流センター整備事業（旧小学校校舎の改修） 大雪山ミュージアム整備事業
デザインスクール事業	芸術文化交流センター整備事業（旧小学校校舎の改修） 大雪山ミュージアム整備事業
学習支援員や図書館司書等小中学校における指導体制の充実	東川小学校整備事業
国際理解教育の推進農業やスポーツ等地域資源を生かした体験学習の推進	東川小学校整備事業 地域交流センター整備事業
地元農産物を利用した給食提供をはじめとする食育の推進環境学習をはじめとする地域学習の充実	東川小学校整備事業 地域交流センター整備事業
必要となる公共施設の整備、長寿命化	ゆめ公園の整備

写真10 東川小学校・地域交流センターとせんとぴゅあ
　　　 の位置関係

ちづくりの4つの基本目標があり、それぞれに全部で189もの施策を位置づけている全町をあげた総合的な戦略になっている。小学校・地域交流センターの整備事業は、主に基本目標③の子育ての部分に該当する施策として位置づけられたが、旧小学校の校舎と校地利用については、基本目標①、②、④に位置づけられ、教育分野から文化・交流・産業振興・国際交流など幅広い分野における目標達成のための基幹プロジェクトとして位置づけられたのである。

　具体的には、東川町が20年あまりをかけて継続している「写真甲子園」や「東川賞」、国際写真フェスティバルなどの写真を通じた文化発信・交流活動の取り組みや、主要産業でもある家具・デザインに関連する生活文化、大雪山を含む山岳文化・山岳スポーツ活動など魅力ある地域文化を通じた多様な交流や情報発信を行う拠点機能の必要性を総合戦略の重要な取り組みとして位置づけたのである。

活動の持続的連携と展開を図る

　総合戦略の方向性を受け、「旧東川小学校跡地利用計画」を策定した。旧小学校の校舎はそのまま生かし、地域の文化資源を用いた多様な交流を行うための施設・用地として、大規模な再生計画を決定した。

　その中身は、改築された小学校と地域交流センター、特定地区公園を舞台に展開されてきた環境教育をベースとした社会教育と連携を図りつつ、内容的には大きく幅を広げ、地域資源である写真、家具産業、木工クラフト、町域に含まれる国立公園を中心に蓄積された山岳文化（文学、紀行、自然史関係の書籍や資料）、さらに留学生のための日本語教育という、国際交流も含めた生活文化・産業文化などの総合的な文化活動への触れ合いと、町内外の人びとの交流、市民の日常の居場所づくりをめざしたものである。しかも、これらを町民の多くが通い愛着をもつ築60年近い既存鉄筋コンクリート造の校舎

のリノベーションと、旧校庭部分に校庭を挟むように増築する新築部分で実現しようとするものであり、公共施設としての利活用や維持管理に関する合理性も考慮されたものになった。

　ここで重要なのは、つくりあげてきた活動の展開と、そのための空間の位置づけである。小学校・地域交流センターで企画・実施されてきた地域での教育活動プログラムを発展させるかたちで、さらにそれに町の将来を見据えた新たな文化・交流活動を重ね合わせた。それぞれの活動には新たな意味が加わり、活動を行う拠点を旧小学校の校舎と校地としたことによって、変化と時間的連続性の両方をもつリノベーションが行われたのである。

「学校」であったという意味

　建築の整備は大きく2期に分かれ、建物の呼称も異なる。徐々に木造の古い校舎を増改築し、第1期が昭和36（1961）年に完成した鉄筋コンクリート造の旧校舎と、やはり木造を鉄骨造に建て替えた旧体育館、木造で増築された旧ランチルーム部分で構成されるのが、せんとぴゅあIである（せんとぴゅあは町民からの愛称募集で選定）。一方、旧校庭部分を使って、旧校舎とともに緩やかに校庭を囲み、外部空間と新旧の建築群が一体化することを狙った増築部分（せんとぴゅあII）を建設した。旧校地全体に対して、残すものと新たに加えるもの、そして外部空間との間に新たな関係をつくりだしながら、小学校校地がもつ建築とオープンスペースの関係を「学校的」空間構成として再解釈し、新たな意味と記憶をつくり出した。

写真11 せんとぴゅあ全景（左側：せんとぴゅあII、奥：せんとぴゅあI）

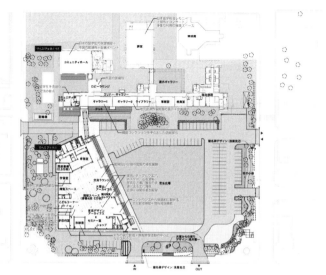

図5 せんとぴゅあ配置図（筆者作成）

まちづくりを同時に推進する

　旧小学校の校舎と校地のリノベーションは、そこを文化拠点として位置づけるために、まちづくりというもう1つ重要な意味合いをもたせている。小学校は、その性格上、子どもたちの安全面などを考え、周辺地域に開かれたつくり方にはなっていない。旧東川小学校も周りを背の高い生垣や樹木で囲まれており、校地に入れるのは校門からでしかなかった。

　しかし、新たな文化拠点として町内外の人びとが自由に訪れることが求められ、さらにここで情報を得た来訪者が中心市街地や町内を回遊して、飲食や物販を中心とした商業と、観光など他の産業を活性化し、中心市街地の利便性がより高まることもまちづくりの大きな目標である。

　そのために、旧校舎も増築する部分も含め多方向からの動線を想定したエントランスの整備を行うことと、滞在

写真12 普通教室2つを使ったギャラリー1
（織田コレクション展示）

しやすい外部空間づくりをめざし、建築の屋内外を連続したり、半屋外空間をつくることを重視した。また、校地の外周部は、旧小学校の面影も残しつつ、できる限り視認性を高めるように植栽を入れ替え、散策を誘う地域の植生を重視した花壇や遊歩道の整備、旧校庭は芝生広場として来訪の機会や滞在の機会を増やし、来訪者に居場所を提供することに重点を置いた。

このようなランドスケープ・デザインが、せんとぴゅあを街中の回遊動線の起点として位置づけなおし、また日常の散歩など「ついで利用」による町民の街中回遊の活発化を引き起こしている。

リノベーションによる記憶の継承：せんとぴゅあI

せんとぴゅあIは、鉄筋コンクリート造2階建の旧校舎部分、鉄骨造の旧体育館部分、木造の旧ランチルーム部分から構成される。耐震改修を伴うリノベーションでは、校舎1階は、普通教室2つ分を1ユニットにしたギャラリーと、コミュニティカフェ、ラウンジに大きく改修した。2階は、公立の日本語学校として全国初の設置である「東川町立東川日本語学校」が主に使う教室群として最小限の改修に留めている。小学校の記憶を留める空間構成を取りつつ、1階では、片廊下と教室の構成を見直し、展示空間が動線にも染み出し、来館者に気軽に展示に触れられるようにするため、旧教室と廊下の耐震要素は最小限にして、それ以外はすべて開口にすることでギャラリーと廊下を一体化した。

小学校のリノベーションで最も難関なものの1つに小学校から用途の変更による、付加的な建築・消防関係の法規への対応がある。今回のケースでは、既存延べ床面積の規模が大きく、そのまま改修すると遡及を受ける設備が増えてしまうため、その軽減を図るために、2階の床を一部撤去して吹き抜け空間をつくり、床面積を減少させた。そのことにより高度成長期に全国一律の標準設計でつくられた単調な小学校の空間に滞留できる空間が生まれ、そこをコミュニティ・カフェやラウンジに生まれ変わらせ、新たな住民の居場所とした。

校舎棟東側の1、2階は、旧小学校では、特別教室群が占めるエリアであったが、そこを施設内宿泊棟として、東川町を訪れる人びとの宿泊や、日本語学校の留学生の宿舎に生まれ変わらせた。体育館棟では、大きな展示会、コンサートが開催可能なように、屋根の防音と断熱を補強し、大型の可動展示

壁を設置し、舞台周りの音響、照明設備を大幅にグレードアップした。また、せんとぴゅあⅠで行われる多様な文化活動のための備品庫や美術品の収蔵庫として舞台周りやバックヤードを改造した。旧ランチルームは多様な住民活動のためのコミュニティーホール、留学生のための食堂となり、旧厨房の一部は、旧小学校時代の調理器具も使いながら、食品加工体験や食を通じたイベントができるチャレンジキッチンに改造した。

写真13 移動展示壁で自由にレイアウト可能なギャラリー2

写真14 廊下と旧教室の壁に開口を設け廊下もギャラリーの一部とする

写真15 旧教室の2階床を撤去し吹き抜けのラウンジに

写真16 旧家庭科室の2階床を外し、明るいコミュニティカフェに改修

写真17 旧体育館は、照明、音響を改修し本格的なコンサートも可能

写真18 2階旧教室は大きな改修をせずに日本語学校の教室として利用

新たな記憶の創造：せんとぴゅあⅡ

　せんとぴゅあⅡは新築であるために、この建築群が文化拠点として来館者にそのことをもっとも実感してもらえるように空間全体の構成とそこに入る機能との関係を新たに創造した。

　そのために冒頭で、文化拠点とはどのような「場」であるかを仮説的に提示したように、拠点を訪れる人びとに対して、「思いもかけないことが提示され」、「思考が展開し」、「ものの見方への示唆を会得する」という作用が生まれる空間を建築づくりの主要なテーマとした。この場所ではこれをしなければならないと規定していく機能主義的解法は、一見合理的であるかのごとく思われるが、めざしたのは、機能が明確になっていない空間を建築の中に位置づけることである。それは「広場」と言えばわかりやすいかもしれない。誰もが分け隔てなく利用でき、滞在できる共用性や開放性を兼ね備えているもので、まさに空間に対する機能を固定して位置づけてしまうのではなく、使用されていくなかで変化できる柔軟性と可変性をもつ空間構成と、それらの活動を誘導できる緩やかで、境界をもたない機能のゾーニングをつくりだした。

　まず、東川町がもっている文化資源を以下のように編集した。写真文化首都「写真の町」を宣言して以来の活動と蓄積を基にした写真関連のコレクションを「東川写真コレクション」、町域の東側を占める大雪山国立公園の山岳文化を多様に蓄積する「大雪山アーカイブス」、デザイン性に優れた椅子をはじめ家具、照明、食器、カトラリー、木製おもちゃなど多岐にわたる蒐集で世界的にも有名な織田憲嗣氏の「織田コレクション」を中心とした「家具デザインアーカイブス」、東川町から始まった町で出生した子どもに家具デザイナーがデザインし、町で生産された椅子をおくる「君の椅子」プロジェクト作品群という東川でしか出会えない文化的資源である。

　これらの文化資源が来訪者にとって目的になっていてもそうでなくても、自然と触れ合い、行動のきっかけをつ

写真19 せんとぴゅあⅡ

くることできるように、5万冊を収蔵する開架書架と散りばめられた閲覧スペースによって、連続的につながっている。そして、その周辺には来館者のさまざまな活動を支え多様な交流を生み出すコミュニティスペース、交流ラウンジなどが連続する。本を読んだり、探すという情報検索活動の中に、上記の展示物が発信する情報もランダムに飛び込んでくることにより、来訪者にまったく予想をしていなかった新しい体験や出会い、気づき、発見や創造をおこさせる場の構成となっている。

写真20 織田氏自身のギャラリートークが行われる家具デザインアーカイブス

写真21 目線を遮らないスリムな構造と低い書架の大空間[9]

写真22・23[9] 自分の場所を見つけ、時間を楽しむ来館者

　さらに、来訪者の行動や活動を連続かつ融合させるために、目線を遮らない書架やサインの高さのコントロールと空間構成要素の限定化を行っている。そのために構造は、剛性を確保しつつ最小の断面でつくられた鉛直荷重のみを負担する鉄骨柱と梁で構成されたフレームと、屋根の荷重を支える木造の

垂木構造の2つを組み合わせた大空間を構成した。これらの大空間を囲むように、学習室や閲覧スペース、子どもたちの読書コーナーといった図書関連空間、展示物に関連するデザイングッズや東川の高品質な家具・木工デザインの販売スペース、ワークショップ、会議、会合、講演などができるセミナー室、体験室、多目的室が連続的に構成され、その部分が水平荷重を負担する鉄筋コンクリート造になっている。

フォーマルなプログラムとインフォーマルな活動の融合

せんとぴゅあ全体として、写真文化、大雪山文化、家具デザイン文化、地域の生活文化、国際交流、日本語学校、市民活動、そしてそれらをつなぐ書籍、という今までの公共施設では別々に管理運営されていた個別の資源や機能を融合させている。つまり、図書館でも美術館でも博物館でも学校でもコミュニティティセンターでもないわけで、既存のどの公共施設とも類似しない。さらに、せんとぴゅあでは、行政の担当課が企画したプログラム（フォーマルなプログラム）だけでなく、市民団体や民間の有志、ボランティアがもち込んだものを、せんとぴゅあの運営企画を検討・調整する会議体がさらにさまざまな連携を図れるように実験的に組み合わせ（インフォーマルなプログラム）て企画・実施されている。

写真24 開架書架ゾーンの中にある大雪山アーカイブスでは、資料に関する相談などの随時行われる

写真25 書架スペースの脇で行われるアートマーケット

　例えば、東川のさまざまな創作活動を行う作り手を公募し、図書や展示の機能は通常に行いながら、仮設の店舗をせんとぴゅあⅡの交流ラウンジに展

写真26 地域で創られるデザイングッズや家具
も販売する

開する。それに、町の中核産業の1つ
である家具工房が製品をもち寄ったり、
店舗情報を集め、販売も行う。さらに、
屋外では地元飲食店のブースが出て、
農協は野菜のワゴンを出す、といった
町がもつ生活文化を集めた複合的情報
発信がせんとぴゅあの屋内外全ての空
間を使って行われた。

　機能別の分離された枠組みの中で行
われる活動は、確かに基盤的な社会
サービスであることは間違いない。しかし、フォーマルなプログラムだけを
漫然と実行していても、新鮮さが徐々に薄れてしまうのが常で、リピーター
が減っていってしまうことが往々にして起こる。今まで考えてきたような文
化拠点のあり方と比較した場合、それでは、文化拠点としての特徴が発揮で
きなくなる怖れがある。それに対して実験的にインフォーマルなプログラム
を組み合わせて、絶えず新しい何かが起きているようにしかけることで、来
訪者にとっては随分見え方が変わってくるだろう。

　せんとぴゅあで行われる諸活動の有機的な連動と融合が効果を発揮できる
ように、活動企画の内容がもつ主分野だけでなく、一見異なる分野や主体で
もそれらが関係できるように、連続的な空間構成を利用して関連させたい情
報を近くに寄せたり、目的としていなかった情報も目に飛び込んでくるよう
な同時多発的なプログラムをつくるなど、可変的な空間レイアウトや運営の
仕組みをつくっている。

［4］全体を動かすマネジメント

マネジメントのしくみと効果

　せんとぴゅあは、全体のプログラムなどを企画運営し、図書、大雪山関連、
家具・デザイン・アート作品等の資料管理、国内外交流を行う文化交流課（開
館当時は、図書、アート、プログラム企画を文化レクリエーション課、国内外交流を
交流促進課と2課に分かれていた）、ふるさと納税や株主制度など町が行うプロ

モーション事業を担当する東川スタイル課、町立日本語学校の2課1校の体制で運営されている。

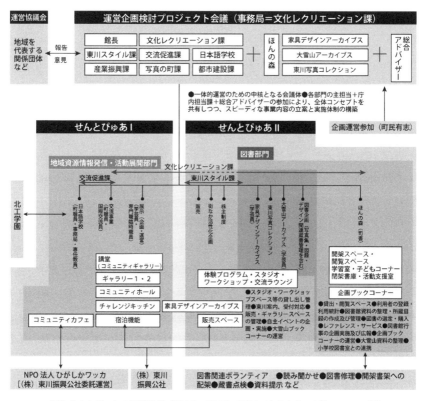

図6 せんとぴゅあの運営体制（2019〜2020、2020.4より文化レクリエーション課と
　　　交流促進課が一体化し、文化交流課で運営）

　各部署には、学芸員や司書、地域おこし協力隊員や専門臨時職員、国際交流員の外国人など多様な雇用形態と組織体制で、スタッフ同士が連携して業務を行う。国際交流員は姉妹都市や留学生の出身国から多く採用されており、その業務は姉妹都市との交流や留学生の支援はもとより、せんとぴゅあで行われる多言語環境下でのセミナーやワークショップ、写真を通じた国際交流などを支援する。

　ギャラリーには家具デザインやアートに精通したスタッフが常駐し、展示

プログラムの企画や運営、所蔵品の管理、来館者への対応を行う。図書機能エリアには、司書の他に、山岳文化研究者、町民による図書ボランティアが常駐する。チャレンジキッチンでは食品加工や調理に関する専門知識をもった町民有志と町が企画し、季節の食材を使った調理や保存食品加工のワークショップが開かれる。コミュニティカフェは、町民によって設立されたNPOが運営を担い、定食や軽食、喫茶を提供する。開館1年後には、国際交流をさらに盛んにするために、多文化共生サロンが旧図書室を用いて開設された。これにより、留学生と町民との交流が促進され、お互いの文化理解やイベントづくりなどが活発化してきている。

　マネジメントは、ヒト、コトにとどまらず、モノにも及ぶ。せんとぴゅあの共用空間の家具は、全て東川町内と地域で生産される旭川家具が選定配置され、それらに付けられたQRコードを使って、気に入った家具の造り手と値段などを検索することができる。家具の一部は、町内工芸作家の作品などと併せて館内のショップで購入することも可能になっている。東川町がもつ特徴を活かした良質な品々を「東川ブランド」として、国内外に発信しており、言わば「東川のセレクトショップ」となっているのである。

[5] 文化拠点という戦略

持続的な活動という視点

　以上、見てきたような状況は、既存の活動やその課題から生まれる何らかのニーズをただ寄せ集めただけではつくることはできない。今あるものだけではなく、今までにないさまざまな可能性をつくりだそうと意図された活動なのである。せんとぴゅあで取り組まれている異なる機能の重ね合わせや利用主体や活動の連携といったことは、ある目的をもって訪れた来館者に対して、その目的とは必ずしも同一ではないが、何気なく別のコトやモノを垣間見たり体験する可能性を高めることを期待しているからなのである。来館者にとって、体験の選択肢が広がり、予想外の感動を得ながらそれぞれの知的要求に応える仕組みが多層に構成された、機能と空間とそこでの活動が単なる「複合化」を超え、「融合化」されているのである。

　この空間を持続的に運営できるようにするための2課1校を横断的につな

ぎ、運営にかかわる市民も含めて全てのメンバーが参加する「運営企画検討プロジェクト会議」が定期的に実施されている。そこには、運営にかかわる現場のメンバーに加え、せんとぴゅあの企画から計画・設計・デザイン統括にかかわってきた総合アドバイザー（筆者）が参加し、積極的な各種企画プロジェクトの情報共有を行って、企画同士の連携・連動の可能性を検討したり、せんとぴゅあがもつ図書や国際交流、情報発信などの基盤機能とどのように連携できるかを検討し、その結果を実施している。

　このような運営検討のシステムが、せんとぴゅあを文化拠点として位置づけ、持続的に活動が展開されていくしくみとなっている。

［6］文化拠点とまちづくり

文化拠点形成の効果＝小学校から始まったこと

　小学校と地域交流センターの移転改築から始まり、旧小学校用地にせんとぴゅあが形成されたこの東川町での一連の取り組みをどうして文化拠点の形成として位置づけることができるのだろうか。

　その最も中心的な理由は、プロジェクトが「人材を育てる教育の現場」をどのようにつくるか、ということから出発したからである。冒頭に示したように「思いもかけないことが提示され」、「思考が展開し」、「ものの見方を会得」することは、定式化された知識をただ頭の中に詰め込んでいくという、野中郁次郎のいう「形式知」を重要視する教育では得ることができない。その対極とも言えるさまざまな思考を重ねつつ、経験的、体験的に会得する「暗黙知」による知の体系に触れることができるようになることが、教育施設から複合公共施設への展開であり、形式知と暗黙知の相互補完を野中のSECIモデル[10]のように繰り返していくことが、文化の創造や文化での交流という「文化拠点」のもつ本質的な役割につながる。

　学校教育と社会教育を連携させること、放課後の時間における教育を地域資源に触れさせることで行うこと、子どもたちがアート作品づくりに参加すること、異なるジャンルの文化活動が同時に同じ空間で行われることで自由にそれを選びながら体験できること、既存の文化の枠組みにはとらわれない自由な活動の選択と広がりがあること、などが小学校、地域交流センター、せ

んとぴゅあで展開されることで、文化的な知の創造がなされているのである。

　この活動を促すしくみが、ハードとソフトの両方に存在していることも重要である。ハードの視点で言えば、建築も屋外空間も機能をただ並べたり、盛り込んだりせずに、適切に「疎」の状況をつくりだしている。それは、いわば用途を特定せずにいろいろその時々に応じて、利用者のニーズに合わせて利用が可能な空間を設けていることである。このような空間が普段使われない空間であると無駄なものとみられてしまうが、普段使いの空間を柔軟に活動の変化に対応させることができるということが重要なのである。

　また、そのような利用を促すマネジメントも欠かせない。公共施設は、部屋の利用が行政が公共施設を設置や管理を行う時に定める条例などによって定められているのが常で、その基準に合わないような利用はできないという縛りがある場合が多い。ここで考えている「文化拠点」では、利用者が運営に参画しながら新しい利用を行い、そこで創造される新しい知が「館」の重要な目的となるわけで、利用、運営のマネジメントを従来の枠を超えて行っていくことも大変重要なのである。

何を起こすのか

　以上述べてきたように、文化拠点という建築をつくるためには、そもそも何のためにつくる必要があるのか、そのために建築は必要なのかという根源的な問いから出発する必要があるのではないかと考える。イタリア語には、"プロジェッタツィオーネ"（progettazione）[11] という言葉があるが、これはデザインという外国語が入ってくる前に使われていたもので、直訳すれば、「プロジェクトを実践する行為やプロセス」という言葉である。「デザイン」というとその行為と出来上がったものばかりに焦点があたるが、"プロジェッタツィオーネ"は、まさにプロジェクトを実践する行為やプロセスであるので、そもそもそこに（それを）デザインするべきなのかというところから考えて、それを実践するということこそがデザインであるということをイタリア人たちは認識していたことになる。

　これは、文化拠点を形成するという時に非常に示唆的な言葉である。短絡的に機能を詰め込んだ建築をつくってもそれは文化拠点にならないように、つくる目的をより広範な分野と時間に位置づけ、つくる段階のデザインから

使う段階の企画運営を統合的に考えるといった考え方と行動が真のデザインであると認識することが必要なのである。

写真27 2019年の夏に開催されたアートマーケット。町外からもたくさんの
来場者がある。図書空間に町内の造り手のマーケットが出現する

循環が起きる

　東川町での小学校の地域交流センターとの複合化、移転、学社連携のプログラム、旧小学校校舎のリノベーション、増築部分の建設、旧校地全体の整備という約10年間に及ぶプロジェクトがどのような波及効果をもたらしたのだろうか。

　まず、最も端的に示すことのできる事象は、小学校が移転完成し、その年の10月から授業を開始した平成26（2014）年から令和2（2020）年の7年間で小学校の児童数は、344人から373人と8.4％増加したことである。中学校の生徒数の伸びは横ばいであることから、小さな子どもをもった世帯の流入が起き、若年人口が増加している。東川町全体のその間の人口増減を見ても、平成27（2015）年から令和元（2019）年の変化で、7,994人から8,382人と5.46％増加していることから、社会減を上回るかたちで若年人口が増加しているのである。ここ数年で東川町に移住を希望し、転入した件数は十数件であるが、その中で7件は本州を含めた大都市圏からの移住組である。その中の4件は、東川小学校に子どもを通わせたいからという理由で移住を決めている。

小さな子どもをもつ世帯は、当然親も若い世代である。その多くは自分の仕事を東川で創りだすことを考えている人が多い。彼らは、アウトドア関連の小売業、アウトドアガイド、カフェなどの飲食業、セレクトショップ、クラフトなどの工芸、出版、広告などを職業として、東川がもつ資源をうまく使うことで、必ずしも大都市圏でないと、仕事がない（できない）とは考えてはおらず、東川のもつ環境を最大限に活かした暮らしをつくりだそうとしている。こうした影響が商工業者統計にも現れ、平成27（2015）年から令和2年にかけて7％増加している。

　公共建築ができるということは、大きな循環をつくりだすということにつながる。上記のこと以外にも、「せんとぴゅあ」では来館者が予想を超える数になり、開館1年8か月の2020年3月時点で27万人の来館者になっている。留学生も東アジア諸国を中心に毎年約500人が学び、その数は東川町の人口の約4％を占めている。

　このような数値は当然地元町民だけでは達成ができない数であり、それは来街者が増加したことを示している。これにより、観光産業や商業、農業、家具、デザインなどの主力産業に対する経済を拡大させている。また、建築やインテリアに使われている家具、備品、什器は、すべて地元の家具産業や地元木材を利用したものであり、そのアピールにもつながっている。

　また、教育の分野にも大きな効果をもたらしている。教育はまちづくりの一環であるということを東川では大きく進めてきたわけであるが、この中の大きな方針に、「自ら学ぶ」という姿勢を身につけてもらうというものがあり、それをこの10年で実践したことになる。自ら学ぶためには、出会いが欠かせないが、文化、人に出会い、四季の変化を感じ、生活の知恵を知る。まさに文化拠点が人を育てる場として位置づけられているのである。小学校が地域交流センターや公園、大雪山の景観の中に造られたことは、まさに出会いの教育を実現するためである。また、せんとぴゅあに日本語学校があり、図書機能、ギャラリー、発表、演奏などの文化的発信ができるような機能をもつのも、この出会いの教育を実現するためなのである。

　以上のように東川町では、写真を切り口にした地域のブランド化から始まった取り組みは、教育、国際交流、産業振興、移住・定住促進へと連鎖を起こ

しながら、町全体として循環のサイクルが出来上がりつつある。まさにこのようなプロセスに文化拠点の形成の作用が大きな意味をもっているのは言うまでもないことであり、文化拠点が地域のまちづくりに重要な役割を果たしているのである。

（小篠　隆生）

〈注および参考文献〉
1　2021年1月の本稿執筆段階では、県立中央図書館の移転は決まったようだが他の機能の立地はまだ決定に至っていない。
2　東静岡駅南口県有地「文化力の拠点」形成の計画概要（https://www.pref.shizuoka.jp/bunka/bk-190/bunkaryoku-saunding/documents/sankoushiryou.pdf）
3　TERRACE-科学とアートが出会う場所-Act1.（https://www.hokudai.ac.jp/terrace/566/）
4　第1章でもミュージアムの変貌において、学びの能動性が着目されていることを詳述している。ここで提示した3つの要素もこれからのミュージアムの方向性に極めて近い視点である。
5　特記なき写真は筆者撮影。
6　フェーズ1については以下の文献を参照している。小篠隆生（2019）「東川小学校・地域交流センターから始まる地域の公共施設の連携的再編」「文教施設」Vol.73.一般社団法人文教施設協会：45-53.
7.　撮影：酒井広司。酒井は第30回（2014年）の東川賞特別作家賞を受賞している。
8　フェーズ2については以下の文献を参照している。小篠隆生（2019）「論考2　地域交流拠点が生まれる―複合化から融合化を目指す空間づくりと運営の展開（せんとぴゅあⅠ・Ⅱを事例に）」「新建築設計資料01 地域交流・市民交流施設」建築資料研究社：16-19.
9　撮影：畠山雄豪。
10　野中郁次郎・紺野登（1999）『知識経営のすすめ―ナレッジマネジメントとその時代』筑摩書房（ちくま新書）
11　小篠隆生・小松尚（2018）『「地区の家」と「屋根のある広場」―イタリア発・公共建築のつくりかた』鹿島出版会

おわりに

　1990年代、北海道立北方民族博物館（網走市）で学芸員として働いていた。バブルが崩壊したあととはいえ、いまとくらべるとまだまだ事業予算が潤沢な時代だった。例えば、学芸員1名が海外の先住民文化について調査する旅費がついていた。2000年から、北大で学芸員養成課程のいくつかの科目を担当しているが、講義で紹介する、事業に関するトピックや実務的なデータの大半は、90年代に仕入れたものである。現場のリアルな話題を多く含んでいるためか、学芸員時代の成功・失敗談は、ミュージアムでの勤務経験がない学生にとっては、興味深くて刺激的な内容であろうと少々自負している。

　しかし、どうだろう。本書を刊行するきっかけとなった「北大学芸員リカレント教育プログラム」（文化庁助成、2018〜2020年度）の受講生は、現役または元学芸員が中心となって構成されているが、例えば、受講生と講師とのやりとりの途中でコメントを求められたり、懇親会の際に話題提供したりする際、大学の講義のように成功・失敗談を話して、受けたためしがない。というより、いつも滑ってばかりである。当初はこの事態がうまく理解できなかったが、ある受講生から伺った話しに大きなヒントがあり、今日のミュージアムが置かれている立ち位置を物語っていると感じた。

　そのヒントとは、「講師やスタッフが経験している、数十年前の大規模館における成功事例は、地域の事情を抱えながら頑張っている小規模館のいまの現場ではほとんど役に立たない」という一言であった。確かにそうである。バブルが崩壊した直後の90年代のミュージアムの経営方針とそれから20〜30年ほどが経過したいまのそれとは、そもそも制度的にも社会的にも大きく変化している。また、小規模館の経営環境と都道府県立ミュージアムのそれとはまったく異なるはずである。

　我が国のミュージアム政策では、2000年からの約10年間は大きな転換期であった。2000年に日本博物館協会が『対話と連携の博物館』を作成し、知識

社会における新しい市民需要に応えるため、「対話と連携」を運営の基軸とし、市民とともに博物館の新しい価値を創造するとした。活動原則として、博物館利用者・潜在的利用者と対話する、年齢・性別・国籍・障がいの有無を越えて対話する、時間と空間を越えて対話するとした。つまり、既成のコミュニケーションのあり方から自由になることを主張した。その後、2002年にとりまとめた『博物館の望ましい姿』でも、「対話と連携」を進めるにあたり、大切な視点として「マネジメント」、「コレクション」とともに、人びとともに新しい価値を創造するための「コミュニケーション」が挙げられている。

2008年の「博物館法」改正では、抜本的な改正はなかったが、2011年に改正された、同法第8条に規定されている「博物館の設置及び運営上の望ましい基準」は、踏み込んだ内容となっている。各ミュージアムにおける設置の目的を踏まえ、資料の収集・保管・展示、調査研究、教育普及活動等の実施に関する基本的運営方針と事業計画を策定、公開し、策定の際には利用者および地域住民の要望、社会の要請に十分留意するとし、社会とともに存在するミュージアムのあり方を強調している。

つまり、2000年からの約10年間で大きな政策転換があり、より広い意味での「公共の価値」を追求することがミュージアムの標準的なあり方となった。

規模による経営環境の違いも存在する。2020年9月に、日本博物館協会が『日本の博物館総合調査報告書』を刊行した。おおよそ5年に一度行われる大規模調査で、4,178館を調査対象とし、2,314館から有効回答があった。この中から、延床面積、年間予算、職員数を見てみる。建物の延床面積は平均では3,372㎡であるが、中央値（一番多くの館が当てはまる値）では1,337㎡となり、一軒家10軒分程度の面積であると解説している。年間予算は、平均は1億560万円であるが、中央値では2,965万円であり、その内の事業費をみると、平均値では4,359万円であるのに対して、中央値では541万円である。管理費や人件費と比べ、事業費の中央値が平均値を大幅に下回っている。つまり、巨額の事業費を使う館がある一方で、多くの館は少ない事業費でやりくりしている現状がみてとれる。また、職員数を見ると、学芸系と事務系を合わせた常勤職員は平均値では6.36人であるが、中央値は3人である。解説

では、中央値が3人ということは常勤職員がいない館（10.9%）や1人という館（14.6%）が存在していること。さらに、この平均値は1997年の調査の7.97人と比較すると1人以上減少していることを指摘している。

　つまり、大規模館は平均値以上の延床面積、年間予算、職員数をもち、小規模館は中央値付近の値であるととらえると、大規模館で可能な計画や活動が、小規模館では延床面積、年間予算、職員数から考えて、必ずしも実現可能とは言えないであろう。

　それぞれのミュージアムの経営資源や当該地域の事情を考え、どんな「公共の価値」をめざすのか。2000年からの約10年を境にして、ミュージアムの目指すべき価値は大きく変化した。また、ミュージアムの規模から、実施可能な事業内容にかなりの幅があることもわかった。このことは、数十年前の一館における経験や知見だけでは、あるべきミュージアム像を決して語ることができないことを意味している。

　本書の執筆者には、2000年以前からミュージアムに所属している方も、2000年からの10年間に、またそれ以降に働きはじめた方もいる。加えて、勤務しているミュージアムが伝統のあるところもあれば、誕生して間もないミュージアム・文化施設もある。ここで語られている事例は、ミュージアム・文化施設に関する本当の意味での「公共の価値」をめざす萌芽であったり、成功事例であったりする。「学芸員リカレント教育プログラム」が本書の企画のきっかけであったと冒頭に書いたが、実は本書こそ、学芸員のリカレント教育という学びの場の1つのあり方を示しているのであり、併せて、既成の価値観から自由になって、ミュージアムの新しい価値を編み直している試行のあとではないかと考える。

　最後に、このような書籍をはじめて編集した編者二人の我が儘を、辛抱強く、ときにユーモアを交えながら聞いてくださいました、水曜社の仙道弘生さんにあらためて感謝申し上げます。

　なお、本書を刊行するにあたり、北海道大学文学研究院 一般図書刊行助成をいただきました。

（佐々木 亨）

執筆者とプロフィール（掲載順）

第Ⅰ部 ひととミュージアム

はじめに
第1章 生／ライフとミュージアム
今村 信隆（いまむら・のぶたか）
北海道大学大学院文学研究院准教授。1977年、北海道苫小牧市生まれ。北海道大学大学院
文学研究院博士後期課程修了。博士（文学）。民間のバス会社を経て、札幌芸術の森美術館
に勤務。その後、京都造形芸術大学（現京都芸術大学）専任講師、同准教授、甲南女子大学
准教授を経て現職。単著に『一七世紀フランスの絵画理論と絵画談義』（北海道大学出版会、
2021年）、編著に『博物館の歴史・理論・実践1 博物館という問い』（藝術学舎、2017年）『博
物館の歴史・理論・実践2 博物館を動かす』（藝術学舎、2017年）『博物館の歴史・理論・実
践3 挑戦する博物館』（藝術学舎、2018年）など。

第2章 ミュージアム体験を「ライフコース」と「ナラティブ」で編み直す
おわりに
佐々木 亨（ささき・とおる）
北海道大学大学院文学研究院教授。1959年札幌生まれ。北海道大学大学院文学研究科修士
課程修了。旅行代理店、民間シンクタンク、北海道立北方民族博物館（学芸員）勤務後、東
北大学東北アジア研究センター助教授を経て現職。専門は博物館経営論、特にミュージアム
において数年かけて使命の再構築と事業評価設計のサポートを通した評価研究。主な論文、
著書として「博物館における外部性と評価の今後の展開」、『新訂 博物館経営論』（共編著、放
送大学教育振興会）など。

第3章 ミュージアムの拡張―健康・福祉と文化芸術の融合―
1. 地域に博物館健康ステーションをつくる――医療福祉と博物館の接点
緒方 泉（おがた・いずみ）
九州産業大学地域共創学部教授、博士（文学）。東京都生まれ。1985年福岡県教育庁文化課
に入り、福岡県総務部国立博物館対策室などを歴任。2002年7月から九州産業大学美術館
学芸室長、2012年4月から同大学美術館教授、そして2018年4月より現職。関心分野は、
「博物館のリラックス効果＝博物館浴」研究。主著に『挑戦する博物館』（共著、ジダイ社）
『描画療法入門』（共著、誠信書房）など。

2. イギリスの医療福祉と文化芸術の接点――ダリッチ・ピクチャー・ギャラリーの事例
吉田 公子（よしだ・きみこ）
九州産業大学美術館准教授、博士（芸術）。福岡県生まれ。2009年から多摩美術大学美術館
学芸員として勤務。2018年4月より現職。専門分野は、ウィリアム・モリスの書物装飾に
おけるタイポグラフィと装飾、挿絵の研究。近年は、柳宗悦に薫陶を受けた染色家岡村吉
右衛門の研究に取り組む。大学では博物館学芸員養成課程を担当。主著に『子どもの生活
体験学習をデザインする』（共著、光生館）など。

3. アメリカの医療福祉と文化芸術の接点——Arts & Mindsなどの事例
中込 潤（なかごめ・じゅん）
九州産業大学美術館学芸室長、修士（学術）。東京都生まれ。2000年福岡県内の中学校に美術科の教員として勤務。2001年4月から直方谷尾美術館で学芸業務に携わる。主任学芸員として、地域の子ども達の力で展覧会をつくる「子どものための美術館」などを企画し、2014年に同館が地域創造大賞（総務大臣賞）を受賞。2017年4月より現職。主著に『山本作兵衛と炭鉱（ヤマ）の記録』（共著、平凡社）など。

第4章 学芸員のキャリアパスとミュージアム
田中 梨枝子（たなか・りえこ）
京都芸術大学准教授。1979年神戸生まれ。製菓会社開発部勤務、神戸市立小磯記念美術館、神戸ゆかりの美術館、明石市立文化博物館、あかし市民図書館を経て現職。学芸員在職時代は鑑賞教育に関心をもち、教育プログラムの企画・実践、教材開発などに携わる。近年では図書館ボランティアプロジェクト、彫刻清掃の市民ボランティア活動への参与観察も行っている。最近は人文科学系と自然科学系博物館の教育活動の違いに注目し、博物館教育の歴史的経緯と現代のミュージアムへの影響について関心をもっている。

第5章 ライフコースと大学ミュージアム
大原 昌宏（おおはら・まさひろ）
北海道大学総合博物館教授。1961年生まれ。北海道大学大学院農学研究科農業生物学科博士課程修了。博士（農学）。日本学術振興会特別研究員、小樽市立博物館学芸員、北海道大学農学部助手、北海道大学総合博物館助教授、准教授を経て現職。専門は昆虫分類学、博物館学。博物館の収蔵管理、標本データベース、地域博物館連携CISEネットワーク、パラタクソノミスト養成講座などを実施してきた。主著に『スケーリング：動物設計論』（共訳、コロナ社）『新訂 原色昆虫大図鑑　II（甲虫編）』（分担執筆、北隆館）『昆虫ミメティクス 〜昆虫の設計に学ぶ〜』（分担執筆、NTS出版）など。

第II部 まちとミュージアム

第6章 地域を掘り下げるアウトリーチ
1. 都市のコアとしてのミュージアムを模索する——対話と共創の場としての自然史博物館
佐久間 大輔（さくま・だいすけ）
大阪市立自然史博物館　学芸課長。1967年生まれ。京都大学大学院理学研究科博士後期課程単位取得退学。1996年より大阪市立自然史博物館学芸員。大学院では菌類生態学を研究し、学芸員としても菌類・植物を担当するが、里山の植物利用の歴史民俗生態や博物館における科学コミュニケーションなど様々に手掛ける。主著に『きのこの教科書　観察と種同定の入門』（山と渓谷社）『ミュージアムのソーシャル・ネットワーキング』（分担執筆、樹村房）、『イギリスのカントリーサイド―人と自然の景観形成史』（O.ラッカム著、共訳、昭和堂）など。

2. 地域の価値を地域とともに探る——住民とともに活動し、地域に成果を伝える
北村 淳一（きたむら・じゅんいち）
三重県総合博物館学芸員。京都大学大学院理学研究科博士後期課程修了。博士（理学）。専門は、タナゴ亜科魚類を対象とした動物生態学。タナゴを含めた淡水魚好きの川ガキで、好きが高じて研究者になった。主著に『日本のタナゴ　生態・保全・文化と図鑑』（山と渓谷社）『図説日本の湿地』（朝倉書店）『淡水魚保全の挑戦』（東海大学出版部）『淡水魚研究入門』（東海大学出版部）『環境保全学の理論と実践IV』（信山社サイテック）など。

3. 地域ミュージアムとアウトリーチ活動——点から線、面への取り組み
関口 千代絵（せきぐち・ちよえ）
北海道立旭川美術館学芸員。1973年札幌生まれ。北海道教育大学札幌校中学校教員養成課程書道専攻卒業後、北海道立近代美術館、釧路市教育委員会（釧路市立美術館）、社会福祉法人当麻かたるべの森（かたるべの森美術館）を経て現職。主な担当展覧会に「Art Spirit／くしろの造形1 羽生輝」展（2002年）「比田井天来門下四書家の足跡を辿る　四神の書」展（2014年）。主な共著に『画集 北海道 海のある風景』（北海道新聞社）など。

第7章 ひととまちの課題に寄り添うミュージアム
1. 成長と老いとミュージアム——まちの老いと人びとの記憶
卓 彦伶（たく・げんれい）
北海道大学大学院文学研究科博士後期課程。1988年生まれ。台湾出身。博物館と地域社会のかかわりに着目し、特にボランティア活動と地域連携活動をテーマに研究を進めている。論文に「博物館連携に関する研究動向とその実態：1970年代以降の学会誌の分析を中心に」（『博物館学雑誌』44（1）、2018年）など。

2. かたるべの森の美術館から——日々創作され展示される障害者アート
菊地 雅子（きくち・まさこ）
アトリエコーズガーデン代表、アール・ブリュットディレクター、学芸員、ボーダレスアートサポート北海道代表、ファイバーワーク作家、植物画家、お菓子屋。1965年生まれ。多摩美術大学染色科卒業後画廊などに勤務、2020年3月まで社会福祉法人当麻かたるべの森で創作アドバイザーとして勤務。退職後フリーランスとして活動、福祉施設や幼稚園などで創作支援を行う。17年より北海道新聞にて、「アール・ブリュットの魅力」として道内のアール・ブリュット作家を紹介する記事を連載中。

3. ミュージアムがつなぐコミュニティ——地域の中で、地域を越えて
山田 のぞみ（やまだ・のぞみ）
本郷新記念札幌彫刻美術館学芸員。1989年生まれ。北海道大学大学院文学研究科思想文化学専攻博士課程修了。博士（文学）。日本学術振興会特別研究員（DC2）を経て現職。主な担当事業に「わくわく★アートスクール」（2017〜20年）「本田明二展」（2018年）「本郷新の見た『異国』展」（2018年）「本郷新と無辜の民展」（2019年）「舟越桂〜言葉の森〜」（2020年）。論文に「ディエゴ・ベラスケス作《ラス・イランデーラス》—糸車と綛にみる技芸の発展の寓意」（「美学」No.256、2020年）など。

第8章 地域社会と学芸員
1. 写真が出逢いをはぐくむ町——「写真の町」東川町
吉里 演子（よしざと・ひろこ）
東川町文化ギャラリー学芸員。1987年大阪生まれ。高校時代に「写真甲子園」本戦大会に
出場し東川町を初訪問する。大阪芸術大学写真学科在学中に「写真甲子園」ボランティア
スタッフを経験しながら、大学の卒業制作で大阪と東川町を行ったり来たりするうちに東
川町に魅了される。卒業と同時に「写真の町課」の臨時職員となり、東川町へ移住。その
後、正職員となり現在に至る。『東川町ものがたり』(新評論) 編集実務を担当。

2. 地域にかかわる"人"に応じた楽しみを——小川原脩記念美術館の場合
沼田 絵美（ぬまた・えみ）
小川原脩記念美術館学芸員。1978年北海道旭川生まれ。北海道大学文学部卒。北海道大学
大学院文学研究科博士後期課程中退。札幌市博物館活動センター、後志教育研修センター
などを経て、2012年より現職。同館の常設展・企画展・ワークショップ等普及事業の企画
運営、また学校連携において鑑賞授業の支援を担当。2019年度「美術館を活用した鑑賞教
育の充実のための指導者研修」修了。

3. 人と人がつながる場——苫小牧市美術博物館の教育普及活動から
立石 絵梨子（たていし・えりこ）
苫小牧市美術博物館学芸員。1988年札幌生まれ。北海道大学大学院文学研究科修了。担当
は主に日本の近現代美術で、美術館教育にも関心をもっている。主な担当企画展に「地底
旅行—地下資源をめぐる科学と美術の旅」(2015)「柳原良平の海・船・港」(2017) など。

4. ライフコースの交差点で——札幌文化芸術交流センター SCARTSの活動の活動
樋泉 綾子（ひいずみ・あやこ）
札幌文化芸術交流センター SCARTS キュレーター。1978年札幌生まれ。北海道大学大学
院文学研究科修了。札幌芸術の森美術館、本郷新記念札幌彫刻美術館の学芸員を経て現職。
「空間に生きる—日本のパブリックアート」(2006／札幌芸術の森美術館ほか)「ロダン展」
(2016／札幌彫刻美術館) などの彫刻に関わる展覧会のほか「となりのひと」(2012／本郷新
記念札幌彫刻美術館)「Our Place」(2014／同)「鈴木康広 雪の消息｜残像の庭」(2019／札幌文
化芸術交流センター SCARTS)「ことばのいばしょ」(2020／同) などの現代美術展を手がける。

第9章 文化拠点とまちづくり——北海道東川町の事例から
小篠 隆生（おざさ・たかお）
北海道大学大学院工学研究院准教授。1958年生まれ。1983年北海道大学工学部建築工学科
卒。東海興業 (株) 総合開発センターを経て2006年から現職。博士 (工学)。一級建築士。
専門は、キャンパス計画、都市計画、都市デザイン、建築計画。主著に、Regenerative
Sustainable Development of Universities and Cities (2013, Edward Elgar)『「地区の家」と
「屋根のある広場」』(鹿島出版会)『まちのようにキャンパスをつくり、キャンパスのように
まちを使う』(日本建築学会) など。

学芸員がミュージアムを変える！
──公共文化施設の地域力

発行日	2021年 3 月28日 初版第一刷
	11月 6 日 初版第二刷
編著者	今村信隆・佐々木亨
発行者	仙道 弘生
発行所	株式会社 水曜社
	〒160-0022 東京都新宿区新宿 1-26-6
	TEL 03-3351-8768　FAX 03-5362-7279
	URL suiyosha.hondana.jp
装幀	中村 道高（tetome）
印刷	日本ハイコム株式会社

ⒸSASAKI Toru 2021, Printed in Japan
ISBN 978-4-88065-497-3　C0036

本書の無断複製（コピー）は、著作権法上の例外を除き、著作権侵害となります。
定価はカバーに表示してあります。落丁・乱丁本はお取り替えいたします。

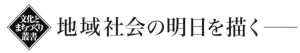 地域社会の明日を描く──

全国の書店でお買い求めください。価格はすべて税込（10％）